한국 고대,
목면과 향료의 바닷길

이 저서는 2011년도 정부재원(교육과학기술부 학술연구지원사업비)으로 한국학중앙연구원의 지원에 의하여 연구되었음(AKS-2011-DAD-3101)

한국 고대,
목면과 향료의 바닷길

박남수 지음

경인문화사

序

필자에게 있어서 2011년은 매우 의미있는 한 해였다. 10여 년 넘게 연구해오던「한국 고대의 동아시아 교역사」(주류성)를 마무리하기도 하였지만, 김문경선생님의 발의로『한국해양사』(전5권) 기획에 참여할 수 있었기 때문이었다.

그 동안 (재)해상왕장보고기념사업회는 2001~2010년까지 총 134개 연구과제를 지원하여 그 실적을 축적하여 왔다. 당시에 김문경 선생님께서는 그 동안의 연구성과를 바탕으로 한국해양사 서술의 새로운 기원을 마련하고자, 해양사적 관점에서 한국사를 새로이 정리하고자 하였다. 이에 필자는 선생님을 도와 총 5권의 기획(안)을 세우는 데 참여하였다. 그 기획(안)은 2013년까지 제1권 선사고대편, 제2권 남북국시대편, 제3권 고려시대편을 편찬함으로써 일부 결실을 맺었지만, 2012년 (재)해상왕장보고기념사업회와 (재)해양문화재단이 한국해양재단으로 통합되면서 4~5권 조선, 근현대편은 완성을 보지 못하고 중단되었다. 우리나라 최초의 한국해양사 개설이 미완의 상태로 남겨진 데 대하여 매우 가슴 아프게 생각한다.

『한국해양사』기획(안)을 마련하면서 각 시대 해양사 전공자를 만날 수 있었고, 이러한 만남은 자연스럽게 새로운 프로젝트를 꾀하는 것으로 진전하였다. 2011년도 한국학중앙연구원에서 한국학진흥사업의 일환으로 시행하는「한국문화교양총서」에 응모하게 되었던 것이다. 본 저서는 그 결과물로서, 기왕에 발표한 글들을 모아 일반인들이 흥미를 느끼고 쉽게 읽을 수 있는 교양총서로 간행한 것이다.

수 차례에 걸쳐 각 시대 해양사 전공자들이 모여 워크숍을 하고 밤새는 줄 모르고 토론하던 2012년도는 꿈같은 한 해였다. 제주도 우도(2012. 6.22~24)와 목포(2012.11.23.~24)에서의 모임 등이 주마등처럼 머리에 스친다. 해양사 연구자들이 각 시대의 해양사적 특징이랄까 고민 등을 토론을 통하여 풀어나가고, 자신의 관점에서 다른 시대를 바라보는 혜안들을 서로 배우는 과정이 너무 행복한 시간이었다.

본서를 『한국 고대, 목면과 향료의 바닷길』이라 명명한 데에는, 미륵사지에서 출토된 식물성 면을 우리 역사에서 어떻게 이해할 것인가 하는 문제에서 출발한 데 기인한다. 더욱이 고구려의 백첩포가 7세기 무렵 사서에 보이고, 9세기 무렵 신라의 대당 조공품 가운데 다시 등장하게 된 까닭이 매우 궁금하였다. 백첩포란 중앙아시아나 동남아시아에서 생산되는 목면으로 만든 옷감이기 때문이었다.

또한 장보고의 교역에 대해서는 흔히들 고급 향료의 중개무역으로 그 성격을 규정하곤 하였다. 이러한 중개무역론은 종래 일본학자들이 주장하여 오던 것으로서, 장보고가 고가품인 동남아시아산 향료를 중개무역함으로써 막대한 이득을 취하였다는 것이다. 필자는 이러한 장보고의 교역, 그리고 그 이전 신라와 일본 간 교역물품에 보이는 많은 향료의 명칭을 검토한 바 있다.

이러한 관심은 프로젝트를 시작하면서 자연스럽게 우리 나라에 생산되지 않은 이들 물품이 가지는 의미가 무엇일까 고민하게 되었다. 결국 한국 고대사에 있어서 목면과 향료를 키워드로 하여 문물의 수용과 전래의 루트를 밝히는 것도 흥미로운 주제라는 생각을 하게 되었다.

그러나 잘 아시다시피 각종 옷감이나 향료의 명칭은 연구자 자신 뿐만 아니라 일반인에게 매우 어려운 것이었다. 더욱이 이들 이름을 일반인에게 알기 쉽게 풀어내는 작업은 많은 교열과 윤문을 필요로 하였다.

본서는 그 동안 강단에서 강의하였던 원고와 단편적인 글, 그리고 발표한 논문 가운데 본서의 제목에 합당한 부분을 쉽게 풀이하여 재구성하였다. 다만 향료의 명칭 등에 대한 해설은 기왕에 발표한 내용과 중복을 피하기 어려웠지만, 가능한한 일반인 독자를 위하여 논증 부분을 축약하고 용어를 쉽게 풀어 서술하고자 하였다. 또한 필자가 그 동안 답사하면서 찍은 사진들을 덧붙였다.

모두 3편으로 구성한 본서는, 제1편에서 목면의 바닷길을, 제2편에서 향료의 바닷길, 그리고 제3편에서는 8~9세기 신라의 동서교역과 면·향의 유통을 다루고자 하였다.

특히 목면이 의생활과 직결된다는 점에서 우리나라 고대의 옷감과 신라의 의생활을 다루고, 목면의 전래 루트를 밝히고자 하였다. 고구려의 백첩포는 중앙아시아와의 교류를 통하여 고분벽화에 보이는 각종 서역문물과 함께 육로를 통하여 전래된 것이지만, 백제의 식물성 면은 새로운 바닷길을 개척함으로써 가능한 것이었다. 이에 대해 신라의 백첩포는 일본에 전래된 목면을 9세기 신라상인들의 교역을 통하여 신라에 들여와 직조한 것이었다.

향료는 본래 불교의 전래와 함께 들어 왔지만 일종 신약과 같은 존재였다. 따라서 향료는 부처님의 공양품으로서 기능하기도 하였지만 의학기술의 발전과 흐름을 같이하는 것이었다. 8~9세기 무렵 향료가 신라의 교역에서 차지하는 비율은 20% 정도에 불과하였지만, 약재로서뿐만 아니라 안료와 염료, 향분(화장품)에 이르기까지 다양한 용도로 사용되었다. 이러한 향료의 활용은 결국 신라산 약재를 자체 개발하게 하였거니와, 9세기 중엽에는 당나라 강남도의 동서교역의 현장에 주요 신라 산물로서 이를 매매하기도 하였다. 9세기 재당신라상인으로 대표되는 이들의 활약은 장보고를 승계하여 동서교역의 루트를 신라, 일본으로 이어지는 바닷길로 연장하였던 것이다.

본서에서 목면과 향료를 키워드로 하여 고대의 바닷길을 개척하고 교류하는 과정을 살폈지만, 이들 물품의 교류와 유통에는 서역 기술의 전래와 새로운 종교, 사상, 정치 제도의 수용과정을 포괄하기 마련이다. 그것은 일방적인 전수과정이 아니며 상호 주고 받는 교류와 소통의 과정이었다. 이러한 길은 처음에는 육로를 통하였지만, 삼국의 역사가 진전되는 과정에서 새로운 소통과 교류의 길로서 바닷길을 개척하였고, 마침내 우리 고대 문화의 동력으로서 기능하였던 것이다.

본서에서 의생활 부분은 필자가 「신라의 의생활과 직물 생산」(『한국고대사 연구』 64, 2011)으로 발표한 논문으로 각주를 빼고 쉽게 다시 서술하였다. 자세한 내용을 참고하고자 하는 독자들은 이 논문을 참고할 것을 권한다. 또한 부록으로 교역의 개념에 대한 독자의 이해를 돕기 위하여 「한국 고대의 교역사 연구에 있어서 개념의 문제」(『한국 고대사 연구의 시각과 방법(노태돈 교수 정년기념논총 1)』, 2014)를 덧붙였다.

실로 이 책을 엮기까지는 주변 여러분의 많은 도움이 있었다. 먼저 교역사 연구에 발을 들여 놓는 계기를 만들어주신 김문경선생님께 감사드린다. 또한 「바다와 한국사」 프로젝트의 원만한 진행을 위하여 힘든 일을 마다하지 않고 힘써준 윤재운 교수를 비롯하여, 함께 토론하고 새로운 관점을 계도해 준 이청규, 강봉룡, 이진한, 하우봉, 한철호, 김동전 교수에게 본 지면을 빌어 감사드린다. 행여 본인의 이 책으로 여러 선생님들께 누가 되지 않을까 두려울 뿐이다.

그리고 본서가 나오기까지 격려와 도움을 아끼지 않았던 동료들과 나의 가족, 편집과 출판에 도움을 주신 경인문화사 여러분께 감사드린다.

2016년 2월

朴南守 識

우리 역사상의 목면과 향료의 유래

하나의 물품은 그 원산지로부터 전래 및 가공 또는 재생산되는 과정을 거쳐 어떠한 소비자에게 어떻게 다가가느냐 하는 매우 상세한 과정을 보여준다. 인류의 수많은 발명품 가운데 면은 의생활을 풍요롭게 하는 주요한 발명품 가운데 하나이다.

인류가 면을 발명하기 이전에는 주로 식물성 마포 등을 재배하여 옷을 만들어 입었다. 인류 역사상 마포의 기원은 신석기시대까지 거슬러 올라간다. 곧 B.C. 4500년 무렵의 이집트 파이윰(Faiyum)과 바다리(Badari) 유적에서 발견된 아마포(亞麻布)가 지금까지 발견된 가장 오래된 섬유제품이며, 1911년 이집트 사콰라(Saqqara) 유적에서 미이라를 싼 붕대는 5000년 전의 마포라고 한다. 아마도 인류가 목면이나 초면을 개발하여 재배하기 이전에는 이러한 식물성 마를 이용하여 옷을 지어 입거나 짐승 가죽을 사용하였을 것이다. 이러한 의류 소재로서의 마포나 면포는 인류가 생존하기 위하여 추위를 이겨내는 데 필요불가결한 것이기도 하지만, 국가의 발전 과정에서 치레로써 신분을 드러내기도 한다.

우리나라에서는 비교적 일찍부터 면을 생산하였다. 『삼국지』 위지 동이

전에는 오늘날 한반도 남부의 삼한지방에서 다음과 같이 면을 생산하였다
고 전한다.

한(韓)은 대방(帶方)의 남쪽에 있는데, 동쪽과 서쪽은 바다로 한계를 삼고, 남
쪽은 왜(倭)와 접경하니, 면적이 사방 4천리 쯤 된다. [한에는] 세 종족이 있으
니, 하나는 마한(馬韓), 둘째는 진한(辰韓), 셋째는 변한(弁韓)인데, 진한은 옛
진국(辰國)이다.

마한은 [삼한 중에서] 서쪽에 위치하였다. 그 백성은 토착생활을 하고 곡식을
심으며 누에치기와 뽕나무 가꿀 줄을 알고 면포(綿布)를 만들었다. …

[변진(弁辰)의] 토지는 비옥하여 오곡과 벼를 심기에 적합하다. 누에치기와 뽕
나무 가꾸기를 알아 비단과 베(縑布)를 짤 줄 알았으며, 소와 말을 탈 줄 알았
다. … 12국에도 왕이 있으며 그 사람들의 형체는 모두 장대하다. 의복은 청
결하며 장발로 다닌다. 또 폭이 넓은 고운 베(廣幅細布)를 짜기도 한다.

(『삼국지』 위지 동이전 한전)

『삼국지』 위지 동이전에서 우리나라 면포의 생산을 특별하게 기록한 것
은 면포의 상품적 가치로 인한 것으로 보아야 할 듯하다. 마포가 일반 서민
들의 주된 의류의 소재였다면, 면포는 고급 의류 소재로서 상품적 가치를
인정할 수 있기 때문에 『삼국지』에서 삼한의 의생활과 관련하여 면의 생
산을 기술한 것으로 생각되기 때문이다.

위의 『삼국지』 동이전 한조 기사에서 보듯이, 3세기 중후반 무렵 전라·충
청·경기지역의 마한에서는 면포를, 그리고 경상지역의 변진에서는 겸포
와 세포를 만들어 사용하였다. 여기에서 일컫는 면포와 겸포는 '잠상(蠶
桑)' 곧 누에를 치고 뽕나무를 심는 기사와 관련된다는 점에서, 누에를 쳐
서 솜풀로부터 명주실(綿絲)을 뽑아내어 직조한 것으로서 비단류의 베임을
알 수 있다. 면포 관련 기사는 6세기 무렵 고구려와 백제, 신라측 기록에도

많이 나타나거니와, 초기 국가 시대 이래로 우리나라 각종 사료에 보이는 면이란 솜풀을 원료로 하여 만든 베를 가리킨다.

한편 겸포는 변한포(弁韓布)라고도 일컬었는데, 진한이 중국 한나라 포로에 대한 배상으로 변한포를 주었다는 기사를 살필 수 있다.

왕망(王莽)의 지황(地皇) 연간(A.D. 20~22)에, 염사착(廉斯鑡)이 진한의 우거수(右渠帥)가 되어 낙랑의 토지가 비옥하여 사람들의 생활이 풍요하고 안락하다는 소식을 듣고 도망가서 항복하기로 작정하였다. 살던 부락을 나오다가 밭에서 참새를 쫓는 남자 한 명을 만났는데, 그 사람의 말은 한인(韓人)의 말이 아니었다. [그 이유를] 물으니 남자가 말하기를, "우리들은 한(漢)나라 사람으로 이름은 호래(戶來)이다. 우리들 천 5백 명은 재목을 벌채하다가 한(韓)의 습격을 받아 포로가 되어 모두 머리를 깎이우고 노예가 된 지 3년이나 되었다."고 하였다.

염사착이, "나는 한(漢)나라의 낙랑(樂浪)에 항복하려고 하는데 너도 가지 않겠는가?"라고 하니, 호래는, "좋다." 하였다.

그리하여 염사착은 호래를 데리고 출발하여 함자현(含資縣)으로 갔다. 함자현에서 [낙랑]군에 연락을 하자, [낙랑]군은 염사착을 통역으로 삼아 잠중(岑中)으로부터 큰 배를 타고 진한에 들어가서 호래 등을 맞이하여 데려갔다. 함께 항복한 무리 천여 명을 얻었는데, 다른 5백 명은 벌써 죽은 뒤였다. 염사착이 이때 진한에게 따지기를,

"너희는 5백 명을 돌려보내라, 만약 그렇지 않으면 낙랑이 만 명의 군사를 파견하여 배를 타고 와서 너희를 공격할 것이다." 라고 하였다. 진한은, "5백 명은 이미 죽었으니, 우리가 마땅히 그에 대한 보상을 치르겠습니다." 하고는, 진한 사람 만 5천명과 변한포(弁韓布) 만 5천 필을 내어놓았다. 염사착은 그것을 거두어 가지고 곧바로 돌아갔다. [낙랑]군에서는 염사착의 공로와 의로움을 표창하고, 관책(冠幀)과 밭, 집을 주었다. 그의 자손은 여러 대를 지나

안제(安帝) 연광(延光) 4년(A.D.125, 백제 기루왕 49)에 이르러서는 그로[선조의 공으로] 인하여 부역을 면제받았다.

(『삼국지』 위서 30, 동이전 한(韓))

위의 기사에서 변한이 낙랑군에 보상하였다는 변한포는, 『삼국지』 동이전 변진조의 겸포 그것으로 보아 크게 다르지 않을 것이다. 이들 겸포는 면포와 동일한 솜풀을 재료로 하여 만든 베인데, 이를 겸포라고 일컬은 것은 직조 공법의 차이로부터 연유한다. 곧 외올로 만든 베를 면포, 겹올로 만든 베를 겸포라고 일컬었다고 할 수 있다,

겸포는 이미 고구려에서도 생산되었던 듯한데, 『후한서』 동이전 고구려조에서는 다음과 같은 기사를 살필 수 있기 때문이다.

건광(建光) 원년(A.D.121, 고구려 태조왕 69년) 봄에, 유주자사 풍환(馮煥)과 현도태수 요광(姚光)과 요동태수 채풍(蔡諷) 등이 군사를 거느리고 국경을 넘어 고구려를 공격하여, 그 우두머리를 붙잡아서 목베고 병마와 재물을 노획하였다. 이에 궁(宮, 태조왕)은 후계자인 수성(遂成, 차대왕)에게 군사 2천여 명을 거느리고 가서 요광 등을 맞아 싸우게 하였다. 수성이 사자를 보내어 거짓으로 항복하니 요광 등은 이를 믿었다. 수성은 이 틈을 타 험준한 요새지역을 점거하여 [요광 등의] 대군을 막고는 몰래 3천여 명의 군사를 보내어 현도와 요동을 공격하여 성곽을 불태우고 2천여 명을 살상하였다. 이에 [후한은] 광양·어양·우북평·탁군·[요동] 속국에서 3천여 명의 기마병을 출동시켜 함께 [요광 등을] 구원케 하였으나, 고구려인(貊人)이 벌써 돌아가버렸다.

여름에 다시 요동의 선비[족] 8천여 명과 함께 요대[현]를 침공하여 관리와 민간인을 죽이고 약탈하였다. 채풍 등이 신창[현]에서 추격하다가 전사하였다. 공조(功曹)인 경모(耿耗)와 병조연(兵曹掾)인 용단(龍端)과 병마연(兵馬掾)인 공손포(公孫酺)가 몸으로 채풍을 가리다가 모두 진중에서 죽으니, 죽은 사람이

백여 명이나 되었다.

가을에 궁(宮)이 드디어 마한·예맥의 군사 수천 명을 거느리고 현도를 포위하였다. 부여왕이 그의 아들 위구대(尉仇台)를 보내어 2만여 명을 거느리고 유주·현도군과 함께 힘을 합하여 [궁을] 쳐서 깨뜨리고 5백여 명을 참수하였다.

이 해에 궁이 죽고, 아들 수성이 왕이 되었다. 요광이 그들의 초상을 틈타 군대를 출동시켜 공격하고자 글을 올리니, [후한의 조정에서] 논의하는 사람들이 모두 가하다고 말하였다. 그러나 상서(尙書) 진충(陳忠)이, "궁이 생전에 악독하여 요광이 토벌하지 못하였는데, [이제] 그가 죽은 것을 이용하여 치는 것은 의리가 아닙니다. 마땅히 사절을 보내어 조문하고, 지난날의 죄를 꾸짖고는 그 죄를 용서해 주어 이후 그들이 선하게 되도록 하는 것이 좋겠습니다." 하니, 안제(安帝)는 그 의견을 따랐다. 다음 해에 수성이 한나라의 포로를 송환하고 현도에 이르러 항복하였다. 조서를 내려, "수성 등이 포악 무도하므로 목을 베어 젓을 담아서 백성에게 보임이 마땅할지나, 다행히 용서함을 얻어 죄를 빌며 항복을 청하는도다. [그러나] 선비·예맥이 해마다 노략질하여 백성을 잡아가 그 수가 수천 명이나 되었는데 [이제] 겨우 수십 백 명만을 보내니, 교화를 받들려는 마음가짐이 아니다. 지금 이후로는 [후한의] 현관(縣官)들과 싸우지 말 것이며, 스스로 귀순하여 돌려보낸 노예(生口)의 경우 모두 보상하되, 한 사람당 비단(縑) 40필을 주고 어린이는 어른의 반을 주도록 하라."고 하였다.

(『후한서』 권 85, 열전 75, 동이전 고구려)

위의 기사는 서기 121년 무렵 고구려가 요동지역을 진출하고자 할 때에 후한의 군현과 군사적으로 충돌한 사실을 보여준다. 당시에 태조왕의 태자로서 수성(차대왕)이 후한의 요동을 공격하여 수천 명의 포로를 사로잡아 노예로 삼았는데, 결국 차대왕(수성)이 한나라에 화해를 청하여 포로를 돌려보내자, 그에 대한 보상을 겸포로써 할 것을 요청한 사실을 알 수 있다. 곧 차대왕은 한나라 포로를 돌려보내면서 그 대가로 포로 1인당 겸포 40필, 어린이는 어른의 절반을 각각 보상으로 지불하였거니와, 겸포를 보상의 대가로 사용하였음을 알 수 있다.

당시에 평양의 낙랑에서도 겸포가 일반화되었던 듯한데, 평양 낙랑군 채협총[彩篋冢, 남정리 116호분]에서 발견된 목간의 '조선현의 관리가 사람을 보내어 겸포 3필을 예물로 드렸다'는 기록에서도 확인된다. 잣나무로 만든 동 목간에는 다음과 같은 세 줄로 씌여진 기록을 전한다.

방직도(紡織圖) 화상석(후한시대, 중국 남경박물관)

縑三匹 / 겸포 3필[을 부의함].
故吏朝鮮丞田肱謹遣使再拜奉 / 옛 관리 조선승 전굉은 삼가 사람을 보내어 재배하고 받들어
祭 / 제를 올린다.

당시에 겸포를 어떻게 제작하였을까 하는 점은 분명하지 않다. 그런데 후한대에는 베의 종류에 따라 평직과 사직의 베틀을 사용하였고, 고구려 대안리 1호분에서도 우리나라 고대의 베틀의 모습을 엿볼 수 있다.

또한 5~6세기 무렵의 왕릉으로 추정되는 천마총(天馬塚 : 경주 황남동 155호분)에서 출토된 일련의 섬유물 조각에서 그 기법을 짐작할 수 있다. 천마총에서 발견된 섬유질을 분석한 결과에 따르면 당시에 이미 평직(平織)과 능직(綾織)의 직조법이 있었다고 한다. 능직이란 직물 표면에 날실 또는 씨실로 빗방향의 이랑 무늬를 형성하는 조직이나 또는 이런 조직으로 짠 직물을 일컫는다. 특히 그 표면과 뒷면이 짜임새가 다르다는 점에서, 그 원초적인 형태는 겹올의 겸직으로부터 비롯하지 않았을까 생각해 볼 수 있다. 이들 면포의 직조는 고구려 고분벽화에 보이는 베틀과 같은 직조기에 의해 가능하였을 것이다. 현재 남아 있는 기록상으로는 고구려 지역의 직조 기법이 마한

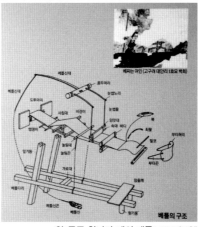

위:중국 한나라 때의 베틀[平織機](복원)
(서안 섬서박물관)
아래:백제의 베틀(한성백제박물관, 『왕도 한산』 특별전
2013.12.17~2014.2.16)

을 비롯하여 변진한 지역으로 전래되지 않았을까 짐작할 뿐이다.

그런데 『한원』 고구려전에는 6세기 무렵 고구려에서 백첩포를 생산하였다고 한다. 1999년 백제 능산리 사지에서는 창왕 13년(567) 무렵의 식물성 면직물이 출토되었다. 또한 신라는 경문왕 9년(869) 당나라에 백첩포를 조공하였다.

고구려와 신라에서 생산하였다는 백첩포는, 길패라고 불리우는 목면으로 만든 식물성 고급 면직물이다. 이들 고구려·백제·신라의 식물성 면은, 고려 말 공민왕 13년(1364) 문익점(文益漸)이 원나라로부터 목면의 씨앗을

가져와 재배하기 800년 내지 500년 전에, 이미 한반도 역사상에 식물성 목면이 출현한 사실을 보여준다.

우리나라에서는 문익점 이전에 초면이나 목면이 자생하지 않았다. 이들 목면은 중앙아시아나 동남아시아 물산임이 분명하다. 그런데도 우리 기록에 이들 면직류를 직조하였다는 것은 매우 미스테리하다고 할 수 있다. 이는 이들 목면의 원료를 수입하여 직조하고, 신라의 경우 이를 특산물로서 당나라에 대한 조공물품으로 사용하였음을 의미한다.

이처럼 고구려, 백제, 신라가 우리나라에서 생산되지 않는 원료를 들여와 가공하고 수출하는 과정은 고대의 문물 교류의 과정을 보여준다. 이들 문물 교류의 루트는, 고구려의 경우 중앙아시아와 육로를 통하여, 그리고 백제·신라의 경우 서해 북부 연안 및 중부 횡단항로, 남부 사단항로, 그리고 일본과의 바닷길을 통한 것이라 할 수 있다. 이러한 교통로의 개설은 새로운 문물과 이를 가공하는 기술의 전래를 수반하며, 그러한 과정이 산업의 발달과 상업의 융성, 국가의 발전으로 이어지는 것임에 틀림 없다.

특히 면직물의 경우 의생활과 직접 관련된다. 『삼국사기』 색복조에서 볼 수 있듯이 신라의 경우 각 신분에 따른 의생활의 규범을 정하였다. 고대 신분제 사회에서 의복과 이에 딸린 치레거리는 신분을 드러내는 표지였던 것이다.

면은 무명과 목면으로 나뉘며, 목면은 다시 초면과 목면으로 구분된다. 우리 역사상 무명은 일찍부터 생산되었으나, 목면은 중앙아시아나 동남아시아와의 교류를 통하여 전래되었다. 중앙아시아로부터 고구려로의 목면의 전래가 육로를 통한 것이라면, 동남아시아산 목면이 백제에 전래된 경로는 해로를 통한 것이었다. 목면이 전래되었다고는 하나 이를 직조한 것은 고구려·백제 지역에서 일찍부터 무명을 직조하던 기술이 축적되었기 때문에 가능하였을 것이다. 새로운 문물과 우리의 기술이 만나는 과정이기도 하다. 특히 고구려의 발전된 직조 기술은 신라에 전승되어 신라의 우수한 비단의 생산을 가능하게 하였고, 신라를 비단의 나라로 일컫는 계기를 마련하였다. 목면의 원자재가 없었던 신라로서는 고구려로부터 받아들인 면직 기술을 비단에 적용함으로써 조하금 등의 비단 생산이 가능하였으며, 9세기 중엽 일본을 통하여 목면의 원자재를 수입하여 이를 재가공함으로써 중국에 대한 조공품으로 백첩포를 생산할 수 있었던 것이다.

따라서 이들 면의 전래나 유통과정을 살피는 것은 동아시아 문물교류 현황 뿐만 아니라 문화의 전래 양상을 살피는 주요한 일일 것이다. 이 책에서 바다를 중심으로 한 '목면의 길'을 상정한 것은, 바닷길이 이러한 목면 원자재의 수입과 재가공, 그리고 역수출을 가능하게 한 통로로서 기능하였다고 생각하기 때문이다. 백제는 이미 4세기 무렵부터 백제의 '요서진출설'로 알려진 서해 북부 연안 항로를 개설하고, 고구려와 대결하는 과정에서 서해 중부 횡단항로 및 남부 사단항로를 새로이 개척하였다. 신라 또한 고대국가로 성장하던 때부터 이용하던 일본과의 바닷길을 면의 수용처로 활용하였다. 이러한 바닷길은 9세기 전반 장보고의 등장으로 당-신라-일본의 동아시아 해역을 하나의 세계로 엮는 교류와 화해의 루트로 기능하였다.

한편 우리나라에 향이 처음으로 등장한 것은 불교의 전래와 함께 한다. 고구려, 백제의 경우 기록이 보이지 않으나, 신라의 경우 눌지왕 때에 묵호자가 향료로써 공주의 병을 낫게 하였다는 기록이 있다.『삼국유사』아도기라(阿道基羅)조 곧 아도가 신라에 불교의 기틀을 닦았다는 기사에는 다음과 같은 사실을 전한다.

제19대 눌지왕(訥祗王, 재위 417~458년) 때 사문(沙門) 묵호자(墨胡子)가 고구려로부터 일선군(一善郡, 현 경상북도 구미시 선산읍 일대)에 이르렀다. [그] 군사람인 모례(毛禮)[혹은 모록(毛祿)이라고도 한다.]가 [자기] 집 안에 굴을 파서 [그를] 편히 있게 하였다. 그때 양(梁)나라에서 사신을 보내 의복과 향을 전해왔다. [(고려시대 사람) 고득상(高得相)의 영사시(詠史詩)에는 양나라에서 원표(元表)라는 사승(使僧)을 시켜 명단향(溟檀)과 불경·불상을 보내왔다고 한다.] 왕과 신하들이 그 향의 이름과 용도를 몰라서 사람을 시켜 향을 싸들고 전국을 다니면서 묻게 하였다. 묵호자가 그것을 보고 말하기를, "이것은 향이라고 하는데, 이를 사르면 향기가 매우 강하여 신성(神聖)에게 정성을 통하게 하는데 쓰인다. 신성은 3보(三寶)보다 나은 것이 없으니, 만약 이것을 사르며 발원하면 반드시 영험이 있을 것이다"고 하였다.[눌지왕은 진송(晉宋)시대에 해당되니 양나라에서 사신을 보냈다고 한 것은 잘못인 듯하다.]

『삼국유사』 권 3, 흥법 3, 아도기라)

위의 기사에서 보듯이 신라사회에 처음으로 향이 들어온 것은 양나라의 사신을 통해서였다. 다만 일연이 지적하였듯이, 향의 전래가 눌지왕 때인가, 그리고 눌지왕 때에 신라와 양나라가 교류하였다는 기사를 믿을 수 있는가 하는 데에 의문이 있다. 『삼국사기』 신라본기 법흥왕 15년조에도 동일한 기사가 보이는데, 향의 전래가 눌지왕 때의 일이라면, 당시에는 아직 양나라가 나타나기 이전이라는 점에서 향을 전래한 '양나라'란 중국의 강남도 지방을 지칭할 가능성이 높다. 따라서 불교는 묵호자를 통하여 신라에 처음 들어오고, 3보(三寶)에게 정성을 통하게 하는 향은 중국 강남도를 통하여 신라에 전래한 것이라 보아 좋을 것이다.

향의 전래에 대하여 고구려·백제의 경우 문헌 기록에는 전하지 않는다. 그러나 백

평양 석암리 9호무덤(A.D. 8년 경) 출토 동박산향로(銅博山香爐)

제의 경우 부여 능산리 사지에서 발견된 금동대향로로 미루어 볼 때에 향을 불교 의례에 사용하였음을 알 수 있다. 이러한 금동향로는 1916년 평양 석암리 9호분에서 출토된 A.D. 8년 무렵의 낙랑 지역 동박산향로와 계통을 같이 하지 않을까 생각한다. 이는 7~8세기의 익산 미륵사지 출토 금동향로 등으로 이어져 새로운 양식상의 변화를 보였다고 할 수 있다.

그런데 8~9세기 동아시아 세계에는 각종 향이 유통되었다. 향은 불교 의례용 물품으로뿐만 아니라 약재, 직물의 염료, 여자들의 화장품, 향신료 등을 포괄하였다. 이들 향료는 주로 동남아

백제금동대향로(부여박물관)

시아산이 많았지만, 일정 부분은 신라에서 자체 재배한 것도 있었다. 동남아시아산 향료의 경우 처음에는 중국을 내왕하는 사신들을 통하여 전해졌지만, 점차 사무역이 활발해지면서 상인들이 이를 유통하여 널리 사용되었다. 이들 향료는 그 원산지인 동남아시아로부터 바닷길을 통하여 중국 강남도 일원에 전래되고, 중국 강남도를 통하여 중국 내륙 지방과 이를 내왕하는 사신 또는 상인들을 통하여 우리 한반도와 일본에까지 전해졌다. 따라서 고대 동아시아 향료의 전래는 주로 바닷길을 이용할 수밖에 없었고, 바닷길을 누가 장악하느냐에 따라 교역의 헤게모니를 장악할 수 있었다.

특히 9세기 초를 전후하여 장보고로 대표되는 신라 상인들은 당나라와 신라, 일본을 넘나들며 실로 눈부시게 활약하였다. 지중해로부터 인도양과 동남아시아해를 건너 당나라 강남도에 이르는 바닷길을 아라비아상인이

익산 미륵사지 출토 금동향로(7~8세기, 백제 말~통일신라)

장악한 데 대해, 소그드인들은 중앙아시아로부터 당나라 수도 장안에 이르는 육로를 비롯하여 당나라 내지의 교역을 장악하였다. 이에 대해 신라 해상들은 당나라 연안 지방과 신라, 일본을 잇는 바닷길을 중심으로 교역을 주도하였다. 이들 아라비아 상인들과 소그드인, 당나라 상인들과 신라 상인들은 모두 당나라 강남도에 모여 면·향류를 비롯하여 각국의 산물과 금·은 등을 교역하였다. 특히 신라 상인들 활약의 이면에는 일본면의 수입과 면포 내지 범포의 재생산, 그리고 강남도에서의 향료 등을 유통하는 시스템이 있었다. 중국의 강남도 지역은 동서 문물이 만나는 장소였고, 서역 물품이 신라와 일본으로, 그리고 신라의 물품이 서구 세계로 나아가는 중계 지점이었다.

　이러한 시스템의 운영은 모두 바다를 매개로 한 것이었고, 아라비아 상선이나 신라배로 대표되는 우수한 배를 운용할 수 있는 해상력을 바탕으로 한 것이었다. 바다를 매개로 한 동아시아 해역에서의 물류 이동은 동아시아 고대 문화를 단일한 권역으로 엮을 수 있는 바탕이 되었다.

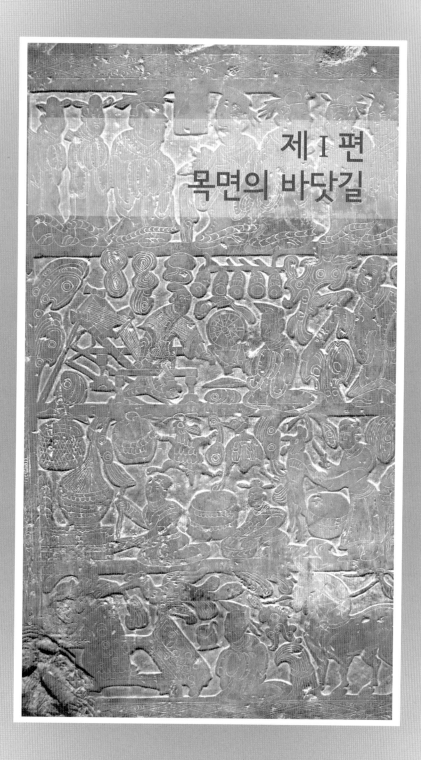

제 I 편
목면의 바닷길

제1장 면과 의생활

제1절 명주(綿)와 목면, 백첩포

우리 나라에서는 3세기 무렵에 면(綿)과 겸포(縑布)를 생산하였다. 명주 베(면포)는 누에를 쳐서 명주실(綿絲)을 뽑아내어 비단의 전단계인 명주베 (綿布)를 짤 수 있었음을 의미한다. 후대에 목화솜으로 짜는 면(棉布)과 구별하여 이를 진면(眞綿)이라고 한다.『해동역사』에는 변진의 겸포에 대하여 『석명』을 인용하여 "겸(縑)은 '겹치다(兼)'의 뜻으로, 실이 가늘어서 몇 개의 실을 겹쳐서 베(布)나 비단[絹]을 짜는 것이다"라고 하였다. 그러므로 겸 포란 누에를 길러 가는 실을 만들고, 이들 가는 실을 겹쳐서 만든 베라고 할 수 있다.

『삼국사기』에는 백제 전지왕 14년(418) 사신을 왜국에 보내어 백면(白綿) 10필을 보내었다 하고, 능산리 사지에서 발견된 목간(부여 능산리사지-310)에 는 '斑綿[얼룩 무늬 면]'이란 구절이 보인다. 또한 신라 문무왕 10년(670)에 안 승(安勝)을 고구려왕에 책봉하면서 멥쌀(粳米) 200석, 갑옷 입힌 말(甲具馬) 1필, 무늬 있는 비단[綾] 5필, 견(絹)·세포 각 10필 등과 함께 면(綿) 15칭 (稱)을 주었다고 한다.

그런데 1999년 부여 능산리사지 6차 발굴조사 때 식물성 면직물이 발견

능산리사지 출토
목간[× ㅁ 立卄兩?
斑綿×]

되어 「문익점보다 800년 빠른 백제의 면직물」이라는 제목으로 방송매체에 보도되었다. 이는 폭 2cm, 길이 약 12cm 가량인데, 발견된 이후 보존처리 과정을 거쳐 2010년 7월 국립부여박물관에서 개최하는 「백제 중흥을 꿈꾸다 -능산리사지」 특별전에 공개되었다. 특히 능산리사지에서는 「창왕명 석조사리감」이 발견되었는데, 동 사리감에서 '창왕 13년(567)'이란 절대 연대를 살필 수 있어, 이미 6세기 중엽 백제 지역에서 식물성 면직물을 사용하였음을 확인할 수 있게 되었다. 이는 우리나라가 목면을 수입하여 재배하기 시작한 고려 말 문익점(文益漸) 때보다 무려 800여 년 앞선 것이지만, 보도 매체의 내용처럼 이 유물 자체로써 백제시대에 우리나라에서 목면을 재배하였다고 보는 것은 성급한 결론이라 할 것이다.

우리 나라는 옛날에 무명이 없어 다만 삼·모시·명주실로만 베를 만들었다. 고려 말 공민왕 13년(1364) 문익점이 원나라에 사신으로 갔다가 공민왕을 폐위시키려는 원나라의 조칙을 받들 수 없다고 하여 검남(劍南) 지방에 유배되었는데, 그곳에서 풀려나 돌아올 때에 목면의 씨앗을 몰래 가져와 심었다. 심은 종자가 다 말라 죽고 다만 한 줄기가 살아 남았으므로 이를 3년간 거듭 재배한 끝에 드디어 크게 번성하였다고 한다.

문익점은 목화씨를 주머니에 넣어 가져왔다고도 하고 상투 속에 감추어 왔다고도 한다. 이처럼 가져온 방법에 대해 여러 이야기가 있는 것은, 원나라가 국외로 가져가지 못하게 한 목화씨를 문익점이 몰래 가져온 사실에 대한 민간의 여러 전승 때문일 것이다. 그런데『조선왕조실록』태조 14년(1398) 6월 13일조에는 문익점이 죽은 후 그에 대하여 기록한 졸기(卒記)에

목면 전래에 대하여 다음과 같이
전하고 있다.

창왕명 석조사리감(부여 능산리사지 출토)

전 좌사의 대부 문익점이 죽었
다. 익점은 진주 강성현 사람이
다. 아버지 문숙선(文淑宣)은 과
거에 올랐으나 벼슬하지 않았
다. 익점은 가업을 계승하여 글
을 읽어 공민왕 경자년(1360)에
과거에 올라 김해부 사록에 임
명되었으며, 계묘년에 순유박사
(諄諭博士)로서 좌정언에 승진되
었다. 계품사인 좌시중 이공수(李公邃)의 서장관이 되어 원나라 조정에 갔다
가, 장차 돌아오려고 할 때에 길가의 목면 나무를 보고 그 씨 10여 개를 따서
주머니에 넣어 가져왔다. 갑진년(1364)에 진주에 도착하여 그 씨 반으로써 본
고을 사람 전객령(典客令)으로 벼슬을 그만둔 정천익(鄭天益)에게 이를 심어
기르게 하였더니, 다만 한 개만이 살게 되었다. 천익이 가을이 되어 씨를 따
니 백여 개나 되었다. 해마다 더 심어서 정미년(1367) 봄에 이르러서는 그 종
자를 나누어 향리에 주면서 권장하여 심어 기르게 하였는데, 익점 자신이 심
은 것은 모두 꽃이 피지 아니하였다. 중국의 스님 홍원(弘願)이 천익의 집에
이르러 목면을 보고는 너무 기뻐 울면서 말하였다.
"오늘날 다시 본토의 물건을 볼 줄은 생각하지 못했습니다."
천익은 그를 머물게 하여 며칠 동안을 대접한 후에 이내 실 뽑고 베 짜는 기
술을 물으니, 홍원이 그 상세한 것을 자세히 말하여 주고 또 기구까지 만들어
주었다. 천익이 그 집 여종에게 가르쳐서 베를 짜서 1필을 만드니, 이웃 마을
에서 전하여 서로 배워 알아서 한 고을에 보급되고, 10년이 되지 않아서 또

한 나라에 보급되었다. 이 사실이 알려지니 홍무(洪武) 을묘년(1375)에 익점을 불러 전의주부로 삼았는데, 벼슬이 여러 번 승진되어 좌사의 대부에 이르렀다. 돌아가니, 나이 70세였다. 본국의 조정에 이르러 의사(議事)하는 사람의 말로써 참지의정부사 예문관 제학 동지춘추관사(參知議政府事 藝文館提學 同知春秋館事) 강성군(江城君)으로 증직(贈職)하였다. 아들은 세 사람이니 문중용(文中庸)·문중실(文中實)·문중계(文中啓)이다.

(『조선왕조실록』 태조 14년(1398) 6월 13일)

위의 『조선왕조실록』에 보이는 정천익은 문익점의 장인이다. 그는 중국의 승려 홍원으로부터 목면으로부터 씨를 뽑고, 베짜는 기술과 기구를 만드는 법을 배워 보급하였다. 문익점은 목면을 들여온 공로로 인하여 조선 태조 때에 강성군에 추봉되었다. 태종 때에는 그의 서원이 세워졌으며, 세조 때에 부민후(富民侯)에 추봉되고 충선(忠宣)의 시호를 더하였다. 부민후란 추증호는 면화씨를 가져와 재배에 성공함으로써 백성의 의생활을 풍족하게 하였음을 치하한 것이다.

속설에는 방추차를 물레[文棉]라고 이름한 것은, 문익점의 아들 문래(文棉)가 처음으로 방추차를 만들었기 때문이라고 한다. 또한 문래의 아들 문영(文瑛)이 처음으로 베틀을 만들어 베[布]를 짠 까닭에 면포(綿布)를 문영(文瑛)이라고 일컫는다고도 하였다. 아마도 문익점의 아들들이 이들 이를 보급하는 데 크게 이바지한 때문에 이러한 전승이 있었던 것이 아닌가 한다.

우리나라 관련 고대 역사서에 보이는 면(綿)은 새 누

물레

에고치에서 뽑은 솜풀을 일컫는다. 무명베[綿布]를 가포(傢布)라고 하는데, 한(漢)나라 때에 중국 주변국이 공물(貢物)로 바치는 베를 가포라고 한 데서 비롯한다. 우리나라에서는 해마다 삼베[細布]를 바쳤는데, 비록 삼베가 아닌 무명베일지라도 오랑캐의 베라는 까닭으로 중국 사람들이 가포라고 이름하였다. 『자서(字書)』에는, "만이종포(蠻夷賨布)이다"라고 하였는데, 종포란 것은 지금의 모시[枲布]를 가리킨다.

솜풀면과 다르게 식물성 면으로서 초면과 목면이 있다. 문익점이 가져온 면은 초면(草綿)이다. 그런데 송나라 때에 해외 여러 나라 기사를 토대로 중국과 교역하던 주변 여러 나라의 풍토 물산을 정리한 주거비(周去非, 1138~1189)의 『영외대답(嶺外代答)』에서는 길패라는 목면으로 만든 베를 조하포·백첩포라 일컬었다고 한다. 『당서』에서는 이를 고패(古貝)라고 하였는데, 우공(禹貢)이 직패(織貝)라고 한 것이 이것이다. 특히 고창국(高昌國, 현 중국 신강 위구르 자치구의 투르판 지역에서 5~7세기 무렵 번성하였던 국가)의 백첩은 초속의 목면으로서, 열매가 고치[繭]와 같은데 이로써 가는 무명실[細纑]을 만들어 이름한 것이다. 이는 송나라 말에 처음으로 중국 강남 지방에 들어와 『제번지』가 편찬된 13세기 초엽 중국의 강북과 중원 지방에 두루 생산되었다.

목속(木屬)의 목면은, 중국의 교주(交州)와 광주(廣州), 뇌화(雷化)의 염주(廉州), 남해(南海)의 여동(黎峒) 등에서 생산한 만길패(慢吉貝)와 추길패(麤吉貝)를 일컫는다. 만길패는 베의 폭이 넓고 깨끗하며 촘촘하지만, 추길패는 베의 폭이 좁고 색이 어두우면서 결이 거칠다. 특히 중국 해남산(海南産)의 경우 실이 매우 가늘고 가벼우며 연하면서 깨끗하고 질겨 명품으로 꼽히며, 오늘날 중국 운남[雲南] 지방의 티베트·미얀마 계통의 민족들이 세운 남조국(南詔國, 649~902)에서 직조한 것으로 백색의 정치한 것을 조하(朝霞)라고 일컬었다. 조하와 백첩은 각각 왕의 부인과 국왕이 입는 것인데, 『당서』에 보이는 조하길패(朝霞吉貝)와 백첩길패(白氎吉貝)가 그것이다. 아

각저총 씨름도의 서역인(교과서)

안악3호분 악무도의 서역 호선무(동북아역사재단)

마도 신라의 조하금·조하주는 누에고치를 원료로 생산한 명주의 품질이나 빛깔이 조하포와 유사한 데서 붙여진 이름일 것이다.

그런데 『한원(翰苑)』에 인용된 「고려기(高麗記)」에는 6~7세기 무렵 고구려에서 백첩포를 비롯하여 여러 종류의 비단과 베를 생산하였다고 하였다. 여기에서 고구려의 백첩포 생산은 흔히 서역이라 일컫는 오늘날 중국 신강 위구르 자치구의 투르판 지역의 고창국(高昌國)과의 교역의 성과일 것이다. 이 지역은 이미 중국의 비단길 통로로서 고구려까지 연결됨으로써, 고구려에서는 이들 지역의 초면을 가져와 실을 내어 백첩포를 생산할 수 있었을 것이다. 고구려 고분벽화에 보이는 서역인은 고구려 백첩포의 생산과 관련된다고 보아 좋을 것이다.

한편 고구려에서 생산한 운포금이란 이름은 '구름 펼친 무늬의 비단'이란 의미이다. 이는 '아침 노을 무늬의 비단'이란 의미의 신라 조하금과 서로 통하는 이름이라 할 수 있다. 이에 신라의 조하주·조하금은 빛깔과 관련된 명칭으로서 고구려 운포금의 계통을 계승하지 않았을까 한다. 그렇다면 신라의 대표적인 비단인 조하주·조하금은, 투르판 지역의 목면 씨앗을 수입하여 백첩포를 생산하고 다시 이를 비단류에 응용한 고구려 운포

1. 장식보검(계림로 14호분)
2. 봉수(鳳首)형 유리병(황남대총)
3. 나무결무늬 유리잔(황남대총)
4. 유리잔(황남대총)
5. 유리잔(금령총)

금의 직조기술을 수용한 결과라고 볼 수 있다. 중앙아시아로부터 육로를 통하여 고구려-신라로 이어지는 기술의 전래 루트를 짐작할 수 있다.

경주지역의 5~6세기 적석목관분에서는 많은 서역계 유물들이 출토되었다. 계림로 14호분 출토 장식보검, 황남대총과 금령총에서 출토된 유리잔, 황남대총 출토 은잔과 팔찌, 미추왕릉지구 출토 상감유리목걸이 등을 대표적인 것으로 꼽을 수 있다.

계림로 14호분 출토 장식보검은 발굴 당시 피장자의 허리 위치에 놓여 있었는데, 삼국시대 환두대도(環頭大刀) 등과 달리 홍마노 감입(嵌入)과 누금(鏤金)기법 등 매우 서구적 형태를 띠고 있다. 이는 실크로드 키질 석굴의 벽화에 나오는 보검과 유사한 것으로 지적되고 있다.

또한 황남대총과 금령총에서는 유리잔이 출토되었다. 이는 로마에서 유라시아 대륙을 건너 실크로드를 통해 중국과 한반도로 들어왔다고 추정되고 있다. 특히 황남대총 출토 봉수(鳳首)형 유리병은 고대 그리스의 오이노코에(Oinochoe)라는 그릇에 기원을 두는데, 중국에 이르러 주둥이가 봉황의

황남대총 출토 은잔   황남대총 출토 팔찌

머리를 닮았다 하여 봉수형 유리병이라고 한다. 이는 사산왕조페르시아
(현재 시리아·이란)에서 크게 유행하던 기종(器種)으로, 시리아에서 발견되는
4~5세기대의 것들과 닮아 있어 지중해 연안에서 제작된 것으로 추정하고
있다. 황남대총에서 출토된 나무결무늬 유리잔은 유럽에서 유행했던 후기
로만그라스라고 한다.

　황남대총에서는 서역적인 성격이 짙은 은잔과 팔찌가 출토되기도 하였
다. 은잔은 잔의 주둥이 둘레 부분과 밑부분에 연꽃잎무늬를 촘촘하게 두
르고, 그 사이에 거북등 모양으로 나누어 각종 상상 속의 동물 모양을 새기
고, 중앙에 6잎의 꽃모양을 두어 그 안에 봉황 한 마리를 배치하였다. 잔의
몸체와 밑부분의 문양은 모두 몸체 안에서 바깥으로 문양의 본을 대고 두
드려 만든 압출문양 수법을 사용하였고, 세부형태의 문양 표현 방식은 음
각으로 처리하였다.

　팔찌는 금판의 위 아래를 둥글게 말고 금실과 금알갱이로 여러 도형의
장식 무늬와 서아시아산 터키석을 오목한 홈에 넣어 금판을 덧댄 후 둥글
게 말았다. 접합부는 2개의 금판을 금못으로 고정하였다.

　이와 같이 서역적인 향취가 나는 유물들을 누가, 언제, 어떻게 제작하고,
전래하여 신라 적석목관분에서 발견되었는가 하는 것은 현재 학계의 관심
사이기도 하다. 이들 유물과 함께 신라 적석목관분에서 출토된 금관이나
관모, 신발바닥, 금제대접[金鍱]과 귀걸이·목걸이 등 장신구의 금제 유물에

미추왕릉지구 출토 상감유리목걸이

는, 판금법(板金法) 및 타출법(打出法) 등과 함께 금속제품에 문양을 새기는 조금기술(彫金技術)로서 어자문(魚子文 : 물고기 알 모양의 무늬)과 상감(象嵌) · 선조기술(線彫技術 : 선을 쪼아 문양을 만드는 기술), 누금세공기술(鏤金細工技術, Filigree기술) 등이 사용되었다.

물고기 알 모양의 무늬는 페르시아 금은 그릇에서 비롯하여, 6세기 무렵 중국에 들어와 수 · 당대에 걸쳐 발전하였다. 이는 황룡사 9층목탑지 심초석 아래에서 발견된 사리 장치 뿐만 아니라 7~8세기 무렵 각종 사리 장엄구나 기명(器皿) · 장식금구(粧飾金具) 등에 연주문대(連珠文帶 : 구슬을 잇댄 모양의 띠)와 함께 새기거나 꾸며졌는데, 통일신라 토기에까지 응용되었다. 또한 상감기술은 중국 고대 청동기에서 비롯하여 춘추전국시대 중 · 후기에 발달하였는데, 5~6세기 무렵 적석목곽분의 여러 도검에 나타나고 있다. 누금 세공기술은 이집트 12왕조(B.C.1938~1756)의 금은 그릇 부분장식으로 이용된 데서 비롯하였는데, 그리이스를 거쳐 한대에 중국에 전해진 것이다. 이는 백제 무령왕릉에서 출토된 금제품이나 신라의 금제 귀걸이 및 관모 등의 늘어뜨린 장식[垂下飾] · 반지 등에서 살필 수 있다.

이들 서역 내지 외래 물품이나 기술의 전래 과정에 대해서는, 서역인으로 여겨지는 용강동 출토 문관상, 괘릉의 무관석 등으로 미루어 서역인이 직접 신라에 내왕하였을 것이라는 견해가 있었다. 한편으로 신라와 앙나

광개토대왕 호우(경주 노서동 140호 적석목곽분 출토)

라의 교류 과정에서 중국에 들어온 소그드인 또는 이슬람 상인을 통하여 가져온 것으로 이해하기도 한다. 그런데 신라에서 제작한 것으로 인정되는 금관이나 각종 금속제품에 사용된 기법이 서역에서 기원하였다고 하여 이를 서역 물품으로 인정할 수 없듯이, 장식보검이나 로만글래스로 일컬어지는 물품의 제작지에 대해서는 자세한 검토가 필요한 실정이다.

5~6세기 무렵 신라 적석목곽분에서 발견된 서역계 유물은, 당시 고구려와 신라의 밀접한 국가간 관계로 미루어 고구려에 들어온 서역계 인물들이 고구려에 전하고, 다시 고구려와 신라의 국가 관계 속에서 신라에 전래된 것이 아닌가 한다. 경주시 노서동 140호 적석목곽분[1946년 발굴] 출토 청동호우는 당시 고구려와 신라의 관계를 명확하게 보여준다. 이 호우 바깥쪽 밑바닥에는 "乙卯年國」罡上廣開」土地好太」王壺杅十"이라는 명문이 양각으로 주조되어 있다. 이는 "을묘년에 주조한 것으로 국강상광개토지호태왕의 호우 10"이라는 의미인데, 을묘년은 장수왕 3년(415)이다. 이에 광개토대왕의 장례를 치른 1년 뒤의 제사의식에 신라 사신이 참여하여 이를 가져온 것으로 추정되며, 당시에 신라가 고구려에 정치적으로 예속된 관계를 보여주는 물증으로서 이해된다.

그러므로 5~6세기 신라 적석목곽분에서 발견된 서역계 물품과 제작 기술은 중앙아시아로부터 비단길을 통하여 고구려에까지 전래되었고, 5세기 초엽 고구려에 예속상태에 있었던 신라가 고구려로부터 경주지역으로 가져온 물품으로 보는 것이 자연스러울 것이다.

마찬가지로 신라의 대표적인 비단인 조하주·조하금은, 투르판 지역의 목면 씨앗을 수입하여 백첩포를 생산하고 이를 비단류에 응용한 고구려의 기술을 받아들인 결과라고 할 수 있다. 중앙아시아로부터 육로를 통하여 고구려-신라로 이어지는 기술의 전래 루트를 짐작할 수 있는 바, 신라가 백제와 중국 양나라로부터 문물을 수용하기 이전에는 이러한 육로가 서역 문물 전래의 주요한 루트였음을 알 수 있다.

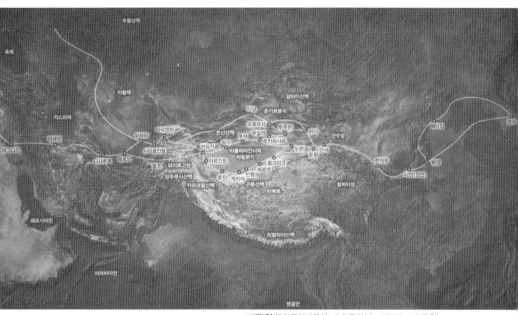

비단길(국립중앙박물관 세계 문명전 : 실크로드와 둔황)

제2절 신라인의 의생활

조선시대에 이르러 세조는 문익점을 부민후(富民侯)에 추봉하였다. 이는 고려 말 면화씨를 가져와 재배에 성공함으로써 백성의 의생활을 풍족하게 하였음을 치하한 것이었다. 당시 조선의 조정이 초면의 전래와 재배를 조선시대 모든 백성에게 따뜻한 옷을 입힐 수 있는 획기적인 사건으로 인식한 결과라고 할 수 있다.

『계림유사』에는, 고려시대에 잠업을 통하여 생산한 면실이 적은 관계로 새그물비단[羅] 1필의 값이 은(銀) 10냥이나 되므로, 나라 사람들의 대부분은 삼베와 모시로 만든 베옷 곧 대마포옷을 입었다고 하였다. 고려 공민왕 5년(1356) 무렵 은병 1근의 가치는 베 1백여 필이었다고 한다. 중국 진한시대 이래로 무게단위 1근은 16냥이므로, 은 10냥 단위로 환산하면, 새그물비단[羅] 1필은 대마포 62.5필에 상당함을 알 수 있다. 비단 1필이 대마포 값의 62.5배인 셈이다. 따라서 일반 백성이 고가의 솜풀 면을 입기란 쉽지 않았을 것이니, 『계림유사』에서 고려시대 일반인들 대부분이 마포와 저포를 입었다고 한 사정을 이해할 수 있다.

그런데 신라에서는 주거 뿐만 아니라 그릇과 우마차, 치레거리, 그리고 옷 차림에 이르기까지 신분에 따라 엄격하게 그 사용을 규제하였다. 이러한 사실은, 오늘날까지 『삼국사기』에 흥덕왕대(809~826)의 사치 금령을 전함으로써 잘 알려져 있다.

흥덕왕의 금령에 따르면, 당시 신라사회는 일반 평인의 내의와 겉옷에 이르기까지 모두 비단을 소재로 한 옷을 입을 수 있었다. 곧 일반 평인은 생견(絹布)을 내의로 입을 수 있었고, 평인 여성의 경우 명주와 베[綿紬布]를 겉옷으로, 깁이 가는 비단과 생견의 명주, 베[絁絹綿紬布]로써 내의를 만들어 입을 수 있었다. 그리고 바지[袴]는 깁 가는 비단[絁] 이하, 윗 겉옷은 생견(絹) 이하, 버선(襪)은 깁가는 비단과 명주[絁綿紬] 이하의 소재로 만들어입는 것이 허용하였다. 이는 신라인들이 평인에 있어서도 광범위하게 생견과 명주로 옷을 만들어 입었던 사실을 보여준다.

삼한시대 이래로 신라 지역에 풀솜의 면포 사용이 일반화되었다고 하지만, 9세기 전반 이들 비단류의 면포 원료로서 다량의 풀솜(綿)을 신라 자체에서 생산할 수 있었는 지는 의문이다. 고려시대에 누에로부터 얻을 수 있는 풀솜의 생산이 적었다는 기사를 믿을 수 있다면, 상당량의 풀솜은 수입에 의존할 수밖에 없다고 본다.

한편 『삼국사기』에는 신라 뿐만 아니라 고구려·백제의 의복제도의 변천에 대하여 간략한 소개를 덧붙이고 있다. 신라의 경우 법흥왕 때의 의관제도를 제정한 사실을 비롯하여 진덕왕 2년(648) 김춘추에 의한 당나라 의복제를 수용한 것, 그리고 문무왕 4년(664) 부인의 의복을 당나라 복식으로 개편한 것, 그리고 흥덕왕 때의 신라 복색에 대한 규정을 살필 수 있다.

고구려의 의복제도에 대해서는 『책부원구(冊府元龜)』를 인용하여 "고구려는 공식 모임에서는 모두 수놓은 비단과 금은으로 장식하였다. 대가와 주부는 모두 머리에 두건(幘)을 썼다. 그것은 관모의 책(冠幘)과 같지만 뒷면이 없다. 소가는 절풍(折風)을 썼는데 형태가 고깔(弁)과 같다"고 하였다.

백제의 의복제도에 대해서는 고구려보다는 보다 자세하게 설명하고 있다. 곧 『북사(北史)』를 인용하여 "백제의 의복은 고구려와 대략 같다. 조회의 배례(拜禮)와 제사 때는 그 관모의 양쪽에 날개를 붙인다. 그러나 군대의 행사인 경우에는 그렇지 않다. 나솔 이상은 관(冠)에 은꽃을 장식하였고, 장덕은 자주색 띠(紫帶), 시덕은 검은 띠(皂帶), 고덕은 적색 띠(赤帶), 계덕은 청색 띠(靑帶), 대덕과 문독은 모두 황색 띠(黃帶), 무독으로부터 극우까지는 모두 백색 띠(白帶)를 한다"고 하였다. 『수서』에도 이러한 내용이 있지만, 대체로 『북사』의 내용과 동일하다. 또한 『당서(唐書)』를 인용하여, "백제 왕은 소매(袖)가 큰 자주색 도포(紫袍)와 청색 비단바지(靑錦袴)를 입었으며, 검정색 비단 관모(烏羅冠)에 금꽃 장식을 하였다. 흰 가죽띠(素皮帶)에 검은 가죽신(烏革履)을 신는다. 관리들은 모두 붉은색(緋)으로 옷을 삼고, 관모에 은꽃을 장식하였다. 일반인들은 붉은색(緋)과 자주색(紫) 옷을 입지 못한다"고 하였다. 『통전』에는 "백제의 남자 의복은 대체로 고구려와 같고, 부인의 의복은 도포(袍)와 비슷하지만 소매(袖)는 약간 크다"고 하였다.

고구려·백제의 의복 제도는 더 이상 자료가 나타나지 않아 자세하게 살피기 어렵다. 다만 신라의 경우 신분에 따른 복색이나 옷의 재질 등을 자세히 전하고 있어, 그 내용을 어느 정도 살필 수 있을 뿐이다. 김부식은 송나라 사신으로 파견되었을 때 고려의 복식이 신라 진덕왕 때에 받아들인 당나라 복식의 전통을 이은 것으로 일컬었다.

1. 골품제와 의생활

『삼국사기』 색복조에는 흥덕왕 9년(834) 신라의 의복에 대하여 신분별로 엄격하게 규정한 법령을 전한다. 곧 흥덕왕 9년 당시의 풍속에, '백성들이 다투어 사치스럽고 호화로움을 쫓아 외국 물산의 진기한 것만을 숭상하면서 토산물의 비루하고 야박한 것을 싫어함으로써, 예의에 어긋나고 풍속이 무너지므로 옛 제도를 쫓아 밝은 명을 내리니 이를 범하지 말라'는 것이다. 흥덕왕이 돌이키고자 하는 '옛 제도'에는 진골대등 이하의 복색 규정을 포함한 것이었다.

『삼국사기』 색복조에 규정된 복식은 『수서』 및 『구당서』·『신당서』 신라전 복식 관계 기사와 비교할 때에 상당한 차이가 있다. 또한 『삼국사기』 색복조의 복식을 경주 용강동 고분 출토 토용의 복식과 비교할 때에도 몇 가지 서로 다른 부분을 살필 수 있다.

『삼국사기』 색복조에서는 법흥왕대의 복식을 비롯하여, 진덕왕 2년(648)과 문무왕 4년(664)에 각각 당나라 복식을 수용하였다고 하였다. 법흥왕 때에 제정된 신라 복식에 대해서는

「삼국사기」 권 32, 색복조 서문
(1512년, 정덕본, 보물723호)

관등에 따른 자주빛·붉은빛·푸른빛·누른빛깔의 관복과 관리들의 비단관·금하붉은색관(衿荷緋冠) 및 머리끈의 관모 장식 등에 대한 규정을 전한다. 당시에 일반인은 평상복으로 흰색 옷을 즐겨 입었고, 치마는 모두 테두리(襈)를 베풀어 금과 옥으로 꾸몄으며, 부인들은 머리를 변발하여 위로 감아 올려 갖가지의 비단과 구슬로 장식하였다.

『태평환우기(太平寰宇記)』 왜국(倭國)전에는 수나라 개황 20년(600) 다음 해에 수나라 황제가 문림랑 배청(裴淸)을 왜국에 사신으로 보내어 그들이 견문한 왜국의 복식제도를 다음과 같이 기록하였다.

(왜국은) 맨발을 1폭의 베로 가리고 앞뒤로 상투(椎髻)를 하되 전후로 관모와 허리띠(冠帶)가 없었다. 수나라 양제 때에 처음으로 옷과 관모를 내려 빛깔 있는 명주로써 관모를 꾸미게 하고 치마는 모두 테두리를 베풀어 금과 옥으로 꿰매게 하니 의복의 제도가 자못 신라와 같았다. 어떤 이들은 허리 간에

은꽃(銀花)을 매달았는데, 길이 8촌으로 좌우 가지의 수로써 귀천의 (신분) 등급을 밝혔다.

(『태평환우기』 권 174, 사이 3, 동이 3, 왜국)

위의 기사로부터 7세기 전반 신라의 복식을 어느 정도 짐작할 수 있다. 곧 수나라 양제가 왜국에 사신을 보내어 의복을 내림으로써, 왜국의 의복제도가 신라와 같게 되었다는 것이다. 이 때는 신라 진평왕대가 되는데, 당시에 신라는 아직 중국의 의관제도를 갖추지 않고 고유의 의복제도를 지니고 있었다.

『태평환우기』에 기록된 신라의 의복제도는 법흥왕대에 제정한 신라 고유의 의복제도를 반영한다. 이는, 관모(冠)를 착용한 것이 법흥왕대 복식 규정과 일치하며, 『수서』에서 이를 중국과는 다른 것으로 인식하였고, 법흥왕대부터 진평왕대에 걸쳐 신라 복색에 어떠한 변화가 있었다고 생각되지 않기 때문이다. 당시에 신라는 '빛깔 있는 명주로써 관모를 꾸미고 치마[裳]는 모두 테두리[襈]를 베풀어 금과 옥으로 꿰매었던' 사실을 알 수 있다.

그런데 『수서』 신라전에는 '신라의 복색은 흰 빛을 숭상하고, 부인들은 변발하여 머리 위로 감아 올려 갖가지의 비단과 구슬로 장식한다'고 하였다. 『태평환우기』 왜국전에 보이는 신라 의복 기사와는 약간의 차이가 있다. 『수서』 신라전의 복식 기사는 신라 풍속에 관해 전반적으로 서술하는 과정에서 일반인의 의생활을, 그리고 『태평환우기』 왜국전의 기사는 '관모의 장식(冠飾)'이란 서술로 보아 신라 귀족들의 의생활을 반영함을 알 수 있다.

신라의 의생활에 대하여 『수서』와 『구당서』·『신당서』 간에는 매우 비슷한 듯 하면서도 상당한 차이가 있음을 살필 수 있다. 먼저 『수서』 신라전에서 '(신라인들이) 복색은 흰 빛을 숭상한다'는 것이 『구당서』·『신당서』 신라전에서는 '조회복(朝服)은 흰색을 숭상한다'고 하여 '복색(服色)'이 '조복(朝服)'으로 바뀌었음을 주목할 수 있다. 모두 흰옷을 좋아했다는 점에서는 동일하게 보이지만, 『수서』와 『구당서』·『신당서』 신라전의 '흰옷을 좋아한' 주체는 매우 차이가 있다.

『구당서』·『신당서』 신라전에서 일컫은 '조회복(朝服)'에 대하여, 『신당서』 거복지(車服志)에는 '본래 갖춘 옷으로서 5품 이상 관료가 제의나 조회, 연향, 표를 받는 등의 대사에 참여할 때에 입는 옷'이라고 규정하고 있다. 사실 『신당서』 신라전의 기사는 고음(顧愔)의 『신라국기』로 대표되는 8세기 중·후반 신라에 파견된 당나라 사신의 견문을 바탕으로 서술된 것이다. 그렇다면 당나라 사신들이 그들을 맞이하는 향연이나 황제의 조칙을 받는 의식 때에 신라 관료들의 복색을 견문하고, 그것을 바탕으로 '신라 조회복(朝服)'에 대한 기사를 서술한 것으로 보는 것이 자연스럽다. 그러므로 『구당서』·『신당서』에서 '신라 조복이 흰 색'이라는 기사는 당나라 사신을 맞이하는 향연이나 황제의 조칙을 받는 의식 때에 신라 관료들이 흰색 조복을 입고서 당나라 사신을 맞이한 때문일 것이다.

『구당서』·『신당서』에서 일컫은 조회복(朝服)이 관복을 가리키는 것이라면, 신라의 관복은 관등에 따른 복색의 차별이 없이 모두 흰색인 셈이 된다. 이는 법흥왕대 신라 관복이나 당나라 관복 일반으로 관등에 따라 복색을 규정하였던 것과 차이가 있다.

당나라는 대체로 신라왕의 조문과 신왕의 책봉을 위하여 사신을 파견하였다. 따라서 흰색 조복이란 전왕의 상례(喪禮)에 따른 복식이 아니었을까 추측된다. 이러한 까닭으로 당나라 사신들이 신라 관료들의 상례 때에 입은 복색을 보고, 조복에는 흰색을 입었다는 기사를 전한 것이라 할 수 있다. 이에 신라 관료들은 상례 또는 당나라에 표문을 바치는 배표(拜表) 등의 의례 뿐만 아니라 조례 등 각 의례에 따라 다양한 형태의 관복을 입었다고 보는 것이 옳을 것이다.

다음으로『수서』에서 일컬은 신라 부인들의 '변발'의 풍습이『구당서』와 『신당서』에서는 보이지 않는다. 이는 문무왕 4년 부인들의 복식을 당나라 제도로 바꾼 데서 비롯한 것으로 생각된다. 곧 신라 중고기 때에 부인들은 머리를 땋아서 틀어 올렸는데, 당나라 부인의 복식제도를 받아들이면서 변발을 하지 않고 머리를 틀어 올리기만 한 것이『구당서』·『신당서』에 보이는 신라 부인들의 머리 장식이 아닌가 한다.

한편『신당서』신라전에는 '남자는 갈고(褐袴)를, 여자는 장유(長襦)를 입으며, 남자는 머리카락을 자르고[翦髮] 검은 두건을 한다'고 하였다. 남자의 갈고[褐袴]를 웃옷[袍]과 바지로, 그리고 여자의 장유(長襦)를 웃옷(袍)으로 추정하기도 한다.

'고(袴)'는 고구려의 경우 밑이 막힌 긴 바지[長袴]로서, 고구려 고분벽화에 보이는 바지나 아래 그림에 제시한 신라 천전리서석의 바지 아랫부분, 신선사 부도 공양 인물의 바지, 용강동 고분 출토 남인상의 바지, 백률사 석당기 이차돈순교 그림의 바지에서 살필 수 있다. '갈(褐)'은『설문』에 짧은 옷(短衣)이라 하였는데 당나라 때에는 모포(毛布)로 만든 천인 남자의 옷을 일컬었다. 이에 남자의 의복을 갈고(褐袴)로 표현하였다면, 바지인 '고(袴)'에 상응하는 '갈(褐)'은 남자의 윗옷으로서, 아래 그림의 ②③④에 보이는 신라 남자들의 윗옷으로 보아 좋을 것이다.

신라의 褐袴(좌로부터 ① 천전리서석의 袴 ② 신선사 공양도의 褐袴 ③ 용강동 출토 남인상 褐袴 ④ 백률사 석당기 이차돈 순교도의 褐袴)

여자의 옷인 '유(襦)'를 『양서』 신라전에서 '위해(尉解)'라고 일컬었다. 이는 저고리를 뜻하는 '우히' 또는 '웃히'를 가리킨다. 유(襦)는 당나라에서 풀솜 등으로 만든 허리부분이 잘린 짧은 웃옷(短衣)을 일컫는 명칭이었다. 『신당서』에서 특히 '장유(長襦)'라고 칭한 것은 허리보다는 긴 무릎 위까지 내려오는 저고리류였기 때문이다. 아마도 고구려 쌍영총 앞방 왼쪽 벽화 공양 행렬도의 두 여인이 입은 길이가 긴 저고리와 유사하였을 것으로 짐작한다.

아무튼 당서에 보이는 신라 남자의 복식은 검은 두건을 머리에 두르고 흰색의 저고리[襦]와 바지[袴]를 입은 모습이라 할 수 있다. 이는 용강동 토용 남인상 가운데 무인으로 지칭되는 토용과 흡사할 것이다. 용강동 출토 남인상 가운데는, 이른바 무인상 뿐만 아니라 관복을 입은 남자 토용상을 살필 수 있다. 이는 복두를 하고 단령포에 홀을 잡은 모습이어서 당나라의 관인의 복식과 흡사하지만, 중국 사서에서 묘사한 신라인 복식과는 차이가 있다. 따라서 용강동 고분 출토 남인상은 관복을 입은 토용과 일반 복식을 한 토용으로 구분할 수 있으며, 그 가운데 후자는 『당서』 신라전에 묘사한 것과 동일한 신라 일반 평인 복식의 모습이라 할 것이다.

당서에 보이는 신라 부인의 복식은 머리를 틀어 올려서 비단과 구슬로 장식하고긴 윗옷과 치마를 입은 모습이다. 이는 상의를 입은 위에 끈달린 치마를 입고 머리에 장식을 전혀 하지 않은 용강동 고분의 부인상과는 다른 모습이다. 이에 용강동 고분 출토 토용의 복식이 8세기 무렵 신라인의 의생활을 반영하지만, 중국측 기록이나 『삼국사기』 색복조의 기사와는 같은 점과 아울러 차이가 있음을 알 수 있다.

요컨대 법흥왕대의 복식 규정은 관료들에 한정된 것이었고, 『수서』 신라전의 복식은 일반인, 그리고 『수서』 왜국전의 신라복식은 귀족들의 복식을 서술한 것이었다. 아울러 『수서』와 당서에 서술된 신라 복식으로부터 일반인의 복색과 귀족 관료들의 상례 및 조칙을 받는 의식에서의 복색이 본래

쌍영총 공양도의 長襦

용강동 고분 출토 부인상

당나라 귀부인상(중국 적산 장보고기념관)

흰 색이었고, 중고기에는 부인들의 변발 풍속이 있었으나 통일 이후에 사라졌음을 알 수 있다. 또한 경주 용강동 고분 출토 토용의 복식에서 관료들의 복식과 일반인의 복식을 살필 수 있으며, 용강동 고분 출토 일반 남인상의 복식은 당서에 보이는 신라의 복식과 동일하나, 용강동 고분 여인상의 복식은 당서와는 차이가 있음을 알 수 있다.

『삼국사기』권33, 잡지 2, 색복조에는 흥덕왕 9년 '옛 제도'를 쫓아 각 신분별 색복을 규정하였다. '옛 제도'가 무엇을 가리키는지는 분명하지 않으나, 색복조의 색복 규정이 옛 제도를 포괄하였음을 알 수 있다. 다만 법흥왕 때의 복식 규정은 주로 관등에 따라 복색과 관모의 장식[冠飾]으로 구분되었다. 그런데 흥덕왕대의 복식 규정은 신분에 따라 색복을 구분하며, 다음과 같은 특징을 지닌다.

첫째, 남자의 의복은 복두[幞頭], 겉옷[表衣], 속옷[內衣], 소매짧은옷[半臂], 바지[袴], 요대[腰帶](허리 띠[帶]), 목긴신발[靴], 목긴신발띠[靴帶], 버선[襪], 신[履], 베[布]로 구성된다. 그리고 여자는 겉옷[表衣], 속옷[內衣], 소매짧은옷[半臂], 바지[袴], 허리띠[帶], 버선목[襪袎], 버선[襪], 신[履], 베[布], 솔[裱], 속적삼[褨], 잠방이[襠], 짧은웃옷[短衣], 겉치마[表裳], 치마허리끈[褄], 옷끈[襻], 속치마[內裳], 빗[梳], 두갈래진 비녀[釵], 관모[冠] 등으로 구성되었다.

흥덕왕 교서에 보이는 신라 남녀 신분별 복식 구분

			진골대등 (진골녀)	6두품(녀)	5두품(녀)	4두품(녀)	평인(녀)
남녀공용	겉옷[表衣]						
	속옷[內衣]	남	•(누락추정)				
		녀					
	소매짧은옷[半臂]	남		•(누락추정)			•
		녀					•
	바지[袴]						
	버선[襪]	남				•	•
		녀					
	신[履]	남					
		녀					
	베[布]						
남자전용	복두[幞頭]						
	요대[腰帶]		帶				帶
	목긴신발[靴]						
	목긴신발띠[靴帶]						
여자전용	관모[冠]			•		•	•
	빗[梳]						
	두갈래진 비녀[釵]						
	솔[複]						•
	짧은웃옷[短衣]						•
	속적삼[褙]						•
	잠방이[襠]						•
	겉치마[表裳]						
	속치마[內裳]					•	•
	허리 띠[帶]						
	치마허리끈[褾]						•
	옷끈[襻]						
	버선목[襪袎]						
	색(色)						

※ 는 관련 규정 존재, 는 누락 추정, • 는 관련 규정 부재

이에 남녀 공통의 의복은 겉옷[表衣], 속옷[內衣], 소매짧은옷[半臂], 바지[袴], 요대[(腰)帶], 버선[襪], 신[履]으로 구성되었음을 알 수 있다. 허리를 메는 치레로 남자는 요대를, 여자는 허리띠[帶]를 갖추었다. 또한 남자만의 복식으

로는 복두(幞頭)와 목긴신발[靴], 목긴신발띠[靴帶]가 있었다. 이에 대해 여자들만의 복식으로는 버선목[襪袎]과 솔[襈], 속적삼[褙], 잠방이[禈], 짧은웃옷[短衣], 겉치마[表裳], 치마허리끈[襦], 옷끈[襂], 속치마[內裳], 빗[梳], 두갈래진비녀[釵], 관모[冠]가 있었다. 그런데 옷 빛깔에 대해서는 여자에게만 한정하여 서술하였다.

둘째, 남녀 성별에 따른 복식의 차이는, 먼저 진골대등의 경우 속옷[內衣]을 제외하고는 모든 복식에 국왕과 차별을 둔 금제가 있었다. 그런데 진골녀의 경우 남녀 공통의 겉옷[表衣], 속옷[內衣], 소매짧은옷[半臂], 바지[袴]와 버선[襪], 신[履]과 머리 장식인 빗[梳], 두갈래진 비녀[釵], 관모[冠], 그리고 복색에 대해서는 금하였으나, 그 밖에 여성의 의복에 대해서는 금하는 규정이 보이지 않는다. 곧 남녀 공통의 의상인 겉옷[表衣], 속옷[內衣], 소매짧은옷[半臂], 바지[袴], 버선[襪], 신[履]에서, 진골녀의 경우 겉옷[表衣]은 진골대등과 마찬가지로 그물 및 새그물 무늬 수놓은 비단[罽繡錦羅]을 금하면서도, 속옷[內衣], 소매짧은옷[半臂], 바지[袴], 버선[襪], 신[履]의 경우 진골대등과 달리 새그물무늬 수놓은 비단[罽繡羅]만을 금하고 비단(錦)을 허용하였다. 진골녀의 경우 여자들의 복식 가운데 관모[冠], 빗[梳], 두갈래진비녀[釵], 솔[襈]을 제외하고는 대체로 왕비나 왕녀 등의 의관이 허용되었다. 또한 신라 모든 신분의 여자들은 같은 신분의 남자에 비하여 보다 고급 재질의 복식이 허용되었다. 요컨대 신라에서는 신분의 표지를 겉옷[表衣]으로 삼았고, 여자의 복식에 있어서 겉옷에 가려지거나 비교적 눈에 띄지 않는 옷의 경우 남자에 비하여 규제를 완화하여 고급의 직물 소재인 비단[錦]까지도 허용하였다.

속옷[內衣]에서는 진골대등에 대한 규정이 보이지 않고, 6두품의 경우에는 단지 작은무늬 있는 비단[小文綾]·깁 가는 비단[絁]·견(絹)·베(布)를 허용하였다. 기사대로라면 진골 대등의 경우 내의를 입지 않았다고 보아야 할 것이다. 그러나 내의를 대체할 만한 의복이 보이지 않으며, 내의 규정이 남녀 공통의 것이고 진골녀의 경우에도 내의 규정이 있다. 따라서 진골 대등의 내의 규정이 보이지 않는 것은 기록의 누락인 듯하다. 그것은 6두품의 내의 규정 '작은무늬 비단[綾]·깁가는 비단[絁]·견·베'와 진골녀-6 두품녀-5두품녀의 내의 규정 '새그물무늬 수놓은 비단[罽繡羅]을 금함[禁 罽繡羅]'-그물무늬 수놓은 비단[罽繡錦]·들풀 무늬 새그물 비단[野草羅]을 금함[禁 罽繡錦野草羅]-작은무늬 있는 비단[小文綾]'으로 미루어 '그물 및 새그물 무늬 수놓은 비단을 금함[禁罽繡錦羅]' 정도가 아니었을까 추정된다. 6두품의 소매짧은옷[半臂]에 대한 규정이 보이지 않는 것도, 진골대등의 속옷과 마찬가지로 규정이 누락된 것으로 짐작된다. 5두품의 소매짧은옷과 내의의 규정이 동일한 것으로 미루어 6두품의 소매짧은옷도 '작은무늬 있는 비단·깁 가는 비단·견·베' 정도가 아닐까 생각된다.

아울러 진골 신분에 대한 금제로부터 국왕과 왕비의 의관을 복구할 수 있다. 곧 국왕은 그물 및 새그물 무늬 수놓은 비단[罽繡錦羅]의 복두와 겉옷 [表衣], 소매짧은 옷[半臂], 바지[袴]를 입고 연마하여 무늬를 만든 백옥[研文白玉] 요대[腰帶]를 둘렀으며 자줏빛가죽의 목긴 신발[紫皮靴]을 신고 희미한 무늬의 백옥[隱文白玉]으로 목긴신발띠[靴帶]를 두르고 무늬 있는 비단[綾] 이상의 버선, 가죽(皮) 이상의 신(履), 26승 이상의 베를 사용하였을 것으로 추측된다. 왕비의 겉옷[表衣], 속옷[內衣], 소매짧은옷[半臂], 바지[袴], 허리띠[帶], 버선[襪], 숄[褾], 속적삼[褙], 잠방이[襠], 짧은웃옷[短衣], 겉치마[表裳], 치마허리끈[襈], 옷끈[襻], 속치마[內裳]는 대체로 진골녀와 마찬가지로 그물 및 새그물 무늬 수 놓은 비단[罽繡錦羅] 또는 화폐 모양 둥근 무늬 새그물 비단[布紡羅]·들풀 무늬 새그물 비단[野草羅]에 금은 가루[金銀泥]로 장식하거나 홀치기 무늬[纈纈]로 꾸몄던 것으로 보인다.

셋째, 신분에 따른 남녀 복식의 차별은 우선 직물의 소재에서 살필 수 있으나, 신분에 따라서는 일정한 복식 자체를 갖추지 못하도록 규제하였다. 먼저 4두품 남자는 버선[襪]을, 4두품녀는 속치마[內裳]를 착용하지 못하도록 하였으며, 5·4두품녀의 경우 관모의 장식[冠飾]을 허용하지 않았다. 또한 평인 남자는 소매짧은옷[半臂]·버선[襪]을 착용하지 못하도록 한데 대해, 평인 여자는 소매짧은옷[半臂]·신[履]에 대한 규정이 보이지 않고, 관모[冠]와 속치마[內裳], 솔[裱]·짧은웃옷[短衣]·속적삼[褙]·잠방이[襠]·치마허리끈[襈] 등을 착용하지 못하도록 규제하였다. 평인 여자의 신[履]에 대한 규정이 보이지 않는 것은, 그들이 『삼국지』 마한전의 풀로 만든 짚신[草履]이나 『삼국유사』 광덕엄장조에 보이는 왕골신[蒲鞋]을 신었던 때문이 아닐까 생각한다. 이는 가죽이나 마포 등으로 만든 신[履]을 신을 만한 형편이 되지 못했던 때문으로 여겨진다.

따라서 신라 평인의 기본 의상은 복두[幞頭], 겉옷[表衣], 속옷[內衣], 바지[袴], 요대[腰帶], 신[履], 목긴신발[靴], 목긴신발띠[靴帶]였고, 평인녀는 빗[梳]·두갈래진비녀[釵], 겉옷[表衣], 속옷[內衣], 겉치마[表裳], 바지[袴], 허리띠[帶], 옷끈[襈], 버선[襪], 버선목[襪袎], 짚신류[蒲鞋, 草履]였음을 알 수 있다. 남녀 공통의 소매짧은옷[半臂]이나 여자의 솔[裱], 짧은웃옷[短衣], 속적삼[褙], 잠방이[襠], 속치마[內裳], 치마허리끈[襈] 등은 진골이나 두품 신분만이 입었을 것이다.

넷째, 머리 장식은 법흥왕 때에는 관료들에 한정하여 관등에 따른 비단

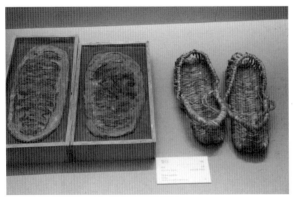

백제 부여 궁남지 출토 짚신(왼쪽)과 복원 짚신

관모[錦冠]·금하신들이 쓰는 붉은 빛깔의 관모[衿荷緋冠] 및 머리끈[組纓]의 관모 장식을 규정하였다. 이에 대해 『삼국사기』 색복조에는 흥덕왕대에 신분에 따라 남자의 복두를 비롯하여 진골녀 및 6두품녀의 관모에 대하여 규정하였다. 따라서 법흥왕대에 관료들이 관모 이외에 머리장식이 있었는지, 그리고 흥덕왕대 남자들이 복두 외에 별도의 관모가 있었는지는 분명하지 않다. 다만 같은 규정에 관모와 복두를 구분하여 서술하였다는 점에서, 복두와 관모가 별개의 갖춤이었음을 알 수 있다. 용강동 고분 출토 문관상에서는 복두를, 그리고 성덕왕릉과 괘릉의 문관상에서는 관모를 함께 살필수 있다.

신라의 복두는 앞의 월성군 단석산 신선사의 공양도와 경주 용강동 고분 출토 토용 남인상에서 살필 수 있다. 용강동 고분 출토의 복두는 주로 상류 계층 토용에 보이는 완전한 복두 모양의 것과 하류 무인 계층으로 추정되고 있는 토용의 건자모양(巾子形)으로 구분된다.

용강동 고분 토용 남인상의 건자모양 복두는 신선사 공양도의 책(幘) 모양의 복두가 짧아진 형태이다. 단석산 신선사의 조상(造像) 조성 연대에 대해서는 주존 여래의 둥근 동안(童顔)과 양 손의 여원시무외(與願施無畏)의 통인(通印), 그리고 고졸한 전면 위주의 각법과 통견대의(通肩大衣)의 양식 등 불상의 양식으로 미루어 6세기 또는 600년 경, 7세기 1/4분기 또는 7세기 전반으로 추정하여 왔다. 이에 대해 단석산 신선사의 조상명기(造像銘記) 가운데 보이는 '보살계제자'라는 칭호가 중국에서 거의 6세기에 사용된다는 점에서 이 유적의 조성시기를 6세기 후반 내지 7세기 초엽으로 보는 미술사학계의 견해에 동의하기도 한다.

그러므로 동 공양도의 책 모양의 복두 또한 6세기에서 7세기 전반의 모습을 전하는 것으로 헤아려진다. 또한 용강동 고분의 편년은 관점에 따라 7세기 초에서 8세기 후반까지 다양하게 나타나나 대체로 복식사 연구자들은 8세기 무렵 또는 8세기 초중기로 추정하고 있다. 따라서 일반 복두는 7

신라의 관모 ① 성덕왕릉 문관석 ② 용강동 출토 문관상 ③ 괘릉 문관석
④ 괘릉 무관석

세기의 긴 책(幘) 모양에서 8세기 무렵의 길이가 짧은 건자모양으로 변했던 것으로 생각한다.

한편 용강동 출토 문관상의 완형 복두는 단령형 포와 함께 홀을 쥐고 있는 모습으로 당나라 관복이나 복두와 동일하다. 이에 8세기 무렵 신라에서 당나라 문관과 동일한 복두와 관복을 하였음을 살필 수 있다. 이 복두를 한 토용은 붉은 빛깔의 조복을 입었던 것으로 보이는데, 법흥왕대 복색 규정에 따르면 아찬~급찬에 이르는 6두품 계열 신분 이하자였을 것이다.

앞의 그림에서 보듯이 성덕왕(702~737)릉 앞의 문관석과 원성왕(785~798) 릉으로 추정되는 괘릉 앞의 문관석은 모두 관모를 착용하고 있다. 또한 괘릉의 무관석은 장식한 머리띠를 두른 모습이다. 사실 성덕왕릉이나 괘릉 문관석의 관모는 왕릉을 수호하는 지위에 걸맞게 이찬~잡찬 또는 파진찬~대아찬에 이르는 진골 관료들의 관모를 보여주며, 무관석의 머리띠는 법흥왕대에 상당 대나마와 적위 대사가 착용했다는 머리끈[組纓]이 아닐까 여겨진다. 이를 8세기에 축조된 것으로 추정되는 경주 용강동 고분 출토의 문관 토용과 비교할 때에, 8세기 무렵 신라의 관료들은 관등에 따라 관모와 복두, 그리고 머리끈[띠] 등을 착용하였음을 알 수 있다. 성덕왕릉과 괘릉 문관석에 보이는 관모의 변화로부터 그 모양에는 시대에 따라 변화가 있었을 것이지만, 신라 관료 사회는 법흥왕대 이래로 관등에 따라 관모와 머리끈을 하였던 전통을 유지하였던 것으로 생각한다.

고려 시대에 국왕은 평상시에 수놓은 자주빛비단[紫羅]의 늑건[勒巾]에 오사모[烏紗帽]를, 나라의 관원과 선비나 백성을 만날 때에는 복두를, 제사를 지낼 때에는 면류관을, 평상시 쉴 때에는 조건[皁巾]을 썼다고 한다. 이에 흥덕왕대 복두 규정은 고려 국왕이 나라의 관원과 선비와 백성을 만날 때 쓰는 복두나 고려국왕이 평상시 쉴 때에 쓴 조건[皁巾]과 흡사한 형태가 아니었을까 한다.

고려의 사례로 보았을 때에 흥덕왕 복식규정에 모든 신분의 남자들이 복두를 착용하였다는 것은, 그것이 일상의 관이었음을 의미한다.『신당서』에서 신라 남자들이 착용하였다는 검은 두건[黑巾]은 일반민의 복두를 보여주는데, 단석산 신선사 공양도의 책(幘) 모양 복두나 용강동 고분 출토 토용 남인상의 건자모양[巾子形] 복두와 같은 형식이었을 것이다.

그러므로 신라 남자 관료의 경우 관품에 따라 일정한 관모 장식을 하였을 가능성이 높은 데도『삼국사기』색복조에 진골녀와 6두품녀의 경우만 관모가 규정된 것은, 남자의 경우 이미 관등에 따른 규정이 고정화되었던 때문이라 할 수 있다. 이에 따라 남자의 경우 일상생활에서의 신분에 따른 복두 규정만을 별도로 두고, 여자의 경우 관에 진출하는 경우가 드문 만큼 신분에 따른 규정만을 정했던 것으로 추측한다. 이는 흥덕왕의 색복제에 관한 교서가 관료조직과는 별도로 일상생활에서의 신분에 따른 복식만을 규정함으로써 풍속을 바로잡고자 하였던 때문일 것이다.

또한 여자들의 머리 장식인 빗[梳], 두갈래진비녀[釵], 관모에 에머랄드 비녀[瑟瑟鈿]와 거북 등껍질의 대모[玳瑁], 새겨 박은 장식[刻鏤]이나 이어 단 구슬[綴珠]로 꾸민 비녀의 착용을 금하였다. 빗[梳]은 재질에 차이가 있지만 모든 신분의 여자가 착용한 머리 갖춤이었다. 진골녀까지는 관모와 비녀를, 6두품녀는 관모만을, 그리고 5두품 이하는 관모 없이 비녀만을 착용하게 함으로써 신분의 차별을 나타내었다.

다섯째, 흥덕왕 색복 규정의 특징 가운데 하나는 부인의 복색(服色)만을 규정하고, 남자들의 복색에 대해서는 옷감의 소재만을 규제할 뿐 복색에 대해 규정하지 않았다는 점이다. 곧 진골녀는 자황색(赭黃)을, 6두품은 자황색과 자자분색(紫紫粉), 금설홍색(金屑紅)을, 5두품은 자황색과 자자분색, 황설홍비색(黃屑紅緋)을 금하고, 4두품과 일반 백성은 자황색 및 자자분색, 황설비색(黃屑緋), 홍멸자색(紅滅紫) 등을 금하였다. 이에 따르면 여자의 복색을 9색으로 규정하고, 왕비 복색은 자황색(赭黃色), 진골녀는 자자분색과 금설홍색, 6두품은 황설비색, 5두품은 홍멸자색, 4두품과 평인녀는 9색 가운데 나머지 복색을 허용함으로써 그 신분의 존비를 구분하였다. 이는 법흥왕대에 관등에 따라 자주빛 옷(紫衣, 태대각간~대아찬), 붉은 빛 옷(緋衣, 아찬~급찬), 푸른 빛 옷(靑衣, 대대마·내마), 누른 빛 옷(黃衣, 대사~선저지)의 4색복제로부터 동일 계통의 세분화된 9가지 색상으로 분화되었음을 의미한다. 그렇다면 남자들의 관복 또한 별도의 복색 규정이 있었고, 그것은 여자의 복색에서 살필 수 있는 것처럼 자자분색, 금설홍색, 황설비색, 홍멸자색 등의 순서이지 않았을까 추측한다. 이는 용강동 고분 토용 가운데 홀을 가진 붉은 빛깔 조복의 인물상에서도 확인할 수 있다.

당나라의 경우 정관 4년(630) 자주색(紫, 3품 이상), 붉은색(緋, 4품·5품 이상), 녹색(綠, 6·7품), 푸른색(靑, 8·9품)의 복색을 정하고 부인들은 남편의 복색을 따르게 하였다. 용삭 2년(662)에는 짙푸른색(深靑)은 자주빛색(紫色)을 어지럽히므로 낮은 관품이 입을 옷이 아니라고 하여, 6·7품은 녹색(綠色), 8·9품은 푸른색(碧色) 관복을 입되 조회에 참여할 때에는 겸하여 누른색(黃色) 관복을 입도록 하였다. 당나라에 있어서 관료들은 이러한 복색 규정에 따르는 한편으로 그 부인들도 남편의 규정에 따랐다.

신라에 있어서도 관직에 나아갔던 진골과 두품 신분의 남자들은 관등에 따른 복색 규정을 따랐다. 그러나 여자들의 복색은, 흥덕왕의 규정에 보듯이 남편의 관복 규정에 따르기보다는 본래 여자들 자신의 신분에 따라 독자적인 복색을 갖추지 않았을까 한다.

요컨대 『삼국사기』 색복조에 전하는 흥덕왕 교서의 복식 규정은 9세기 전반 당시 신라 실생활에서의 의복을 규제한 것이었다. 남자의 복식에 별도의 복색이나 관모에 대한 규정이 보이지 않는 데서, 관리들에 대한 규정보다는 실생활에 대하여 규제한 것이라 생각하기 때문이다. 이로써 신라인들은 옷감의 재질과 겉옷[表衣]으로써 신분의 표지를 삼았다는 점에서 특징적이라 할 수 있다.

특히 여자의 경우 보온성이 뛰어난 옷감을 사용할 수 있도록 함으로써 여성들을 따뜻하게 지낼 수 있도록 배려하였다. 이는 자녀를 낳고 기르는 여성 특유의 생산성을 존중한 때문일 것이다.

또한 비교적 신분이 열등한 경우라도 겉옷을 제외한 속옷에 있어서는 옷감의 재질 등에서 상위 신분의 남자들이 입을 수 있는 소재로써 옷을 만들어 입을 수 있도록 하였다. 속옷에 있어서 상위 신분의 소재를 허용하였던 것은, 아름다움을 추구하는 여성들에게는 매우 획기적인 배려라고 할 수 있다. 그러나 그것이 속옷에 한정되었다는 점에서 상위 신분 남성의 시각적인 만족을 위한 배려가 아니었을까 한다.

이러한 배려의 이면에는 하위 신분의 여자가 상위 신분의 잉첩이 되는 경우가 생각 이상으로 많았던 신라의 사회상을 반영하는 것으로 생각한다. 『신당서』신라전에 '제1골은 제2골의 여자에게 장가를 가지 않으며, 간다 하더라도 언제나 잉첩(媵妾)으로 삼는다'고 하였던 데서 당시의 사회상을 엿볼 수 있기 때문이다. 아울러 7세기 무렵 강수의 사례에서처럼 사회적으로 금기시되었던 신분간의 혼인이, 9세기 전반에는 장보고가 그의 딸을 문성왕에 들일 정도로 신분이 낮은 여자라도 상위 신분의 남자와 혼인할 수 있었던 사회적 분위기와 관련될 것이다.

곧 잉첩의 관행이 일반적이고 낮은 신분의 여자를 처로 삼는 신라의 사회적 분위기 속에서, 여성들의 속옷에 대한 금제를 풀어버림으로써 신분이 우월한 남성들의 남녀간의 신분적 차별의식을 해소하고자 하였던 것으로 보인다. 아울러 여자의 경우 보온성이 뛰어난 옷감을 사용할 수 있도록 함으로써 자녀의 생산을 보호하는 장치를 여자들 의생활의 규제 속에서 마련하였다고 생각한다.

한편으로 남녀 모두 바지[袴]가 일상의 기본 의상으로 등장하였던 것은 9세기 전반 신라 사회가 생활의 편리성을 추구한 때문으로 여겨진다. 이는, 일반민의 경우 '남자는 경작하고 여자는 직조한다[男耕女織]'로 표현되는 사회적 분업이나 여성들의 매우 왕성한 사회적 활동 등에 비롯한 것이 아닌가 한다. 또한 신라 여성들의 경우 당나라 여성들이 착용하는 얼굴 가리개인 유모(帷帽) 등이 보이지 않는 데서도 이러한 사실을 짐작할 수 있다. 특히 바지의 유행은 중국과 마찬가지로 아무래도 호복(胡服)의 전래로부터 찾아야 할 듯하다. 당나라 여성들이 호복 바지를 입는 관행과 여성들의 승마 풍속이 밀접하다는 사례로써 본다면, 고구려나 신라 여성들의 바지 착용도 여성들의 승마 풍속이 생각 밖으로 유행했을 가능성이 높다고 본다. 신라사회에서의 호복은 당나라 복식의 전래보다는 오히려 고구려 고분 벽화에서도 살필 수 있듯이 삼국시대부터 이미 매우 성행했을 것으로 추측해 볼 수 있다.

2. 신라의 직물생산

『삼국사기』 색복조의 흥덕왕 교서는 각 신분별 의생활에 관한 내용을 보여준다. 이들 의복에 대한 규제는 의복의 빛깔과 함께 직물 소재에 관한 것이 주종을 이룬다. 이는 당나라의 경우 의복의 빛깔 뿐만 아니라 옷의 길이, 폭 등까지 규제하였던 것과는 차이가 있다. 그렇다고 하더라도 흥덕왕 색복 규정에 보이는 다양한 직물류는 당시 신라의 직물 생산 기술뿐더러 염색, 가공 기술까지 보여주는 것으로 주목된다.

흥덕왕 교서에 보이는 직물류는 그 명칭을 분명히 파악하기 어려운 점이 있다. 현재 잘 알려지지 않은 소재가 있는 한편으로 그 자체가 직물의 수식어인지, 아니면 직물 이름 자체인지 분명하지 않기 때문이다.

머리 장식으로서 복두(幞頭)의 소재에 대하여, 진골대등은 임의로 하고, 6두품은 세라시(繐羅絁) 견포(絹布), 5두품은 나시견포(羅絁絹布), 4두품은 사시견포(紗絁絹布), 평인은 견포로 하였다고 한다. 여기에서 새그물 비단[羅]과 깁 가는 비단[絁], 견(絹), 포(布)는 별개의 소재임을 알 수 있다. 다만 6두품 복식의 직물 소재인 '세라(繐羅)'를 '세'와 '라'로 볼 것인가, 아니면

유모(帷帽)를 쓴 당나라 기마 부인(臨淄 중국 古車 박물관)

'세라'로 볼 것인가 하는 문제가 있다. 이는 5두품녀 짧은웃옷[短衣]의 금제 직물, 그리고 6~5두품녀 소매짧은옷[半臂]과 바지[袴], 겉치마[表裳], 버선목[襪袎]의 금제 직물, 6두품녀 신[履]의 금제 직물로 등장한다. 이러한 금제 직물로서 세라는 '포방라세라야초라(布紡羅繐羅野草羅)' 등으로 기술되어 있어 '포방라(布紡羅)' '야초라(野草羅)'와 함께 '새그물 비단[羅]'의 일종으로 확인된다. 따라서 남자들 복두(幞頭)에 대한 서술로부터 그 소재로서 가늘고 누이지 않은 새그물 비단[繐羅]-새그물 비단[羅]-외올의 가늘고 엷은 견직[紗]-깁가는 비단[絁]-견(絹)-포(布)가 있었음을 알 수 있다.

잘 알려져 있듯이 복두는 후주(後周)에서 시작되어 수나라 때에 오사모

당나라 비단의 문양(중국 서안 섬서역사박물관)

(烏紗帽)라 일컬었다. 오사모는 검은 칠을 한 오동나무로 작은 두건[巾子]을 만들어 복두의 안에 넣고 2개의 다리를 앞에 달아 뒤로는 2개의 다리를 늘어뜨려 접어 올린 모양이다. 이는 당나라 때에 귀천을 막론하고 널리 유행하였는데, 측천무후 때(684~705)에 칡을 소재로 한 실[絲葛]로 복두의 작은 두건[幞頭巾子]을 만들어 관리들에게 내렸다가, 개원 연간(713~741)에 새

그물 비단[羅]으로 바꾸었다고 한다. 신라 용강동 고분 출토 토용에 보이는 관료들의 복두는 대체로 당나라 복두와 동일한 형태를 띠고 있으며, 재질 면에서도 개원 연간에 새그물 비단으로 바뀐 것과 관련이 있을 것이다.

그런데 용강동 고분 출토 여자 토용상에서는 관모의 꾸밈[冠飾]은 보이지 않고 머리를 올린 모습만을 살필 수 있다. 『당서』에서는 신라 여성들이 머리를 아름다운 머리카락[美髮]에 비단과 구슬로써 장식하였다 하고, 『삼국사기』 색복조에는 신분에 따른 관모의 꾸밈을 제외하고는 외출시에도 머릿결과 얼굴을 드러내었다고 하였다. 신라 여인들의 모습은 당나라에서 여자들이 외출할 때에 몸 또는 얼굴을 가리는 멱리[羃䍦] 또는 유모[帷帽] 등을 착용한 모습과는 매우 차이가 있다. 또한 흥덕왕대 진골녀와 6두품녀의 경우 관모를 가늘고 누이지 않은 새그물 비단[繐羅], 외올의 가늘고 엷은 견직[紗], 견(絹) 등의 베로 꾸미고, 머리를 에머랄드 장식의 비녀[瑟瑟鈿], 거북 등껍질의 대모(玳瑁), 흰 빛깔의 짐승 어금니와 뿔[素牙角], 그리고 은가루[銀粒]·은실[銀絲] 또는 금가루[金粒]·금실[金絲]로 무늬를 장식한 누은금(鏤銀金), 구슬을 꿰메어 이어 만든 철주(綴珠), 백은(白銀), 순금(純金), 유석(鍮石) 등으로 장식하였다. 이는 용강동 고분 출토 여인 토용상의 머리 꾸밈과도 다르다. 이러한 차이는, 용강동 고분 출토 여인상이 고분에 부장된 것으로서 그 복식 또한 신라 상례(喪禮)와 관련된 때

경주 용강동 출토 문관 토용

경주 황성동 출토 문인상과 여인상(경주국립박물관)

문이거나 신분이 낮아『삼국사기』와 같은 장식품을 착용하지 않은 때문이 아닐까 생각된다. 아니면 흥덕왕 교서에 보이는 관모 꾸밈이 신라 진골이나 6두품 관료들의 관모 내지 관모꾸밈에 한하여 기술한 때문일 것이다.

또한 4두품 이상의 여자들이 보온 내지 치레를 위해 겉옷 위에 걸치는 오늘날 숄과 같은 표(裱)의 소재로서 '계수금라금은니(罽繡錦羅金銀泥)'나 '계수금라세라금니(罽繡錦羅繐羅金泥)' 등이 보인다. 이 숄[裱]의 형태는 용강동 고분 출토 여자 토용 가운데 비교적 신분이 높은 것으로 여겨지는 2점에서 확인된다.

흥덕왕 복식 규정에서는 4두품 여성들의 표(裱)의 소재로서 '계(罽)'와 수(繡)'를 금하였다. 이로 미루어 보아, 계(罽)는 융단류의 직물 소재를, 수(繡)는 수놓아 장식하는 것을 지칭하는 것으로 생각할 수도 있다. 그런데『송사』와『고려사절요』등에는 고려 정종 12년 8월 고려가 송나라에 조공한 물품 가운데 '금은의 실로써 계금(罽錦)을 짜서 인욕[茵褥 : 자리와 침구]을 만들었다[茵褥亦用金銀線織成罽錦]'는 기사가 보인다. 이는 계금이 모직과 금은실로 짠 하나의 직물이었음을 의미한다.

그러면 6두품녀 숄[裱]의 금제인 '계수금라금은니(罽繡錦羅金銀泥)'는, 겉옷[表衣]에서 진골 남녀에게 금제한 '계수금라(罽繡錦羅)'로 미루어 보아, 계

경주 용강동 출토 여인 토용(경주국립박물관)

수금라와 금은니로 나누어 생
각할 수 있다. 그런데 6두품
녀의 바지[袴]에 대한 금제로
서 '계수금라세라금니(罽繡錦
羅繐羅金泥)'가 보이는 바, '계
수금라'를 '계수금'과 '라'로 이
해하였을 때에 복두의 소재에
서 살핀 '가늘고 누이지 않은
새그물 비단[繐羅]-깁 가는 비

단[羅]'의 직물 소재의 순서가 바뀌게 된다. 이는 '계수금라'가 하나의 소
재, 곧 '그물 및 새그물 무늬 수놓은 비단'임을 의미하며, '금은니'는 그러
한 소재의 직물에 '금은 가루'를 아교에 개어 문양을 장식하는 방식이었
음을 보여준다. 따라서 숄[裱]은 '금은니를 한 계수금라-금은으로 만든 실
[金銀絲]·공작꼬리[孔雀尾]·비취 빛깔의 털[翡翠毛]-무늬 있는 비단[綾]-견
(絹)' 등으로 제작되었음을 알 수 있다. 특히 금은으로 만든 실·공작꼬리·
비취 빛깔의 털은 하나의 세트로 제작되었던 듯한데, '허리띠[帶]'는 금은실
과 공작꼬리, 비취 빛깔의 털로 만든 끈을 금한다[金銀絲孔雀尾翡翠毛爲組]'고
한 데서 확인할 수 있다.

　상의 가운데 가장 기본적인 의상은 겉옷[表衣]과 속옷[內衣]이다.

　그런데 성덕왕 23·29·33년과 경덕왕 2년에 당나라 황제가 신라 사신
과 왕족, 왕에게 각각 비단 두루마기[錦袍]·자주빛 두루마기[紫袍]·자주빛
그물모양 비단 두루마기[紫羅繡袍]·붉은 빛 난삼 두루마기[緋襴袍] 등을 하
사하였다고 한다. 이로 미루어 '겉옷(表衣)'을 중국의 단령(團領) 곧 깃을 둥
글게 만든 관복으로 보거나 신라 고유의 편복으로서의 두루마기[袍]로 보
기도 한다. 또한 『신당서』 신라전에 보이는 남자의 갈[褐]과 여자의 장유[長
襦]도 두루마기[袍]류였을 것으로 추정하기도 한다.

『삼국사기』에는 삼국시대에 이미 두루마기를 세금으로 거두어 변방을 지키는 병졸들에게 내렸다는 기록이 있다. 이들 세금으로 거둔 두루마기[征袍]를 봄 2~3월에 내렸다는 데에서 두루마기는 주로 방한용으로 사용되었음을 알 수 있다. 이는 지적되듯이 의례용 복식으로도 사용되었다. 이처럼 『삼국사기』에서는 두루마기[袍]가 이미 삼국시대부터 주요 의복으로 사용되었는데도 이를 겉옷[表衣]과 구분하여 서술하고 있다. 또한 『삼국사기』 색복조에는 신라에서 귀천을 막론하고 표의를 입었다고 한 데 대해, 조선시대에는 일반인들이 두루마기[袍]를 입지 못하였음을 주목할 수 있다. 이로써 볼 때에 『삼국사기』 색복조의 '겉옷[表衣]'은 '두루마기[袍]'와 구별되는 별개의 옷이었음을 알 수 있다.

『신당서』 신라전 자체가 당나라 사람들의 관점에서 서술한 것이라면, 앞서 살폈듯이 '고(袴)'와 '장유(長襦)'는 대체로 일반 평민의 옷이라고 할 수 있다. 따라서 '고(袴)'는 '두루마기[袍]'와 구분되는 별개의 겉옷이고, 고[袴]는 바지 정도로 이해된다. 그렇다면 '내의(內衣)'는 겉옷[표의]의 안에 받쳐 입는 저고리란 의미의 '속옷'으로 보아 좋을 것이다.

겉옷[表衣]의 직물 소재는 남자의 경우 그물무늬 수놓은 비단(罽繡錦羅)-명주[綿紬]-굵은 명주[紬]-포(布), 여자는 그물무늬 수놓은 비단[罽繡錦羅]-중소 무늬 있는 비단[中小文綾]-깁 가는 비단[絁]-견(絹)-무늬 없이 홑실로 짠 명주(無文獨織綿紬)-포(布)였다. 이에 대해 내의는 (새그물무늬 수놓은 비단[罽繡羅]-그물무늬 수놓은 비단[罽繡錦]·들풀 무늬 새그물 비단[野草羅]-)작은 무늬 있는 비단[小文綾]-깁 가는 비단[絁]-견(絹)-명주[綿紬]-포(布), 여자는 새그물무늬 수놓은 비단[罽繡羅]-그물무늬 수놓은 비단[罽繡錦]·들풀 무늬 새그물 비단[野草羅]-작은 무늬 있는 비단[小文綾]-깁 가는 비단[絁]-견[絹]-명주(綿紬)-포(布)였다.

그 밖에 상의로는 두품신분까지 입었던 남녀 공통의 반비(半臂), 여자들의 단의(短衣)와 배(褙)가 있다. 반비(半臂)는 수나라 대업(大業, 605~617) 중에

내관들이 긴 소매를 없애고 입었으며, 당나라 고조가 그 소매를 줄여서 반비라 일컬었는데 그 후에 배자(背子)라고도 칭하였다고 한다. 그런데 『삼국사기』 색복조에서 반비는 남녀 공통이고, 이와는 달리 여자들만의 배(褙)와 단의(短衣)가 있었다고 하므로, '단의(短衣)'는 저고리의 원조격인 짧은 웃옷, 그리고 '배(褙)'는 오늘날 속적삼과 같은 것이 아닐까 생각한다.

소매짧은저고리[半臂]의 직물 소재는 남자의 경우 그물무늬 수놓은 비단[罽繡錦羅]-작은 무늬 있는 비단[小文綾]-깁 가는 비단[絁]-견(絹)-명주(綿紬)-포(布), 그리고 여자의 경우 새그물무늬 수놓은 비단[罽繡羅]-수놓은 비단[繡錦]-들풀 무늬 새그물 비단[野草羅]-가늘고 누이지 않은 새그물 비단(繐羅)-작은 무늬 있는 비단[小文綾]-깁 가는 비단[絁]-견[絹] 이하로서 규정하였다. 또한 짧은 웃옷[短衣]의 소재는 그물무늬 수놓은 비단[罽繡錦羅]·금은 가루(金銀泥)로 장식하거나 홀치기 무늬[纈纈]로 꾸민 화폐 모양 둥근 무늬 새그물 비단[布紡羅]·가늘고 누이지 않은 새그물 비단(繐羅)·들풀 무늬 새그물 비단(野草羅)과 견(絹)으로 하였다. 그리고 속적삼[褙]은 그물 및 새그물 무늬 수놓은 비단[罽繡錦羅]·화폐 모양 둥근 무늬 새그물 비단[布紡羅]·금은가루 장식 들풀 새그물 비단[野草羅金銀泥]-그물무늬 수놓은 비단[罽繡錦]-금은 가루(金銀泥)로 장식하거나 홀치기 무늬[纈纈]로 꾸민 들풀 무늬 새그물 비단[野草羅]·화폐 모양 둥근 무늬 새그물 비단[布紡羅]과 무늬 있는 비단[綾] 이하의 직물 소재로써 옷을 만들어 입도록 하였다.

하의로는 남녀 공용의 바지[袴]가 기본 의상으로 나타난다. 바지[袴]의 직물 소재는 남녀 신분간에 차이가 있다고 하지만, 남녀 바지[袴]의 직물 소재가 크게 다르지 않은 점으로 미루어 여자의 바지[袴]도 치마를 대체하는 겉옷이었던 것으로 보인다. 사실 바지[袴]는 고구려에서 밑이 막힌 바지[窮袴]를 입었는데 가랑이가 긴 바지[長袴]였다고 한다. 신라의 경우 바지[袴]가 남녀 공통의 기본 의상이라는 점에서 여자들이 일상에서도 바지[袴]를 입었던 것으로 여겨진다. 바지[袴]는 남자의 경우 그물 및 새그물무늬 수놓은 비단[罽繡錦羅]-깁 가는 비단[絁]-견(絹)-명주[綿紬]-포(布), 여자는 새그물무늬 수놓은 비단[罽繡羅]-그물 및 새그물무늬 수놓은 비단[罽繡錦羅]-가늘고 누이지 않은 새그물 비단[繐羅]-금가루 장식 들풀 무늬 새그물 비단(野草羅金泥)-작은 무늬 있는 비단[小文綾]-깁 가는 비단[絁]-견(絹) 이하로 제작된 것을 입었다.

여자 하의의 기본 의상으로 겉치마[表裳]가 있고, 속치마[內裳]는 4두품과 일반 평인여자들에게는 금하여졌다. 겉치마는 그물 및 새그물무늬 수놓은 비단[罽繡錦羅]-가늘고 누이지 않은 새그물 비단(繐羅)-금은가루로 장식하거나 홀치기 무늬[纈繡]로 꾸민 들풀 무늬 새그물 비단[野草羅金銀泥]-깁 가는 비단[絁]-견(絹) 이하로 제작되었는데, 6두품녀와 5두품녀의 '가늘고 누이지 않은 새그물 비단(繐羅)-들풀 무늬 새그물 비단[野草羅]'의 직물 소재의 순서가 서로 바뀌어 있다. 이는 가늘고 누이지 않은 새그물 비단(繐羅)와 들풀 무늬 새그물 비단[野草羅]이 동일 직물 소재의 새그물 비단[羅]인 까닭으로 여겨진다. 여자의 속치마는 그물 및 새그물무늬 수놓은 비단[罽繡錦羅](혹은 수놓은 비단[繡錦])-금은가루[金銀泥]로 장식하거나 홀치기 무늬[纈繡]로 꾸민 들풀 무늬 새그물 비단[野草羅]으로 제작되었다.

또한 여자의 속적삼 배(褙)에 상응하는 하의로서 당(襠)이 있었다. 『오주연문장전산고(五洲衍文長箋散稿)』에서는 '음부에 당하는 것을 당이라 하고, 당의 밑이 합쳐진 것을 고라 한다[當陰處曰襠 與襠合者爲袴]'라고 하였다. 여기에서 당(襠)의 밑이 합쳐져 막힌 것을 '고(袴)'라 일컬은 것으로 보아, '당(襠)'은 오늘날 기본 속옷인 팬티라 할 수 있는 '밑이 터진 잠방이'를 지칭하는 듯하다. 이의 소재를 배(褙)와 동일한 소재로 규정하고 있어, 속적삼인 배(褙)와 잠방이인 당(襠)이 하나의 세트를 이루는 여자의 기본 속옷이었던 것으로 보아 좋을 것이다.

상의인 겉옷[表衣]이 긴 까닭에 남녀 모두 허리띠를 둘렀는데, 남자는 대체로 허리띠[腰帶]를 찼고, 여자는 기본적인 갖춤으로서 띠[帶]와 옷끈[襻]

을 하였다. 또한 평인 여자들을 제외하고는 치마를 입을 때, 겉치마와 동일한 소재의 치마허리끈[襪]을 했던 것으로 보인다. 특히 남자의 허리띠에 있어서 6두품과 평인의 경우 여자와 동일하게 띠[帶]라 일컬었는데, 이는 남자의 허리띠와 여자의 띠[帶]가 동일한 기능을 하였기 때문일 것이다. 아마도 겉옷[表衣]의 허리를 띠로 둘러매어 옷매무새를 단정하게 여미기 위한 용도가 아니었을까 한다.

남자의 허리띠는 연마하여 무늬를 만든 백옥[研文白玉]-까만 무소 뿔[烏犀]-놋쇠[鍮]-철(鐵)-동(銅) 등의 소재로 만들고, 여자의 띠[帶]는 금은의 실[金銀絲]·공작 꼬리[孔雀尾]·비취빛깔의 털[翡翠毛]이 1조를 이루는 형태이거나 수놓은 실로 짠 끈[繡組]-들풀 무늬 새그물 비단[野草羅]-승천 문양의 새그물 비단[乘天羅]-월나라의 새그물 비단[越羅]-명주[綿紬]-무늬 있는 비단[綾]-견(絹)으로 제작되었다. 또한 치마허리끈[襪]은 그물 및 새그물무늬 수놓은 비단[罽繡錦羅]-깁 가는 비단[絁]-견(絹), 그리고 옷끈[襻]은 그물 및 새그물무늬 수놓은 비단[罽繡錦羅]-월나라의 새그물 비단[越羅]-무늬 있는 비단[綾] 이하 등으로 만들어졌다.

버선, 신발류의 경우 남녀 공히 갖추어진 것은 보이지 않는다. 다만 평인 여자들에게 허용된 버선[襪]이 평인 남자들에게는 허용되지 않고, 평인 남자들에게 허용된 신[履]이 평인 여자들에게 보이지 않는다. 이는 남자의 경우 버선을 대신하는 목긴 신발[靴]·목긴 신발띠[靴帶]가 있고, 평인 여자의 경우 남자의 목긴 신발[靴]을 대신하여 버선으로 보온을 하고 짚신[蒲鞋 또는 草履]을 사용하던 사정을 보여주는 것이 아닌가 한다. 남자에게 버선은 5두품까지 허용되었는데 무늬 있는 비단[綾]-깁 가는 비단[絁]-명주[綿紬]-포(布)를 소재로 만들어졌다. 여자의 버선은 새그물무늬 수놓은 비단[罽繡羅]-그물 및 새그물무늬 수놓은 비단[罽繡錦羅]-가늘고 누이지 않은 새그물 비단[繐羅]-들풀 무늬 새그물 비단[野草羅]-작은 무늬 있는 비단[小文綾]-깁 가는 비단[絁]-명주[綿紬]-포(布) 이하의 소재 등으로 제작되었다.

신[履]은 남자의 경우 가죽[皮]-실[絲]-소가죽[牛皮]-마(麻) 등의 소재로 만들었다. 이에 대해 여자의 신발은 새그물무늬 수놓은 비단[罽繡羅]-그물무늬와 새그물무늬 수놓은 비단[罽繡錦羅]-가늘고 누이지 않은 새그물 비단[繐羅]-가죽[皮]과 그 이하의 실[絲]-소가죽[牛皮]-마(麻)를 소재로 하여 만들거나, 왕골로 만든 짚신이나 풀로 만든 신[草履]을 사용하였다.

남자의 목긴 신발[靴]은 자주빛 가죽[紫皮]-검은 사슴의 얼룩무늬 자주빛 가죽[烏麋皺文紫皮]으로 제작되었다. 여기에서 자주빛 가죽[紫皮]은 사슴 가죽[鹿皮]으로서, 682년 일본에 파견된 신라사신 김충평(金忠平)이 일본 왕실에 전한 물품 가운데도 보이는데, 최상급 신발의 소재라 할 수 있다. 목긴신발띠[靴帶]는 희미한 무늬의 백옥[隱文白玉]-검은 무소뿔[烏犀]-놋쇠[鍮]-철(鐵)-동(銅) 등으로 장식하였다.

한편 베[布]는 남녀 모두 사용하는 직물 소재였는데, 대체로 여자에게는 남자들에 비해 두 등급 위의 베를 사용할 수 있게 규정하였다. 이에 남자의 경우 각 신분에 따라 26올[升] 이하의 베[진골]-18올 이하의 베[6두품]-15올 이하의 베[5두품]-13올 이하의 베[4두품]-12올 이하의 베[평인]를 사용하도록 하였고, 여자도 각 신분에 따라 28올 이하[진골]-25올 이하[6두품]-20올 이하[5두품]-18올 이하[4두품]-15올 이하[평인]의 베를 사용하도록 규정하였다. 올이 많을수록 섬세하고 부드러운 고급의 옷감임은 물론이다.

진골대등의 옷 가운데 속옷[內衣]만이 유일하게 금하는 규정이 보이지 않는다. 그러나 여성들의 내의에 금하는 규정이 있음을 볼 때에 남자들 내의를 규제하는 기록이 누락된 것으로 보인다. 다만 진골 여자의 경우 기본 의상인 겉옷[表衣], 속옷[內衣], 바지[袴], 버선[襪], 신[履]과 겉에 드러나는 소매짧은옷[半臂]의 경우는 모두 모직과 수놓은 새그물 비단[羅]을 금하였다. 그런데 짧은웃옷[短衣]과 겉치마[表裳], 그리고 기본 속옷인 속적삼[褙]과 잠방이[褌], 허리띠[帶]와 치마허리끈[䙅], 옷끈[襻], 버선목[襪袎]의 경우 금제가 없었다. 이는 여자의 경우 기본 의상만을 규제하고, 여성 고유의 치마나 그 밖의 치레거리에 대한 치장을 허용했던 때문이라 할 수 있다. 진골 여성들의 경우 옷감의 소재로서 새그물 비단[羅]의 종류가 매우 다양하게 나타난다. 곧 화폐 모양 둥근 무늬[布紡]-가늘고 누이지 않은 무지[繐]-들풀 무늬[野草]-승천(乘天) 무늬 등은 9세기 신라 여성들의 패션을 주도하는 무늬의 소재였던 것으로 짐작된다. 가늘고 누이지 않은 무지[繐]의 경우 별다른 문양이 보이지 않는데, 이는 무지의 비단 자체로서 멋을 내고자 한 때문이 아닐까 한다.

한편 각 신분별로 금지된 직물 소재를 비교할 때에, 계절에 맞추어 각각의 직물 소재를 사용했음을 알 수 있다. 곧 면(綿)과 수놓은 비단[錦繡]은 겨울 옷, 마(麻)·저삼(苧衫)과 외올의 가늘고 얇은 견직[紗]과 새그물 비단[羅]은 여름 옷의 소재로 사용되었던 것으로 보인다. 그런데 평인 남자의 겉옷[表衣]과 바지[袴]가 모두 포(布)인데 대해, 평인 여성들은 명주[綿紬]와 베[布], 또는 깁 가는 비단[絁], 견(絹) 등으로 규정하고 있다. 이처럼 여자에게 보다 보온성이 좋은 직물 소재를 허용했던 것은, 솜풀 면(綿)이 넉넉하지 못한 상황에서도 여자를 추위로부터 보호하고자 하는 조치가 아니었을까 한다. 이는 여성의 생산성을 중시하는 신라 사회의 함의를 반영하는 것으로 여겨진다.

흥덕왕 색복 금령에 규정한 직물을 상위 직품부터 차례로 정리하면 다음과 같다.

- 그물무늬 수[罽繡](새그물무늬 수놓은 비단[罽繡羅]-그물 및 새그물무늬 수놓은 비단[罽繡錦羅]-그물무늬 수놓은 비단[罽繡錦])-새그물 비단[羅](화폐 모양 둥근 무늬 새그물 비단[布紡羅]-가늘고 누이지 않은 새그물 비단[繐羅]-들풀 무늬 새그물 비단[野草羅]-승천 문양의 새그물 비단[乘天羅]-월나라의 새그물 비단[越羅]-새그물 비단[羅])-금은 가루[金銀泥]-협힐(纈纈)-무늬 있는 비단[綾](중소 무늬 있는 비단[中小文綾]-작은 무늬 있는 비단[小文綾]-무늬 있는 비단[綾])-깁 가는 비단[絁]-외올의 가늘

고 얇은 견직[紗]-견(絹)-명주[綿紬]-굵은 명주[紬]

- 베[布] : 28올-26올-25올-20올-18올-15올-13올-12올 이하

위의 직물 소재 가운데 금은 가루[金銀泥]는 금은을 아교에 개어 직물에 문양을 내는 방식이다. 협힐(纈纈)은 문양을 새긴[鏤刻] 두 장의 얇은 판(板) 사이에 견직물을 끼운 다음 문양을 새긴 부분부터 염색한 다음 판을 치우고 문양을 염색하는 방법이다. 누각 염색의 방법은 5~6세기 무렵의 왕릉으로 추정되는 천마총[天馬塚 : 경주 황남동 155호분] 출토 섬유물 조각에서 확인된다. 이와 달리 비단류의 경우 주로 직접 자수를 놓는 방식으로 치레를 더하였다.

금은실로 수놓은 비단류(새그물무늬 수놓은 비단[罽繡羅]-그물 및 새그물무늬 수놓은 비단[罽繡錦羅]-그물무늬 수놓은 비단[罽繡錦])은 대체로 국왕과 왕비의 복식 소재였던 것으로 보인다. '계(罽)'는 『예기』의 소(疏)에 "실을 염색하여 직조한 것을 계(罽)라 이른다[染絲而織之曰罽]"고 하였다. 따라서 '계금(罽錦)'이란 염색한 금은실로 직조한 것이라 할 수 있다. 고려 정종이 송나라에 조공하였다는 금은실로 직조한 그물 비단 두루마기[罽錦袍], 금은실로 직조한 그물 비단 요[罽錦褥]는 계금(罽錦)의 용도를 보여준다. 그렇다면 '그물 무늬 수놓은 비단[罽繡錦]'이란 금은실로 직조한 그물모양 비단에 수를 놓아 장식한 것으로서, 직조할 때에 계(罽)와 금(錦) 곧 털실과 비단실로써 모양을 넣고, 다시 수실로 장식하였던 것으로 여겨진다.

진골대등의 복식은, 수를 놓지 않은 비단류(그물 및 새그물무늬 비단류[錦羅類])를 주된 소재로 사용하였다. 이에 대해 여성들은 새그물무늬 비단[羅]을 주요 소재로 하여 옷을 만들어 입었다. 이는 새그물 비단[羅]의 가볍고 부드럽다는 특성 때문이었을 것이다. 진골 여성들의 복식 소재로서 새그물 비단[羅]은 흥덕왕 규정에 화폐 모양 둥근 무늬 새그물 비단[布紡羅], 가늘고 누이지 않은 새그물 비단[繐羅], 들풀 무늬 새그물 비단[野草羅], 승천

문양의 새그물 비단[乘天羅], 월나라 새그물 비단[越羅], 새그물 비단[羅] 등으로 구분되었다.

가늘고 누이지 않은 새그물 비단[縳羅], 월나라 새그물 비단[越羅]은 실의 가늘기로, 그리고 화폐 모양 둥근 무늬 새그물 비단[布紡羅], 들풀 무늬 새그물 비단[野草羅], 승천 문양의 새그물 비단[乘天羅]은 새그물 비단[羅]의 문양으로 구분된 것으로 보인다. 월나라 새그물 비단[越羅]은 허균(許筠, 1569~1618)의 시문집 『성소복부고(惺所覆瓿藁)』의 계양가인의 노래[桂陽佳人謠]에 '월나라 새그물비단 엷은 옷은 바람을 못 이기고[越羅衣薄不禁風]'라고 하여 매우 가벼운 옷이었음을 확인할 수 있다.

월나라 새그물 비단[越羅]을 월사(越紗) 곧 외올의 가늘고 엷은 월나라 견직[紗]이라고도 일컬었다. 외올의 가늘고 엷은 견직[紗]은 6두품 여자의 관(冠)과 4두품 남자의 복두로 사용되었다. 이는 너무 얇고 가벼워서 의복을 만들면 속옷이 비치기 때문에 의복의 소재로서는 부적절했다고 한다. 따라서 월나라 새그물 비단은 고구려 왕의 오사모(烏紗帽)나 고려 때 여자들의 얼굴 가리개로 사용한 면모(面帽), 조복(朝服)이나 제복(祭服)의 속에 받쳐 입는 옷의 소재로 사용되었다.

그물 무늬 비단[錦]과 새그물 무늬 비단[羅]이 무늬 있는 비단이라면, 무늬 없는 비단으로서 단지 직조 기법만으로써 무늬 있는 듯이 보이는 비단[綾], 그리고 견(絹)과 명주(綿紬), 거친 명주[紬]를 들 수 있다. 이 가운데 직품으로서 상품은 가늘고 섬세한 무늬 있는 비단[綾]을 꼽았다. 무늬 있는 비단[綾]은 중·소 문양으로써 장식을 더하였는데, 거친 명주[紬]는 무늬 있는 비단[綾]보다는 두껍고 질긴 소재이다. 이들 생사로 만든 견을 총칭하여 초(綃)라고 일컫는데, 『전당시(全唐詩)』에는 신라 생견의 우수성을 전하는 일화가 있다.

곧 당나라 현종과 대종 때에 대신을 지낸 원재(元載, ? ~ 777)가 몽골 출신 설요영(薛瑤英)을 첩으로 맞아들여서 희(姬)로 삼았는데, 그녀의 몸에서는 자연적으로 향기가 났다고 한다. 그녀는 몸이 가냘퍼서 옷의 무게를 이기지 못하자, 신라국에서 용초(龍綃)를 구해다가 입게 하였다고 한다. 이는 당나라 조정에서 전권을 휘두르는 대신의 면모를 드러내는 한편으로, 신라 견직물의 가볍고 부드러움을 보여주는 일화라고 할 수 있다. 이에 대해 명주[綿紬]는 솜풀과 생사를 섞어 만든 겨울 옷의 주된 소재였다.

한편 『고려도경』에는 고려에는 '모시와 삼을 심어 베옷을 많이 입는데, 가장 좋은 것은 깁 가는 비단[綈]이라고 일컬으며 희기가 옥과 같고 폭이 좁다'고 하였다. 이로써 보건대 실를 켜는 소사, 실을 정련하고 표백하는 공정에 있어서 깁 가는 비단[綈]이 베[布]보다 섬세하고 정밀하였음을 알 수 있다.

베[布]는 명주와 비단을 제외하고 베틀로 짠 것을 일컬음이다. 문무왕 5년 베[布] 1필을 길이 7보, 넓이 2척으로 고쳐 중국의 제도와 같게 되었다. 신라는 문무왕 12년 사신을 당나라에 보내어 30승포 60필, 40승포 6필을 조공하였다. 이 베는 실오리가 2천 4백에 이르는 매우 섬세한 것으로서 당시 신라 직조기술의 우수성을 보여준다. 이들 30승, 40승포는 왕실의 의복 소재로서 궁중 수공업장에서 제작되었다고 보아 좋을 것이다.

이러한 견직·마포류는 『삼국사기』에 5~6세기에 견(絹)·백(帛)·세포류(細布類), 7세기에 금총포(金總布)·금(錦)·금백(金帛)·무늬 있는 비단[綾]·여러 빛깔의 비단류[雜彩類], 20승포·30승포·40승포, 8세기의 조하주(朝霞紬)·어하주(魚霞紬), 9세기의 대화어아금(大花魚牙錦)·소화어아금(小花魚牙錦)·조하금(朝霞錦)·30승저삼단(紵衫段)·40승백첩포(白氎布) 등으로 등장한다. 곧 7세기부터 비단류의 품목이 다양해지고, 보다 섬세한 베가 생산되었음을 알 수 있다. 또한 8세기 무렵에는 새로운 명주류[紬類]와 함께 모직물류가 나타나며, 염색과 관련된 직물류의 이름이 새로이 등장한다. 이는 직조 기술과 함께 염색기술상의 어떤 변화가 있었음을 보여준다. 9세기에 이르러서는 흥덕왕 금령에 보이는 것과 같은 비단류에 문양을 내는 기술의 발전을 살필 수 있는데, 가는 베류[細布類]의 직조기술이 마직물이나 모직물의 직조에도 응용되었던 것으로 보인다.

이들 직물의 원료로부터 복식 제작에 이르기까지의 과정에 대해서는 고려 후기의 문신으로 이규보의 문학관을 계승한 최자(崔滋, 1188~1260)의 서도(西都)·북경(北京)·강도(江都)를 읊은 「삼도부(三都賦)」에 잘 드러나 있다.

계림(경주)·영가(안동)엔 / 雞林永嘉

뽕나무가 우거졌네 / 桑柘莫莫

봄날 누에 칠 제 / 春而浴蠶

한 집에 만 개의 잠박이요 / 一戶萬箔

여름이라 실 뽑으면 / 夏而繅絲

한 손에 백 타래씩 / 一指百絡

처음 실을 뽑을 적에 / 始而縒

엉킨 실을 다듬어 짜내니 / 方織以緱

철걱철걱 저 북 소리 / 雷梭風杼

우레런가 벼락인가 / 脫手霹靂

비단·깁·능라·모시 / 羅綃綾繰

겹올·외올·가는 비단, 불면 날 듯 / 縑綃縛縠

연기인가 안개인가 / 煙織霧薄

희나흰 빛, 눈인가 서리인가 / 雪皓霜白

파랑·노랑·주홍·녹색으로 물들여 / 靑黃之朱綠之

금기(錦綺)를 만들며 수놓은 힐(纈)을 만들어서 / 爲錦綺爲繡纈

공경들이 입고 / 公卿以衣

사녀들이 입어 / 士女以服

끌리는 소리, 바스락 바스락 / 樞曳綷縩

떨치면 번쩍번쩍하네 / 披拂艶赫

이야말로 하늘이 주신 고장 / 是誠天府

보물이 가득 찼네 / 國寶錯落(『동문선』 2, 부, 삼도부 ; 한국고전번역원, 한국고전 종합

DB[http://db.itkc.or.kr])

위의 「삼도부」는 견직물과 마포류에 있어서 뽕나무와 마의 재배로부
터 실을 켜고, 실을 정련한 뒤, 표백의 과정을 거쳐 옷감을 짜고 염색하여
옷을 제조하는 과정을 보여준다. 특히 원재료에 따라 비단·깁·능라와 모
시·포 등의 직물의 종류가 달라지고, 고치실이나 삼실을 겹올·외올로 켜
느냐, 또는 굵기를 어느 정도 하느냐에 따라 직품이 정해짐을 알 수 있다.
또한 표백의 정도, 염색을 직조 하기 전 또는 직조한 뒤에 하느냐에 따라
그 명칭이 달라짐을 확인할 수 있다.

고급 비단류의 경우 직조의 과정에 이미 모직을 섞고 직조한 뒤에는 비
단 수[錦繡]를 놓거나 금은 가루로 장식하였다. 이러한 직조에 따른 옷감
소재들을 흥덕왕의 금령에서 확인할 수 있는 바, 신라 귀족사회 의생활의
호화로움을 능히 짐작할 수 있다.

특히 왕, 왕비 등 왕족의 의복 소재인 그물무늬(새그물무늬) 비단[罽繡錦
(羅)] 등이 제품화되기까지 고치실 등을 켜는 소사(繰絲), 실을 정련한 후 표
백, 염색, 직조하는 과정을 거쳤다. 이러한 과정은 신라 궁중수공업장의 소
전(疏典), 표전(漂典), 염궁(染宮)과 홍전(紅典), 금전(錦典 ; 직금방織錦房)의 존재
에서도 확인할 수 있다.

다만 진골 여성들은 짧은웃옷[短衣]과 속적삼[褙]·잠방이[襠], 겉치마[表
裳]와 속치마[內裳], 치마허리끈[襖] 등에 그물무늬 수[罽繡]를 직물 소재로
사용하였다. 이에 이들 그물무늬(새그물무늬) 비단[罽繡錦(羅)]은 귀족들의 수
공업장에서도 일부 제작되었다고 보아 좋을 듯하다.

새그물무늬 수놓은 비단[罽繡羅] 또한 동일한 공정을 거쳤을 것이다. 새
그물무늬 비단[羅]은 그물무늬 비단[錦]보다 얇고 가벼운 만큼 고치실을

켜는 과정에서 실의 굵기를 가늘게 하여 직조하였던 것으로 여겨진다. 따라서 그물 및 새그물무늬 수놓은 비단[闕繡錦羅], 그물무늬 수놓은 비단[闕繡錦], 새그물무늬 수놓은 비단[闕繡羅]은 금은실로 직조한 것은 같으나 금빛 비단실[金絲]과 그물무늬 비단실[羅絲]의 조합에 따라 구분되었던 것으로 보인다.

『계림유사』에는 고려에는 명주실과 양잠[絲蠶]이 적어 새그물무늬 비단[羅] 1필의 값이 은 10냥이나 되므로, 나라 사람들의 대부분은 마포와 저포를 입는다고 하였다. 그러나 흥덕왕대 복식규정에서 일반 평인에게 내의는 견(絹)과 포(布)를, 그리고 평인 여성의 경우 겉옷에 명주[綿紬]와 포(布), 내의에 깁 가는 비단[絁]과 견(絹), 명주[綿紬], 포(布)를, 바지[袴]는 깁 가는 비단[絁] 이하, 윗 겉옷은 생견(絹) 이하, 버선[襪]은 깁가는 비단과 명주[絁綿紬] 이하의 소재로 만들어 입는 것을 허용하였다. 이로 볼 때에 신라 사회에서는 광범위하게 견직(絹織)과 명주[綿紬]류의 소재를 사용하여 옷을 만들어 입었음을 알 수 있다.

삼한시대 이래로 신라 지역에 면포의 사용이 일반화되었다고 하지만, 9세기 전반 이들 면직물 원료인 다량의 면(綿)을 신라 자체에서 생산하였는지는 의문이다. 고려시대에 양잠과 명주실이 적었다는 기사를 믿을 수 있다면, 상당량의 면은 수입에 의존할 수밖에 없다고 본다. 이에 752년 김태렴(金泰廉)이 일본 관료들로부터 신라물 구매 대가로서 가져온 대량의 일본 면과 깁 가는 비단[絁], 8세기 후반 이후 신라상인이나 9세기 전반 장보고의 교관선을 통하여 신라에 유입되었을 대재부 면 등은 신라에서의 면의 사용량 가운데 상당한 비중을 차지하였을 것으로 믿어진다.

경문왕 9년(869) 신라는 김윤(金胤) 등을 견당사로 보내어 40승 백첩포를 조공하였다. 백첩포(白氎布)는 그 원료인 길패(吉貝)라는 목면(木棉)을 확보한 전제하에서 생산이 가능한 직물이다. 지금까지의 자료로써는 초속(草屬) 또는 목속(木屬)의 목면을 신라에서 재배한 사실을 확인할 수 없다. 따라서 식물성 목면을 신라가 생산하였다는 것은 교역에 의하여 이들 재료를 수입하였다고 보아야 한다.

9세기 초엽 일본에는 이미 곤륜산 면이 전래되었다. 이 무렵부터 신라 상인들은 일본에 자주 내왕하면서 교관물의 대가로 면(綿)을 받아 왔다. 이러한 정황을 생각할 때에 9세기 중후반 신라가 백첩포(白氈布)를 생산할 수 있었던 배경에는, 신라 상인들이 교역하는 과정에서 그 대가로 일본산 곤륜면(崑崙綿)을 취하고, 이를 재료로 하여 신라의 우수한 직조 공법으로써 40승 백첩포를 생산할 수 있었던 것이라 하겠다.

제2장 목면의 수용과 교역의 바다

제1절 고구려의 백첩포와 목면의 길

『위서』고구려전에는 고구려에서 누에고치를 치고 뽕나무를 심었다는 기록을 처음으로 살필 수 있으며,『한원』에서는 고구려에서 생산하는 비단의 종류를 소개하였다.

> [고구려] 백성들은 모두 토착인으로 산과 골짜기를 따라 거처하는데 포백과 가죽 옷을 입고 땅과 밭이 척박하여 잠농(蠶農)으로 족히 스스로 공급하지 못하므로 그 사람들이 음식을 절제한다.(『위서』동이전 고구려)

> 도려(刀礪)를 허리에 차고 동등한 위엄을 보이고 금깃[金羽]으로써 귀천을 밝혔다. …「고려기(高驪記)」에 이르기를 '그 사람들은 또한 비단[錦]을 만드는데 자주빛 바탕에 홀치기 무늬가 있는 것[紫地纈文者]'을 상등으로 삼았다. 그 다음에 오색 비단[五色錦], 다음으로 구름무늬 펼친 비단[雲布錦]이 있으며, 백첩포(白疊布)·청포(靑布)를 만드는데 더욱 아름답다. 또한 말다래(鄣)를 만들거니와 중국 말로 접리(接籬)라고 한다. 그 털은 말갈의 돼지털이다.(『한원(翰苑)』고[구]려조)

『위서』에서 6세기 무렵 고구려인들은 부족하기는 하지만 누에를 치고 뽕나무를 길렀음을 알 수 있다. 또한 『한원』에서는 각종 비단과 함께 백첩포(白疊布)를 만들어 사용했음을 전한다. 백첩포는 길패 곧 목속의 목면이 있어야만 만들 수 있는 옷감이다. 그런데 길패는 초면과 목면의 두 종류가 있고, 그 가운데 목면은 교주(交州)와 광주(廣州), 뇌화(雷化)의 염주(廉州), 남해(南海)의 여동(黎峒)에서, 그리고 초면은 고창국(高昌國)에서 각각 생산되었다. 특히 초면은 열매가 고치[繭]와 같은 것으로서 가는 무명실[細纑]을 만들어 이름한 것인데, 송나라 말에 처음으로 중국 강남에 들어와 『제번지』가 편찬된 13세기 초엽 중국의 강북(江北)과 중원지방에 두루 생산되었다고 한다. 이것이 문익점이 가져온 초면이다.

고구려의 백첩포는 5세기 무렵 고구려 고분벽화의 서역인이나 서역계통 문화의 전래와 관련될 것이다. 각저총에 보이는 매부리코를 한 서역계통의 씨름꾼 그림, 안악3호분의 외국 출신 춤꾼의 호선무와 군악대의 악기 등은, 이미 5세기 무렵 고구려의 잡희나 악기가 서역으로부터 유래했음을 보여준다. 『수서』악지에는 고구려의 가곡(歌曲) 지서(芝栖)와 춤곡[舞曲] 가지서(歌芝栖)가 서역 안국악의 가지서(歌芝栖)·무지서(舞芝栖)로부터 유래한다고 하였다. 아울러 당나라 십부기(十部伎) 가운데 호선무(胡旋舞)라는 고구려기(高句麗伎)가 서역에서 기원한다고 한다. 이와 같이 서역 기원의 고구려악이나 고구려기가 서역으로부터 유래한 것과 마찬가지로, 고구려의 백첩포 또한 『위서』서역전 강국(康國)의 의복으로 서술된 백첩(白疊)과 관련될 것이다.

정치적으로도 고구려는 중앙아시아 지역의 돌궐과 연대하여 수나라의 침략에 대응하고자 한 바 있다. 607년 8월 동돌궐의 계미가칸(啓民可汗)의 막사에서 수나라 양제의 일행과 고구려 사신이 마주친 바 있었다. 수나라와 고구려가 이미 전쟁을 치룬 이후였지만, 이 때에 수나라 양제는 내년에 자신이 탁군(涿郡, 현재의 北京지방)에 순행할 때 고구려왕이 그곳으로 내조하

사마르칸트 아프라시압궁전벽화 고구려 사신[오른쪽 2명]도
(권영필 외, 2008, 『중앙아시아 속의 고구려인 발자취』, 동북아역사재단, 도판 376∼377쪽)

도록 하고, 만약 그때에 왕이 입조하지 않으면 장차 동돌궐 기병부대를 거느리고 고구려를 치러 가겠노라고 위협하였다. 고구려 영양왕이 이러한 제의를 묵살함으로써 수나라 양제의 침입에까지 이르렀지만, 이 때에 고구려는 돌궐과 동맹을 맺음으로써 수나라를 동·서에서 포위하고자 하였던 것이다.

고구려 영양왕의 고구려―돌궐 간의 동맹관계는 왜국에까지 확대되었던 것으로 여겨지고 있다. 이 무렵 고자(惠慈)·담징(曇徵) 등의 승려와 황서(黃書)와 같은 화가가 일본에 건너가 문물을 전수하였다. 혜자는 595년 일본에 건너가 615년 귀국할 때까지 꼭 20년간 체류하면서 당시 일본 섭정의 지위에 있던 성덕태자(聖德太子)의 스승으로 있었던 것은 유명한 일화이다. 당시에 일본이 수나라에 보낸 국서의 첫 머리에 "해뜨는 곳의 천자가 해지는 곳의 천자에게 글을 드립니다. 이상 없습니다"라고 하여 수양제를 격노하게 했다는 것은 예로부터 회자되는 일화인데, 여기에는 혜자와 같은 고구려계 인사가 관여되었을 것으로 일컫기도 한다.

고구려가 7세기 전반 수나라에 대응하기 위하여 돌궐과 연대한 것은 그 이전에 돌궐 지역과의 교류가 있었기 때문일 것이다. 또한 7세기 후반에는 아프라시압 궁전의 벽화에서 고구려인으로 추정되는 인물이 나타나거니와, 이들 지역과 고구려의 내왕이 지속되었음을 알 수 있다. 따라서 이들 서역의 악기나 잡희, 음악 등이 고구려 고분에서 발견되는 것은 자연스러운 것이라 할 수 있다.

이들 돌궐 지역은 이전에 강국(康國)이 있었던 지금의 사마르칸트 지역으로서, 목면이 생산되는 곳이다.『한원』의 고구려 백첩포는 바로 이러한 배경에서 생산이 가능하였다. 또한 당나라에서 백첩포를 고구려 산물로 보았던 것은 돌궐지역의 목면을 고구려에 들여와 기왕의 고구려 직조 기술로 백첩포를 생산한 때문이라 할 것이다. 사실 이처럼 목면이 고구려에 전래되는 길은 중국의 비단이 서방세계에 알려지기 훨씬 이전의 일이다. 그러므로 5~7세기 무렵 목면이 고구려에 수용되는 육로를「목면의 길」이라 일컬어도 좋을 것이다.

고구려 백첩포가 이렇듯이 서역 강국의 그것으로부터 유래한다면, 고구려에서 생산되는 구름무늬 펼친 비단[雲布錦]은 남만(南蠻)의 조하포(朝霞布)와의 관련성을 생각해볼 수 있다. 남조(南詔)에서 직조한 것으로 백색의 정치한 것을 조하(朝霞)라고 일컫거니와, 신라에서 생산하였다는 조하금(朝霞錦)이란 비단은 이와 관련된 이름으로 생각되기 때문이다. 사실 조하와 백첩은 각각 남조(南詔)국 왕의 부인과 국왕이 입는 것을 지칭하는데,『당서』에는 조하길패(朝霞吉貝)와 백첩길패(白氎吉貝)로 기록되어 있다.

고구려의 직물 생산품 가운데 조하포(朝霞布)란 이름은 보이지 않는다. 다만 고구려에서 이미 백첩포를 생산하였다는 점으로 미루어 볼 때에, 운포금(雲布錦)이 조하포와 관련된 명칭이 아닐까 한다. 곧 조하금(朝霞錦)은 '아침 노을 무늬의 비단'이란 뜻으로서 운포금(雲布錦)의 '구름 무늬 펼친 비단'이란 이름과 서로 통하기 때문이다. 이에 신라의 조하주·조하금은 빛깔과 관련된 명칭으로서, 고구려 운포금의 기술을 전승하여 직조한 비단이 조하포와 같이 고급 품질이라는 점에서 붙여진 이름이 아닐까 한다.

그러므로 신라 조하금은 고구려 운포금의 기술적 계통을 계승한 것이라 할 수 있다. 따라서 서역으로부터 「목면의 길」을 따라 고구려에 전래된 목면은 고구려에서 백첩포 생산을 가능하게 하였고, 고구려 백첩포와 운금포의 기술은 다시 신라의 수도 경주에까지 전래되었다고 할 수 있다. 경주 지역에서 출토된 수많은 서역 계통의 유물은 이러한 사실을 간접적으로 증거하기 때문이다.

제2절 백제 능산리 사지의 목면과 바닷길의 개척

1. 백제 능산리 사지의 목면

2010년 7월 국립부여박물관에서 개최하는 「백제 중흥을 꿈꾸다 : 능산리사지」특별전에 폭 2cm, 길이 약 12cm 가량의 면직물을 공개하였다. 이는 1999년 능산리사지 6차 발굴조사 때 발견되어 보존처리 과정을 거쳐 이 때에 이르러서야 일반인에게 공개한 것이었다. 이 면직물은 능산리 사

부여 능산리사지 출토 식물성 면직물

지에서 발견된 「창왕명 사리감」으로 미루어 567년이라는 절대연대를 가진 유물로서, 이미 6세기 중엽 백제 왕실이 식물성 면직물을 사용하였던 물증으로서 주목되었다. 이는 14세기 말엽 문익점이 목면을 들여왔다는 사실과는 매우 다른 충격적인 유물이라 아니할 수 없다. 이를 반영하듯이 당시에 각종 언론 매체에서는 마치 문익점이 목면을 가져오기 800여 년 전 백제 지역에서 면화를 재배하였던 듯이 보도하기도 하였다.

사실 백제 능산리 사지 곧 능사(陵寺)에서 발견된 면직물은, 백제에서 과연 면화를 생산하였을까 하는 의구심을 자아내는 자료이다. 능사의 면직물은, 미륵사지 출토 금정(金鋌)이 강남도와의 관계를 보여주는 것처럼, 중국 강남도로부터 목면과 향료를 재래한 사실을 반영하는 것이 아닌가 한다.

6세기 중엽 백제는 중국 남북조 여러 나라와 교류하였는데, 당시에 백제는 대외 결재 수단으로서 금과 은을 사용하였다. 미륵사지 석탑에서 출토된 금정을 비롯하여 왕흥사지에서 출토된 은정, 그리고 부여 가탑리에서 출토된 '1근이 새겨진 돌 거푸집[一斤銘石製鎔范]'은 그러한 사실을 보여준다. 또한 무령왕릉에서 발견된 철제 오수전(五銖錢)은 양나라와의 교류를, 왕흥사지에서 발견된 상평오수전(常平五銖錢)은 북제(北齊)와의 교류를, 그리고 부여 일원에서 발견된 개원통보(開元通寶)는 당나라와의 교류 사실을 증거한다.

백제는 이들 중국 여러 나라와 내왕하는 과정에서 동남아시아 및 서역 제국과도 교류하였다. 당시에 각국 사신들이 양나라에 조공한 사실을 「양직공도(梁職工圖)」에서도 살필 수 있다. 「양직공도」는 526~539년 무렵 양나라 원제(元帝)가 제위에 오르기 전 형주자사(荊州刺史)로 재임할 때에 그린 것이다. 여기에는 백제·왜국의 사신을 비롯하여 서역의 파사국(波斯國)·구자국(龜玆國), 중국 남해중의 낭아수국(狼牙修國), 중국 서양주(西涼州) 경계의 등지국(登至國), 그리고 활국(滑國)의 주변 소국인 주고가국(周古柯國), 아발단국(阿跋檀國), 호밀단국(胡蜜丹國), 흉노 주변의 나라인 호인(胡人)들의 백제국(白題國), 그 밖의 말국(末國) 등의 사신들을 확인할 수 있다. 양무제 천감 11년(512) 4월에 백제는 부남(扶南)·임읍국(林邑國) 등과 함께 양나라에 방물을 바쳤으며, 대동 7년(543)에는 활국(滑國)·탕창(宕昌)·연연(蠕蠕)·고구려 등과 함께 양나라에 조공하였다. 이는 부남·임읍 및 활국·탕창·연연의 사신들과 백제 사신들이 자연스럽게 교류할 수 있었음을 의미

미륵사지 서탑 출토 생금과 금정(좌 : 문화재청 보도자료, 우 : 특별전시회)

미륵사지 서탑 출토 명문 금정

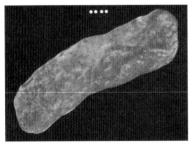
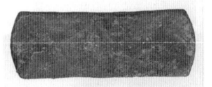

전 왕흥사지 출토 금판(좌)과 은판(우)

한다.

일본 흠명천황 4년(543)에 백제는 전부 내솔 진모귀문(眞牟貴文)·호득(護得) 기주기루(己州己婁), 물부(物部)의 시덕(施德) 마기모(麻奇牟) 등을 일본에 사신으로 보내어 부남국의 재물을 바쳤다고 하였다. 이는, 백제가 양나라에 조공하면서 인도차이나반도 남동부 메콩강 하류의 부남국과 교류하였

무령왕릉 출토 서수와 묘지석 및 철제오수전(국립공주박물관)

부여 능산리 절터 출토 개원통보
(국립부여박물관)

부여 가탑리 출토 1근이 새겨진 돌 거푸집(국립부여박물관)

던 사실을 보여준다. 따라서 백제가 양나라와 교류한 것은 조공이라는 정
치적 의미 이외에 서역·중앙아시아·동남아시아 각국과의 문물교류라는
성격을 띤 것으로 보아 좋을 것이다.

그후 황극천황 원년(642) 2월에 "백제 사신이 곤륜(崑崙)의 사신을 바다
에 던진" 사건이 있었다. 이 사건은, 중국 남조와 교류하던 백제가 왜국과
의 교역을 희망하는 곤륜국 사신을 바다에 던짐으로써 '중국-백제-왜'의
바닷길을 독점하고자 한 의도로 풀이되기도 한다. 이러한 사건이 일어난
데는 지금의 베트남 남부로부터 인도네시아 일부지역에 걸쳐 있던 곤륜국
과 백제간에 교류가 있었던 데서 가능한 사건이었다.

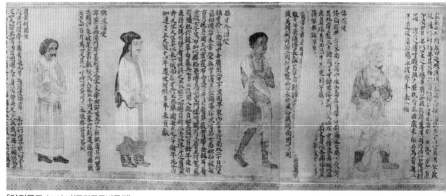

「양직공도」(모사도)(국립공주박물관)

　백제는 양나라 등 중국 남조의 나라와 통교하여 중국의 문물을 수용하는 한편으로 동남아시아 및 서역 각국 사신들로부터 동남아시아와 서역의 문물을 받아들였다. 능사에서 발견된 식물성 면은 이러한 과정에서 동남아시아산 면이 백제에 전래된 것으로 보아 좋을 것이다. 『한원』에 보이는 고구려의 백첩포가 내륙 중앙아시아를 통하여 전래된 것이라면, 백제 능사의 식물성 면직물은 양나라로부터 바닷길을 거쳐 전래된 것으로서 의미 지을 수 있다.

2. 백제의 바닷길 개척과 교역항 개설

(1) 서해 북부 연안항로의 개척

　백제 능사의 식물성 면직물은, 그 한반도 전래가 바야흐로 육로로부터 바닷길로 바뀌게 되는 상징적인 유물이라고 할 수 있다. 이와 같은 바닷길은 이미 삼한시대로부터 개발되어 낙랑·대방을 거쳐 중국 대륙과 연계되었다. 이른바 서해 북부 연안항로가 그것이다.

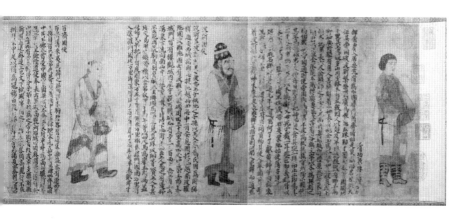

　한강유역에 위치한 백제는 근초고왕대에 비로소 동진과 교류하여 중국의 문물을 수용하였고, 그 이전에는 마한 주변의 속국으로서 주로 요하유역의 동이교위를 통하여 중국의 문물을 수용하였다. 1984년과 1985년, 그리고 1987년 서울대 박물관이 시행한 몽촌토성 발굴조사에서 동진의 자기조각과 서진의 동전무늬 도기, 그리고 중국 남조의 자기 벼루조각을 발굴한 것이나, 한신대학교 박물관이 풍납토성 중앙부 북쪽에 위치한 경당지구 발굴(1999.9.~2000.5, 2008.2.~2008. 8.) 과정에 중국제 도기가 가득찬 창고를 발견하였던 것은, 한강 유역의 백제가 서진으로부터 동진, 중국 남조에까지 교류하였다는 물증이다.

　다만 백제와 중국이 교류하기 시작한 때가 언제부터인가 하는 것은 백제의 고대국가 성립문제와 관련하여 학계의 주요한 논쟁점이다. 『진서(晉書)』에 따르면 백제의 국명으로 중국과 교류한 것은 동진 간문제(簡文

청자 뚜껑 항아리[靑磁有蓋四耳壺, 공주 수촌리 출토, 동진 4~5세기](한성백제박물관)

한성백제기 중국계 유약바른 도기(한성백제박물관)

帝) 함안(咸安) 2년(372)의 일이다. 당시에 근초고왕은 동진에 사신을 파견하여 조공하고 진동장군 영낙랑태수(鎭東將軍領樂浪太守)의 책봉을 받았다. 이는 근초고왕 24년(369) 고구려 고국원왕의 보병과 기병 2만여 병을 격퇴하고, 동왕 26년(371) 패하(浿河)에서 다시 고구려군을 물리쳐 평양성을 공격하여 고국원왕을 전사시킴으로써, 그 이듬해에 그러한 사정을 동진에 알린 데 대한 책봉호였다. 따라서 근초고왕의 낙랑태수의 칭호는 옛 낙랑지역에 대한 실질적 지배를 인정한 동진의 책봉이라고 할 수 있다. 사실 근초고왕의 낙랑태수라는 칭호는 중국과의 교역 지점이라 할 수 있는 한강유역과 옛 낙랑지역을 확보한 데 따른 것이었다.

그런데 『진서』 모용황전(慕容皝傳)에는 함강(咸康) 8년(342) 당시에 모용황의 도성인 용성(龍城, 후일의 柳城)에 전쟁으로 강제 이주된 고구려인과 백제인들이 많았다고 전한다. 또한 『자치통감(資治通鑑)』 진기(晉紀) 효종목황제(孝宗穆皇帝) 영화(永和) 2년(346)조에는, 처음에 부여가 녹산(鹿山)에 거주하였는데 백제의 침입을 받아 부여의 부락이 흩어져 서쪽 연나라 가까이에서 살게 되었고, 영화(永和) 2년(346)에 모용황의 공격을 받아 그 왕과 부락, 5만여 명이 포로로 잡혔다고 한다. 이 두 기사는 백제사의 쟁점인 이른바 '백제 요서경략설'의 주요한 논거이지만, 340년대 당시에 과연 백제의 국력으로써 요서지역에까지 진출할 수 있었을까 하는 회의론이 강하게 제기되고 있는 실정이다.

만일 『진서』 모용황전의 기사대로 백제인이 전쟁으로 용성 지역에 강제 이주된 것이라면, 그것은 평양과 황해도 일대의 낙랑·대방이 고구려에게 점령되고 나서 동 군이 모용씨의 세력하에 있는 중국 동북부의 요하유역으로 옮겨진 때문이 아닐까 추측할 수 있다. 사실 낙랑·대방은 평양과 황해도 지역에 있을 때부터 백제와 빈번하게 교류하였다. 그런데 고구려가 평양과 황해도 지역의 낙랑·대방지역으로 남하함에 따라 중국 군현은 그 치소를 요하유역으로 옮겨 갔던 것이다. 이 때에 이들 중국 군현과 교류하거나 동 지역에 살던 백제인들도 함께 옮겨 갔을 가능성이 높다. 따라서 『자치통감』의 부여인 사민 기사에서 '백제가 (부여의 녹산에) 침입하였다'는 것은 바로 낙랑·대방의 옛지역으로부터 요하유역에 옮겨 살게 된 백제인들이 부여의 영역으로 들어간 사실을 반영하는 것이 아닌가 추측할 수 있다.

백제인들이 옮겨 집단으로 거주하였다는 부여의 녹산이나 용성 지역은 진나라의 동이교위가 설치되었던 지역으로서, 마한왕이 287년, 289년, 290년에 사신을 보내어 조공하였던 곳이기도 하다. 백제 또한 마한왕과 함께 이들 동이교위와 교류하였을 가능성이 높다. 이러한 역사적 경험으로 말미암아, 백제는 근초고왕대에 중국과의 교역 거점이 되는 옛 낙랑지역을 점거하여 중국 요하 유역의 세력과 교역할 수 있는 전초 기지를 마련하고, 직접 중국 조정과 교역할 수 있는 발판을 마련한 것으로 추측된다.

백제의 평양·황해도 지역의 옛 낙랑 지역에 대한 점거는 오래 가지 못했지만, 한강을 관문으로 하는 한성을 중심으로 새로운 바닷길을 개척함으로써 중국과 지속적으로 교류하여 중국의 선진 문물을 수용하고자 하였다. 당시에 백제가 중국 조정과 교류한 바닷길은 분명하지 않다. 그러나 『남제서』 백제전에 전하는 동성왕(牟大)의 표문에서 그 루트를 짐작할 수 있다.

영명(永明) 8년(490) 정월의 동성왕(牟大) 표문에는, 태시(泰始, 465~471)연간에 송나라에 보낸 사신들에게 중국 광양태수(廣陽太守), 조선태수(朝鮮太守) 등의 관작을 내린 전례에 비추어 영명 8년(490)의 사신에게도 대방태수(帶方太守), 청하태수(淸河太守)의 관작을 내려줄 것을 청하였다. 또한 건문(建武) 2년(495)에는 북위의 침략을 격퇴한 백제 장군들에게 군호를 청함과 아울러 사신들에게도 낙랑태수, 성양태수(城陽太守), 조선태수의 관작을 청하였다.

이처럼 중국의 송과 남제가 백제 사신에 대해 관작을 사여한 것은 당시 백제와 남조간에 있었던 외교적 관례였다. 이들 지역은 모두 발해만과 중국 동안에 위치한다. 이들 관작을 사여한 까닭으로 '파도의 험난함을 무릅쓰고 건너 그 지극한 정성을 다하였으니'라고 일컬은 데서, 중국 남조의 조정은 백제사신들에게 바다를 건넌 사행길의 고초를 이겨낸 데 대하여 위로의 차원에서 이들 관작을 사여한 것이라 할 수 있다.

태시연간(465~471)의 백제 사신 고달(高達)과 양무(楊茂)가 송나라로부터 각각 광양태수(廣陽太守)와 조선태수(朝鮮太守)를 사여받았는데, 영명 8년(490)에는 각각 대방태수(帶方太守)와 광릉태수(廣陵太守)라는 새로운 직함을 받은 바 있다. 기왕에 양무(楊茂)가 받았던 조선태수직을 건무 2년(495)에는 장색(張塞)에게 새로이 내린 것, 그리고 광릉(廣陵)이 북위가 아닌 남조측의 군 이름(郡名)이라는 점은, 이들 지역에 대한 관작의 사여는 외교 의례상의 형식적인 것임을 의미한다. 따라서 이들 관작은 실직이라기보다는 일종 명예직임이 분명하다. 아울러 572년 위덕왕이 북제로부터 동청주자사라는 직함을 책봉받은 것도 중국 산동반도 일원을 거쳐 북제에 사행한 사실에 대한 명예직으로 볼 수 있지 않을까 한다.

이들 각 시기별 백제 사신들이 받은 관작은, 조선(朝鮮)-광양(廣陽), 대방(帶方)-청하(淸河)-광릉(廣陵), 낙랑(樂浪)-조선(朝鮮)-성양(城陽) 등으로, 발해만과 중국 동안을 경유하여 남제의 수도 건강[建康, 南京]에 이르는 교통로에 위치하였다. 이는 백제의 사신들이 '파도의 험난함을 무릅쓰고 바다를 건너 그 지극한 정성을 다한' 데 대한 중국 군현명의 관작으로써 위로하고자 한 조치였다.

그런데 『수서』와 『북사』에서는 백제가 대방의 옛 땅[帶方故地]에 처음 나라를 세워 한(漢) 요동태수 공손도의 딸과 혼인함으로 인하여 점차 창성하여 동이의 강국이 되었다 하였다. 또한 백제(百濟)라는 국호를 '백 개의 가문이 바다를 제어한다[百家制海]'라는 의미로써 소개하고, 백제에는 신라, 고구려, 왜 및 중국인이 섞여 살고 있다고 하였다. 이러한 중국인의 인식은, 『삼국지』 위지 동이전에서 삼한의 소국 가운데 하나로 인식한 데서 벗어나, 수나라 때에 이르러 백제를 해상 강국으로 인식한 결과라고 할 수 있다. 사실 백제는 진나라 때 이래로 중국 동부 연안을 따라 매우 왕성하게 중국을 내왕하였고, 이러한 배경에는 백제의 해상력이 현재 상상하는 이상으로 강력한 데 있었다고 할 수 있다.

『신·구당서』 백제전에서 당나라 측천무후가 의자왕의 손자 여경(餘敬)으로 하여금 백제국왕의 뒤를 잇게 하였으나, 신라와 발해말갈이 그 땅을 이미 나누어 차지하였기 때문에 백제의 왕통이 드디어 끊어졌다고 일컬은 바 있다. 또한 최치원은 그의 「상대사시중장(上大師侍中狀)」에서 "고구려와 백제의 전성 시기에 강병이 100만 명에 이르러 남쪽으로 중국의 오·월(吳·越) 지역을 침략하고, 북쪽으로 유연·제·노(幽燕·齊·魯) 지역을 어지럽혀 중국의 큰 해독이 되었다"고 일컬었다. 이러한 기록이 남게 된 것은, 백제가 해상력을 바탕으로 요하유역에 진출하여 그 곳에서 활동함으로써 측천무후 때까지 회자되었고, 그것이 최치원이 활동하던 9세기 무렵까지 전해져 약간의 과장된 형태로 전승된 때문이 아닌가 한다. 아무튼 이러한 전승이 남게 된 데는, 백제의 해상력이 고구려와 함께 중국 발해만 연안 뿐만 아니라 중국 강남 연안까지 미쳤던 사실로 말미암은 것이라 여겨진다.

그러므로 5세기 중후반 백제 사신들이 발해만과 중국 동안을 경유하여 남제의 수도 건강[建康, 현 南京]에 이르는 교통로에 위치한 중국 지역의 관작을 받은 것은, 그것이 명예직에 불과하지만 당시에 백제인들이 발해만을 거쳐 중국 남조에 이르는 바닷길을 이용하였던 사실을 보여준다. 아마도 백제 사신들이 관작을 요청한 지역에는 이미 4세기 전반부터 중국 연안지방에 백제인들의 집단 거류지가 형성되었고, 이들 지역을 백제 사신들이 중국 남조와 내왕하는 데 중간 기착지로서 활용하지 않았을까 추측된다.

백제사의 논란이 되는 요서진출설은 이러한 배경에서 비롯한 것일 가능성이 높다. 아직 서해 중부 횡단항로가 개발되지 않은 상황에서 백제의 사신들이 관작을 받은 대방(帶方)-낙랑(樂浪)-[조선(朝鮮)-광양(廣陽)]-[성양(城陽)]-청하(淸河)-광릉(廣陵)을 연결하는 선은, 중국에 이미 뿌리를 내리고 있는 백제인의 집단거주지일 가능성이 높다. 이 지역은 사신 내왕의 일종 중간 기착지로서, 백제와 중국 남조를 잇는 북부 연안항로이기도 하였다.

(2) 서해 중부횡단항로 및 남부사단항로의 개척과 교역항 개설

백제는 웅진으로 천도한 이후에도 남조의 송(宋), 제(齊), 양(梁)을 비롯하여 북조의 위(魏), 북제(北齊), 북주(北周), 수(隋) 등과 통교하였다. 먼저 북조와는 기왕의 서해 북부 연안 항로를 이용하였고, 새로이 서해 연안을 따라 덕물도(德物島)를 거쳐 산동반도에 이르는 항로를 개척하였다.

백제는 개로왕 18년(472) 북위에 사신을 보내어 '고구려가 사행길을 막는다'고 호소하였다. 이에 북위의 현조(顯祖)는 소안(邵安)을 보내어 백제 사신을 호송하도록 하였다. 그러나 고구려 장수왕은 옛날 개로왕과의 원수 관계를 들어 이들을 통과시키지 않았다. 이 때에 북위가 이용하고자 한 항로는 고구려의 영해를 거쳐 백제에 이르는 서해 북부 연안 항로였을 것이다. 고구려에 의해 서해 연안 항로가 봉쇄되자 백제는 새로운 항로를 개척해야 했다.

북위는 백제 문주왕 1년(475) 소안 등을 산동반도의 동래(東萊)로부터 바다를 건너 백제에 사신으로 파견하였다. 이는 비록 성사되지 못하였으나, 이 때에 북위는 산동반도의 동래로부터 백제의 서해안에 이르는 중부 횡단항로를 이용하고자 하였음을 알 수 있다. 이 바닷길은 백제 멸망기에 이르기까지 수·당 등 중국 통일제국과의 교통로로 활용되었던 것으로 보인다.

중국 남조와 교류가 잦았던 백제는 고구려 수군의 방해에도 불구하고 최소한 무령왕대까지는 이 항로를 이용하여 중국 강남도에까지 이르렀던 것으로 보인다. 곧 웅진으로 수도를 옮긴 백제는 금강 하구로부터 서해 연안을 따라 북상하여 덕물도 부근에서 서해를 횡단하여 산동반도에 이르고, 다시 산동반도에서 중국 연안을 따라 남하하여 양자강 일대에 이르는 항로를 이용하였다.

그런데 백제는 문주왕 2년(476) 송나라에 사신을 보내었으나 고구려가 길을 막아 성사되지 못하였다. 동성왕 6년(484)에는 내법좌평 사약사(沙若思)를 남제에 사신으로 파견하였으나 서해중에서 고구려병을 만나 실행하지 못하였다.

이와 같이 중국과 내왕이 여의치 않았던 백제는, 무령왕 2년(521)에 '여러 번 [고]구려를 무찌르며 [싸웠으나] 이제 비로소 우호관계를 맺게 되어, 백제가 다시 강국이 되었다'고 양나라에 표를 올렸다. 이는, 백제가 이 무렵에 해상력을 회복하고 고구려와 우호관계를 맺게 됨으로써 서해 중부횡단항로를 이용할 수 있게 되었다는 의미로 풀이된다. 그후로도 이 항로는 계속 유지되지 않았을까 추측된다. 백제는 북위와 교섭하였을 뿐만 아니라 북위를 계승한 동위, 그리고 수·당과도 교류하였으므로, 중국 연안을 따라 내왕하는 데 큰 문제는 없었다고 여겨지기 때문이다. 572년 위덕왕이 북제로부터 산동반도 일원을 아우르는 동청주 지역의 자사라는 직함을 책봉받

「양직공도」의 백제사신도(남송 11세기, 한성백제박물관, 2013.12, 「왕도 한산」 특별전)

은 것은 이 항로의 안정적인 운영과 관련될 것이다.

그후 무왕 27년(626) 백제가 당나라에 사신을 보내 고구려가 조공의 길을 막는다고 호소한 것은, 이 때에 이르러 고구려의 수군이 서해 중부 횡단 항로까지 세력권에 두었던 사정을 반영한다. 660년 당나라 소정방이 이 항로를 이용하여 백제를 공격한 것은, 이 항로가 7세기에 들어서서 매우 안정적인 항로로 각국이 인정하고 있었음을 의미한다.

그러나 백제가 서해 중부 횡단항로를 이용하는 데는 고구려의 잦은 방해를 받지 않을 수 없었다. 곧 문주왕 2년(476)이나 동성왕 6년(484)에 송과 남제에 보낸 백제 사신이 서해 중에서 고구려 군사를 만나 실행하지 못한 것은 그러한 정황을 보여준다. 이에 백제는 고구려의 간섭을 배제하고 안정적으로 중국 남조와 교류할 수 있는 새로운 바닷길을 필요로 하였다.

서해 남부 사단항로의 개척은 그러한 필요의 결과일 것이다. 백제 서해 연안으로부터 흑산도(黑山島)를 거쳐 중국 강남도의 명주(明州)에 이르러, 다시 중국 연안을 따라 북상하여 양자강지역에 이르는 항로가 바로 그것이다. 이를 언제부터 상설적으로 운용하였는지는 명확하지 않다.

백제가 서해 남부사단항로를 확보한 시점은, 위덕왕 36년(588) 수나라가 중국 남조의 진(陳)나라를 평정하고 그 전선(戰船)이 표류하여 백제의 탐모라국(耽牟羅國)에 닿았다가 백제를 통과하여 돌아갔다는 데서 최소한 6세기 후반 이전이라 할 수 있다. 『삼국사기』 신라본기에는 진평왕 9년(587) 대세(大世)와 구칠(仇柒)이 오월로 들어가 스승을 찾고자 남해에서 배를 타고 떠났다는 기사를 전한다. 또한 「관세음응험기(觀世音應驗記)」에는 백제의 구법승 발정(發正)이 양(梁) 천감(天監, 502~519)중에 중국에 들어가 30년여 구법활동을 하다가 월주로부터 귀국하였다고 하는 바, 월주로부터 흑산도를 거쳐 서해 연안에 이르는 항로를 상정할 수 있다. 만일 발정이 서해남부사단항로를 거쳐 귀국하였다면, 532~549년 무렵에는 백제로부터 월주로 향하는 직항로가 확보된 셈이고, 그후 신라의 대세와 구칠도 이 항로를 통하여 오월 지방에 들어가고자 하였던 것으로 이해된다.

그러므로 백제는 웅진·사비시기 어느 시점까지 서해중부횡단항로를 이용하여 남북조와 통교하고 그후 서해남부사단항로로써 중국 강남도 지방과 교류하였음을 인정할 수 있다.

한편 백제 무왕 9년(610) 수나라는 왜국(倭國)에 문림랑(文林郎) 배청(裴淸)을 사신으로 보내면서 백제의 남로(南路)를 거쳐 갔다고 하였다. 이로써 백제가 수나라-백제-왜에 이르는 항로를 확보하였음을 알 수 있다. 따라서 『구당서』에서 백제 강역이 '서쪽으로는 바다를 건너 월주(越州)에 이르며, 남쪽으로는 바다를 건너 왜국(倭國)에 이르고, 북쪽으로는 바다를 건너 고구려(高[句]麗)에 이른다'고 한 것은, 백제가 중국 강남도의 월주와 왜국, 고구려와 바닷길을 통하여 연결된 사실을 보여주며, 이에 따라 각 국에 이르는 항로를 개발하여 운영하였음을 증거한다.

여기에서 백제가 중국 강남도에 이르는 직항로를 운영하게 된 직접적인 계기나 시점, 그리고 백제의 대중국 항로의 기점 등을 분명히 알 수는 없다. 백제는 두 차례에 걸쳐 수도를 옮겼던 만큼, 아마도 백제가 수도를 옮김에 따라 중국·일본과 교역할 수 있는 새로운 교역항을 개설하였을 것이다.

한성시기 백제의 중국과의 교역항은 한강 하구지역이나 당항성 정도였을 것이다. 그런데 백제가 웅진으로 천도한 직후에 중국과 통하는 서해 중부 횡단항로의 기점은 예산의 내포(內浦)나 태안반도 보령군 남포(藍浦), 서산군 해미(海美) 지역이었을 것으로 생각된다. 내포는 황해도 남부지방에 본부를 둔 진번군의 전진기지 삽현의 소재지로 비정되고, 남포는 백제시대 사포현의 소재지이며, 해미는 지황 연간(A.D. 20~22)에 진한 우거수 염사착이 낙랑군에 귀화할 때의 근거지였던 것으로 추정되고 있다. 따라서 이들 지역은 일찍부터 해로를 통하여 황해도지역과 긴밀한 접촉이 있었던 곳이라 할 수 있다.

해미와 남포 등 태안반도 일원은 북제 양식의 불상이 유입된 경로로 지적되고 있다. 예산 사면석불이 내포를 통하여 유입된 것이라면, 태안의 마애삼존불상이나 서산의 마애삼존불상은 산동반도 지역의 불상 양식과 통하는 것으로서 백제의 가장 절정기 불상 양식이라고 한다. 이는 바닷길을 통하여 태안반도 일원에 유입된 것으로 평가된다.

내포를 경유한 경로는 내포만 일정 지역을 기점으로 아산-공주로 이어지는 비교적 평탄한 내륙로를 상정할 수 있지만, 경기만 일대의 고구려·신라와의 정치·군사적 세력관계에 따라 통로의 안정성이 좌우되었다. 태안반도 포구 곧 남포, 해미 등을 경유한 경로는 차령산맥을 넘어야 하는 문제가 있지만 북조 형식의 다양한 불교유적을 간과할 수 없는 바, 태안반도 해미로부터 서산-삽교-예산-공주(웅진)로 이어지는 경로나 남포로부터 홍산-부여-공주로 이어지는 루트를 상정할 수 있다.

서산 마애삼존불

그런데 웅진·사비 시기는 삼국이 한강유역을 놓고 치열하게 전투를 벌이던 때였다. 특히 개로왕의 전사 이후 이들 지역은 고구려의 영향력 하에 있었다. 위덕왕 1년(554) 고구려의 웅천성(熊川城) 공격에서 볼 수 있듯이 내포만이나 태안반도 일대는 고구려의 침입에 쉽게 노출되는 지역이었다. 이에 안정적이면서 백제 수도와의 접근이 용이한 지점에 대외 교역항을 개설해야 했을 것인 바, 공주·사비와 수로로 연결되는 금강유역을 주목할 수 있다.

부안 죽막동 제사유적에서 발견된 청자는 중국·왜와의 교역을 통한 부산물일 것으로 추정되고 있다. 또한 익산지역에서는 부여지역과 함께 청자연화문육이병편(青磁蓮花紋六耳瓶片)과 백자편(白磁片) 등 6~7세기의 다양한 북조 도자기편이 발견되었다. 이는 조공무역의 차원을 넘어선 이른바 '무역도자'로서 일컬어지기도 한다. 이로써 보건대 익산지역은 일찍부터 백제의 수도권과 별개로 금강 일원을 근거로 독자적인 세력을 형성함으로써 중국 등과 활발히 교역하였음을 알 수 있다.

쌍범당도리선(雙帆唐道里船) 1/20 축소모형(한성백제박물관, 2013.12, 「왕도 한산」 특별전)

특히 금강 하안유역의 익산 웅포면 입점리·웅포리·나포리 고분은 5세기 중·후반경 마한문화로부터 백제문화로 이행하는 과도적 양상을 보여준다. 웅포 입점리에는 금동관모를 비롯한 화려한 유물이 부장된 백제 중기의 고분군이 있는데, 백제 중앙 특히 웅진과의 관련성이 많은 것으로 지적되고 있다. 이들 유물을 출토한 백제정복자들의 묘제인 횡혈식 석곽분, 특히 횡혈식 석실분에 대해서는 신구문화의 접촉에 의한 문화변용의 모습을 드러내는 것으로서 평가된다. 또한 입점리 고분군에서 출토된 청자사이호(罐)(靑磁四耳壺(罐))는 석촌동 고분 출토 청자사이호와 공주 송산리 무령왕릉 출토 청자육이호(靑磁六耳壺)의 사이인 5세기 후반경으로 추정된다. 따라서 무령왕이 즉위 초에 이 지역을 개발한 것은, 기왕에 이 지역의 중국과의 교역의 잇점을 충분히 활용하기 위해 백제 중앙정부가 이 지역을 직접 통치하고자 한 조치일 것이다.

백제는 동성왕 23년(501) 가림성(加林城)을 축조하여 백가(苩加)를 진수시켰으나 백가가 난을 일으킴으로써 이를 진압한 무령왕 즉위년부터 금강

하안 곧 웅진강 유역을 본격적으로 개발하였을 것으로 생각된다. 특히 가
림성은 당군과의 전투 때에 '험하고 견고하며 수륙의 요충지'로서 일컬어
진 바, 이미 동성왕 23년에 백강에서 웅진강으로 이어지는 수로와 이로부
터 사비성으로 이어지는 육로를 지키기 위하여 축조된 것으로 이해된다.
가림성은 임천(林川) 성흥산성(聖興山城)으로 추정되기도 하는데 산 아래는
남당변(南塘邊)으로서 웅포의 건너편이 된다. 이 웅포는 조선시대에 남북
의 상선이 드나들어 해외의 산물이 모여드는 곳이었다.

　의자왕 20년(660) 소정방의 당군은 중국 산동반도 성산(城山)을 출발하
여 덕물도[경기도 甕津郡 德積島]를 거쳐 서해 연안을 타고 내려와 백강(白江)
을 지나 웅진강구에 도착하였다. 그들은 웅진강 입구를 막던 백제병을 물

리치고 조수를 타고 웅진강에 들어가 사비 30리[一舍] 전방에서 진을 쳤다. 당시 소정방의 군대는 52~68명 정도를 태운 전선(戰船) 1,900여 척으로 추정된다. 따라서 웅진강 안쪽 어디엔가 이들 대규모 대형 전선의 기착지가 있었음이 분명하며, 그곳은 아무래도 웅포일 가능성이 높다. 이 웅포는 웅진·사비시기 백제의 수도를 잇는 교역항으로서 기능하였던 것으로 보이거니와, 금강 하안유역의 익산 웅포면 입점리·웅포리·나포리 고분의 존재는 그러한 사정과 무관하지 않을 것이다.

제3절 신라의 백첩포와 동아시아 해역

1. 신라의 조하금과 백첩포

『삼국지』동이전에는 3세기 무렵 진한지역에 이미 누에를 치고 뽕나무를 길러 면을 생산하였다고 전한다. 진한 지역에서의 면의 생산은 후일 신라가 고대국가로 성장한 이후에 비단을 생산하는 기술을 습득할 수 있는 바탕이 되었다. 당시 신라의 중국에 대한 조공품은 왕실이 운영하는 궁중 수공업장에서 생산하였다. 이들 직물류의 조공품은 5~6세기 무렵의 견(絹)·백(帛)·세포(細布)류, 7세기 무렵의 금총포(金總布)·금(錦)·금백(金帛)·무늬 있는 비단(綾)·여러 빛깔의 비단(雜彩)류를 비롯하여 20승포(升布)·30승포·40승포, 8세기 무렵의 조하주(朝霞紬)·어하주(魚霞紬)와 모직물로서의 화전(花氈)·색모전(色毛氈), 양모(羊毛)를 주성분으로 하여 직조[濕織]한 문양있는 페르시아산 직물로서 평상에 까는 자리[坐具]인 5색구유(五色氍毹), 9세기 무렵의 대화어아금(大花魚牙錦)·소화(小花)어아금·조하금(朝霞錦)·30승저삼단(紵衫段)·40승백첩포(白氎布)·기신라조(綺新羅組) 등의 발전 양상을 보인다. 이는 그 생산과정 곧 '뽕나무의 재배[栽桑]-누에치기[養蠶 : 또는 栽麻]-고치실[삼]켜기[繰絲]-실의 정련[練絲 : 精練 후에 漂白]-옷감짜기[織調]-염색[印染]-옷감의 종류[織品]-옷의 제조[製衣]'과정에서 옷감 종류[직품]의 발달정도를 보여준다.

그런데 『한원』에는 고구려에서 생산되는 비단으로 자주빛 바탕에 홀치기 무늬가 있는 것[紫地纈文者], 오색 비단[五色錦], 구름무늬 펼친 비단[雲布錦]과 백첩포(白疊布)·청포(靑布)를 소개하였다. 이들 가운데 오색 비단[五色錦]은 신라의 여러 빛깔의 비단[雜彩]이나 5색구유(五色氍毹)에 상응하며, 운포금(雲布錦)은 '구름무늬 펼친 비단'이란 이름이므로 '아침 노을 무늬'를 뜻하는 신라의 신라의 조하주·조하금의 조하(朝霞)와 통하는 이름이다. 또한 청포는 7세기 무렵 신라에서도 생산되는 것이었다. 이는 신라의 비단 만드는 기술이 고구려와 일정한 관계를 지녔음을 의미한다. 특히 조하금은 목면인 길패로 만든 조하포와 관련된 이름이므로, 길패로 만든 고구려의 백첩포와 밀접한 관계가 있다고 할 수 있다. 7세기 무렵 신라의 비단 직조기술은 고구려의 비단 직조 기술이나 운포금, 백첩포 등과 기술적 계통을 전승하였다고 볼 수 있다.

고구려·신라에서 생산된 청포와 관련하여서는 김춘추의 일화가 전한다. 곧 김춘추가 고구려에 군사를 청하러 갔을 때에 고구려 대신 선도해를 청포 300보로써 매수하고, 선도해가 「거북이와 토끼 간 우화」로써 김춘추의 탈출을 도왔다는 일화가 있다.

김춘추가 청포(靑布) 3백 보를 [고구려] 왕이 총애하는 신하 선도해(先道解)에게 몰래 주었다. [선]도해가 음식을 차려 와 함께 술을 마시다가 [술자리가] 무르익자 농담하듯 말하였다.

"그대는 또한 일찍이 거북이와 토끼의 이야기를 들어보았소? 옛날 동해 용왕의 딸이 심장에 병이 났는데 의원이 '토끼의 간을 얻어 약을 지으면 치료할 수 있습니다.'라고 말하였소. 하지만 바다 속에는 토끼가 없으니 어찌하지 못하였소. [그러던 차에] 거북이 한 마리가 있어 용왕에게 '제가 능히 그것을 얻을 수 있사옵니다.'라고 아뢰었소. 이윽고 육지에 올라 토끼를 보고는 '바다 속에 섬이 하나 있는데 샘은 맑으며 돌은 하얗고 수풀은 무성하고 과일은 맛이 좋으며 추위와 더위는 이르지 못하고 매와 송골매도 침입하지 못한다. 네가 만일 [그곳에] 가기만 한다면 편안하게 살 수 있어서 걱정이 없을 것이다.'라고 말하였소. 이로 인해 토끼를 등에 업고 2~3리 정도 헤엄쳐 가다가 거북이가 돌아보며 토끼에게 '지금 용왕의 딸이 병이 들었는데, 모름지기 토끼의 간이 약이 되는 까닭에 수고를 꺼리지 않고 너를 업고 왔을 따름이다.'라고 하였소. [그러자] 토끼가 말하였소.

'아! 나는 신명(神明)의 후예라 능히 오장(五藏)을 꺼내 씻어 넣을 수 있다. 일전에 잠시 마음이 어지러워 마침내 간과 심장을 꺼내 씻어 잠깐 바위 아래에 두었는데 너의 달콤한 이야기를 듣고 곧바로 오느라 간은 여전히 거기에 있으니 어찌 간을 가지러 되돌아가지 않겠는가. 그렇게 하면 너는 구하는 것을 얻게 되고 나는 비록 간이 없어도 또한 살 수 있으니 어찌 양자가 서로 좋지 않겠는가.'

거북이는 그 말을 믿고 돌아가 겨우 해안에 이르렀는데 토끼가 도망치며 풀 속으로 들어가 거북이에게 '어리석구나, 그대여. 어찌 간이 없이 살 수 있는 자가 있겠는가?'라고 하였소. 거북이는 근심하며 아무 말도 못하고 물러갔소.'(『삼국사기』 권 41, 열전 1, 김유신)

『삼국사기』 김유신전에 실린 이 이야기는, 642년 백제의 압박에 시달리던 신라가 김춘추를 고구려에 보내 군대를 청하는 과정에서 나온 이야기이다. 당시에 고구려 보장왕은 죽령 이남의 땅은 본래 고구려의 땅이므로, 이를 고구려에 돌려주면 신라를 돕는 군대를 보내 주겠다고 하였다. 이에 김춘추는 신하된 자로서 한 나라의 영토를 돌려주는 것은 할 수 없다고 함으로써 감금되기에 이르렀다. 이 때에 김춘추가 청포(青布) 3백 보를 [고구려] 왕이 총애하는 신하 선도해(先道解)에게 주자, 선도해가 토끼의 간 우화를 이야기해 준 것이다. 이에 따라 김춘추는 이 우화의 의미를 깨닫고, 보장왕에게 죽령 이남의 땅을 돌려 주도록 신라왕을 설득해 보겠노라 하고 고구려로부터 풀려 날 수 있었다는 이야기이다.

김춘추가 선도해가 주었다는 청포는, 신라 선덕여왕 11년(642) 김춘추가 고구려와 군사적 동맹을 체결하기 위해 고구려로 들어갈 때에 신라 대매현(代買縣) 두사지사간(豆斯支沙干)이 김춘추에게 증여한 것이었다. 이는 신라 궁중수공업장 외에 지방에서도 이들 비단류에 대한 독자적인 생산체계를 갖추고 있었음을 의미하며, 그것은 고구려의 청포 생산과 모종의 관계가 있었으리라 짐작된다.

그러나 7세기 무렵 신라가 이미 청포 등 비단류를 생산하였다 하더라도, 백첩포를 생산하지는 못하였다. 신라에 있어서 백첩포는 경문왕 9년(869) 당나라의 조공품으로서 처음으로 등장한다. 이는 목면을 재료로 하는 것으로서, 신라의 경우 이들 직물 소재를 확보할 수 없었기 때문이다.

따라서 신라가 9세기에 이르러서야 백첩포를 생산하였다는 것은, 그 때에 이르러서야 이들 직물 소재인 목면을 확보할 수 있었음을 의미한다. 이들 목면의 확보는 아무래도 일본과의 교역의 결과가 아닌가 한다.

일본의 『유취국사(類聚國史)』에는 연력 19년(800) 4월에 표류한 곤륜인(崑崙人)이 면의 씨앗[綿種]을 전래하여 기이(紀伊)·담로(淡路)·아파(阿波)·찬기(讚岐)·이예(伊豫)·토좌(土佐) 및 대재부(大宰府) 등에 심게 하였다고 한다. 여기에서 곤륜인이 가져온 '면의 씨앗[綿種]'이란 것으로 보아, 곤륜산 식물성 목면의 종자였음이 분명하다. 그런데 10세기 초(905~927)에 완성된 「연희식(延喜式)」에서는 일본 월중국(越中國)의 조(調)로서 '백첩면(白疊綿) 200첩(帖)'을 부과한 사실을 살필 수 있다. 이를 견면(絹綿)으로 이해하기도 하지만, 백첩(白疊)이란 길패(吉貝) 등으로 일컫는 목면을 전제로 하는 명칭인 만큼, 10세기 초엽 일본에서는 이미 연력 19년(800)에 전래된 곤륜산 면을 성공적으로 재배하였음을 알 수 있다.

일본에 곤륜산 면이 전래된 9세기 초엽은, 신라상인들이 일본에 자주 내왕하면서 교관물의 대가로 면(綿)을 받았던 때이다. 따라서 일본의 곤륜산 목면 재배를 성공한 이후 어느 때인가부터, 신라 상인들은 이 목면을 교역의 대가로서 취하였을 가능성이 높다. 이러한 배경에서 정관 11년(869) 공면(貢綿) 약탈사건으로 상징되듯이 9세기 신라상인들은 대재부면에 대한 집착을 보였다. 같은 해에 신라는 곤륜의 면이 아니면 직조가 불가능한 백첩포를 생산함으로써 40승백첩포를 당나라에 조공할 수 있었다. 이후 고려 왕건(王建)과 혜종(惠宗) 때에 백첩포를 중국 조공품으로 보낼 수 있었던 것도 이러한 일본산 곤륜면을 수입한 데서 찾아야 할 듯하다.

요컨대 고구려의 오색 비단[五色錦]은 7세기 무렵 신라의 여러 빛깔의 비단[雜彩]이나 8세기 무렵 신라의 5색구유(五色氍毹)에 상응한다. 고구려의 운포금(雲布錦)은 '구름 펼친 무늬의 비단'이란 의미로서, '아침 노을 무늬'를 뜻하는 8세기 무렵 신라의 신라의 조하주와 9세기 무렵 신라 조하금의 조하(朝霞)와 통하는 이름이다. 또한 청포는 7세기 무렵 고구려, 신라에서 모두 생산되는 것이었다. 이는 신라의 비단 만드는 기술이 7세기 무렵에 고구려로부터 이미 전래되기 시작하여, 이를 바탕으로 조하주나 조하금을 생산할 수 있었고, 9세기 중엽 이후 곤륜산 면을 일본으로부터 확보함으로써 백첩포를 생산하였음을 알 수 있다. 이처럼 신라 직조기술이 고구려로부터 전래된 이후 목면 소재의 백첩포를 생산하는 과정은 문물의 전래와 교류가 교통로의 개발과 밀접하게 관련됨을 보여준다.

2. 신라의 대외 교역과 바닷길

신라의 중국과의 교섭은 나물왕 26년(381) 위두(衛頭)를 전진(前秦)에 보내 토산물을 바쳤다는 기사에서 비롯한다. 당시에 신라가 고구려에 정치 군사적으로 의존하였던 만큼, 신라는 고구려를 통하여 전진에 사신을 파견하였다. 경주지역 신라 적석목곽분에서 발굴된 청동제 「광개토왕호우(廣開土王壺杅)」나 금령총 출토 서역계의 로만글래스, 경주 계림로 14호 돌

무지덧널무덤(미추왕릉)에서 발견된 장식보검 등은 고구려를 통하여 들여온 서역계의 물품이나 기술의 전래 사실을 보여주는 유물이라 보아 좋을 것이다. 이들 서역계 물품은 5~6세기 무렵 소그드인들이 에프탈리테로부터 전래한 것으로 보기도 하나, 5세기 무렵 고구려와 신라의 관계나 6세기 초엽 백제와 신라의 관계로 미루어 볼 때에, 신라가 고구려를 통하여 가져온 것이 아닐까 추측된다.

신라가 7세기 무렵에 여러 빛깔의 비단[雜彩]과 청포, 8세기 무렵에 5색구유(五色氍毹)와 조하주, 그리고 9세기 무렵에 조하금과 백첩포를 생산할 수 있었던 것은, 고구려의 기술적 계통을 이은 것이었다. 이들 옷감의 직조 기술은 아무래도 고구려의 기술을 승계한 것이었다고 여겨진다.

특히 고구려가 운포금이나 백첩포를 생산할 수 있었던 데는 서역 강국과의 교류를 생각하지 않을 수 없고, 그 기술이 신라의 수도 경주에까지 전래된 것은 경주 지역에서 출토된 수많은 서역 계통의 유물과 관련됨은 물론이다. 그 전래의 길은 서역으로부터 고구려로 이어지는 「백첩포의 길」곧 「목면의 길」을 따라 이루어진 것이고, 그 길의 연장선 끝에 신라의 수도 경주가 위치지워진 것이다.

신라 문물 전래의 또다른 루트로서 백제를 고려하지 않으면 안된다. 신라는 법흥왕 8년(521) 백제를 따라 양나라와 교류하였다. 이 때의 교역로는 아무래도 백제가 개설한 바닷길을 이용하였음에 분명하다. 당시에 백제의 양나라와의 바닷길은 웅진으로부터 서해 연안을 따라 북상하여 덕물도 부근에서 서해를 횡단하여 산동반도에 이르고, 다시 산동반도에서 중국 연안을 따라 남하하여 양자강 일대에 이르는 루트였다.

신라가 자체적으로 서해 중부 횡단항로를 확보한 것은 진흥왕 14년(553) 한강 하류지역을 점령하고 신주(新州)를 설치하면서부터이다. 이로써 신라는 564년 이래 거의 매년 중국 남조의 진(陳)과 북조의 북제(北齊) 두 나라에 사신을 파견하여 외교관계를 공고히 함으로써 삼국통일의 발판을 마련할 수 있었던 것으로 평가된다.

신라가 서해 남부 사단항로를 확보한 시점은 분명하지 않다. 다만『삼국사기』신라본기에는 진평왕 9년(587) 대세(大世)와 구칠(仇柒)이 오월로 들어가 스승을 찾고자 남해에서 배를 타고 떠났다는 기사가 보인다. 이에 신라가 이미 가야지역을 확보하고 나서 진평왕대에 이르러 남해 바다 어느 곳으로부터 오월로 향하는 항로를 개설했을 가능성을 살필 수 있다. 그러나 수·당과 교류가 잦았던 신라는 주로 당성진을 출발하여 덕물도 → 산동반도에 도착하여 장안에 이르는 길을 이용하였을 것이다. 또한 일본과는 울산을 출항하여 대마도 → 일기도 → 축자 → 난파에 이르는 항로를 활용하였을 것으로 짐작된다.

당나라와 신라의 외교관계는 나당전쟁 이후 한때 단절되었으나, 성덕왕 12년(713)에 이전의 관계를 회복하였다. 이후 신라의 공무역은 주로 사신들의 내왕로를 통하여 이루어졌다. 8세기 중엽 사신들의 내왕로는 서해 북부 연안항로와 중부 횡단항로였다.

서해 북부 연안항로는 성덕왕 31년(732) 9월 발해의 등주 공격 이후 신라의 패강진 설치로 다시 개설되었다. 당시에 신라가 황해도 지역을 장악하여 패강진을 설치한 것은 신라가 발해의 압력으로부터 안전한 항로를 확보함으로써 장차 신라 상인들에 의해 동아시아 교역을 주도할 수 있는 발판을 마련한 계기로서 작용하였다.

성덕왕 31년(732) 발해의 등주 공격은 당시 동북아시아의 국제 전쟁으로 비화되었다. 신라는 당의 요청에 따라 군대를 파견하고 성덕왕 34년(735) 2월 패강 이남의 땅을 당으로부터 공인받았다. 곧 당의 청병에 따라 신라는 바다 건너 당나라 동북 변경에 군대를 파견하여, 개원 21년(733) 정월 대문예(大門藝)의 당나라 유주(幽州)의 군대와 합류함으로써 발해를 토벌하고자 하였으나, 추위로 인하여 퇴각하였다. 그후 당나라와 발해의 전쟁은 소강 상태에 들어갔으나, 등주를 공격한 발해 수군은 서해 중부 횡단 항로를 통해 황해도 연안과 패강 일대로 퇴각함으로써 신라와 당의 항로를 위협하였다. 당시에 당 현종은 성덕왕의 요청에 따라 영해군사(寧海軍使)의 칭호를 내림으로써, 황해도 연안과 패강 일대를 근거로 해로를 위협하는 발해 수군을 격퇴하고자 하였다.

신라는 성덕왕 33년(734) 7~8월 무렵 전격적으로 패강유역에서 발해의 수군을 북으로 축출하여 패강지역을 확보하였다. 그후 성덕왕 34년(735) 초여름부터 성덕왕 35년(736) 6월 사이에 당나라의 추인을 받아 패강진을 설치하기에 이르렀다. 이로써 신라는 발해의 등주 공격을 계기로 사건 발생 2년 5개월여 만에, 정관 22년(648) 김춘추와 당태종간에 합의한 '평양 이남의 땅'을 확보하여 패강진을 설치함으로써, 이후 발해 해상력의 남하를 저지하여 안정된 해상루트를 운영하고 왕성한 대외교역의 발판을 마련하였던 것이다.

이로써 다시 개설된 서해 북부 연안항로는 762~764년 발해와 왜국에 파견된 당나라 사신 한조채(韓朝彩)의 보고에 의하여 현재까지 자세하게 전하고 있다. 한조채의 보고에 따라 작성된 고탐(賈耽)의 『고금군국현도사이술(古今郡國縣道四夷述)』에는, 신라와 당나라를 잇는 서해 북부 연안항로에 대하여 다음과 같이 서술하였다.

곧 산동반도 등주(登州)로부터 동북쪽 바다로 대사도(大謝島)·구흠도(龜歆島)·말도(末島)·오호도(烏湖島)의 300리 바닷길을 거쳐 북쪽으로 오호해(烏湖海)를 건너 마석산(馬石山) 동쪽의 도리진(都里鎭)까지 200리길에 이르면, 동쪽으로 연안을 따라 청니포(靑泥浦)·도화포(桃花浦)·행화포(杏花浦)·석인왕(石人汪)·탁타만(橐駝灣)·오골강(烏骨江)의 800리를 가서 남쪽으로 해안을 따라 목도(牧島)·패강구(貝江口)·초도(椒島)를 지나 신라 서북쪽의 장구진(長口鎭)에 이른다는 것이다. 이 장구진은 황해도 연안 패강 입구의 장연(長淵)·은율(殷栗) 또는 풍천(豐川) 및 황해도 장연군 장산곶 혹은 몽산포 등으로 추정되고 있다. 이는 발해가 평안북도 일원에 진출하기 이전까지는 가장 안전한 항로로 이용되었던 듯한데, 한조채가 이를 특기한 것은 발해를 거쳐 신라 땅에 왔던 때문일 것이다. 그러나 8세기 중엽 이후 해적이 이 지역에 출몰하면서부터는 주로 서해 중부 횡단항로를 이용하지 않았을까 생각한다.

서해 중부 횡단항로는 『신당서』 지리지에 보이듯이 등주로부터 동쪽으로 진왕(秦王) 석교(石橋)·마전도(麻田島)·고사도(古寺島)·득물도(得物島)를 거쳐 당은포구(唐恩浦口)에 도착하여, 동남쪽으로 육지로 7백 리 정도 가면 신라의 왕성인 경주에 이른다는 것이다. 아마도 북부 연안항로를 이용하는 사신들도 해로로 당은포에 도착하여 육로를 이용하였을 것으로 짐작된다.

말하자면 사행을 통한 공무역의 길은 진흥왕대에 당은포를 확보한 이래로 경주로부터 육로로 당은포에 이르러 당은포로부터 덕물도-고사도-마전도-진왕 석교를 거쳐 등주에 이르는 서해 중부 횡단항로였다. 나당 전쟁을 거쳐 당과 발해, 신라간의 평화적인 무드가 조성된 8세기 중엽 이후로는 서해 중부 횡단항로와 함께 안전한 북부 연안항로를 이용하여 등주에 도달하였던 듯하다.

등주에 도달한 사신들은 신라관에 머물면서 견당사가 가지고 간 공물의 종류와 수량을 검열하고, 장안으로의 입경 여부와 입경 인원이 정해지면, 치평절도사의 호위하에 장안으로 향하여 홍로시의 영접을 받았을 것이다. 어떠한 항로를 택하든 간에 신라 사신의 당나라 기착지는 등주였던 셈이다.

한편 일본과의 내왕은 '진도-탐라-대마도(對馬島)-일기도(壹岐島)-축전국(筑前國)-대재부(大宰府)'와 '동래(東萊) 혹은 김해(金海)-대마도-일기도-말로(末盧) 또는 이도(伊都)-대재부'로 이어지는 사행로를 이용했던 것으로 보인다. 신라-일본간의 사행로는 신라 왕경인 경주의 지정학적 관계를 생각할 때에 경주의 관문으로 '동래(東萊) 혹은 김해(金海)'가 더 적절할 것으로 여겨질 수도 있다. 그러나 신라가 836년 일본에 보낸 집사성첩(執事省牒)을 보면 오히려 청주(菁州, 康州 : 現 晉州)가 경주의 관문으로 기능하였다.

따라서 신라와 일본간의 사행로는 '경주-청주(康州)-대마도-일기도(壹岐島)-말로(末盧) 또는 이도(伊都)-대재부(大宰府)'로 이어지는 길이었다. 경주의 관문으로서 삼국시대에 이용되었던 울산은 통일기에 이르러 수도 방위를 위하여 군진으로 활용됨으로써 청주(菁州, 康州)가 왕경의 관문으로서 기능하였던 것이다. 이는 일본의 경우 난파가 평성경의 관문임에도 대재부를 통하여 사신이나 상인들의 내왕을 허가하였던 것과 동일하다.

8세기까지 신라-당, 신라-일본을 잇는 바닷길은 흥덕왕 3년(828) 4월 청해진의 설치로 새로운 국면으로 들어섰다. 청해진의 설치는 장보고의 등장으로 대표되지만, 동아시아 사무역 발전의 획기를 긋는 사건이었다.

중국 해적들의 신라인 약탈과 인신 매매 등의 현안과 맞물려 설치된 청해진은 중국 산동반도의 등주(登州) 적산촌(赤山村)과 일본 박다(博多)를 연결하는 중간 거점으로서, 또한 중국 강남의 양주(揚州)를 잇는 명실공히 동아시아 삼국의 교역망을 하나로 엮을 수 있는 구심점으로 기능하였다. 이로써 신라 당은포(唐恩浦)로부터의 중국 최초의 기항지인 산동반도 등주 적산포를 거점으로 하여 중국 하남도의 밀주(密州)와 해주(海州)를 거쳐 회남도의 초주(楚州)·사주(泗州)·연수(漣水)·양주(揚州) 등지에 분산되어 있는 신라의 무역상들을 하나의 교역망에 편제할 수 있었다. 이로써 장보고는 당-신라-일본의 교역을 실질적으로 지배 내지 영향력하에 둘 수 있었다.

청해진(淸海鎭)을 설치한 828년을 전후하여서는 당나라와 신라 양국의 사신이 빈번하게 오고 갔다. 그후 경주와의 육로 교통을 원활히 하기 위하여 무주 회진에 새로이 당나라와의 교역항이 개설되었다. 곧 839년 신무왕 책봉을 위한 청주병마사 오자진(鳴子陳)의 사행과 840년 2월 보조선사가 편승하여 신라에 올 수 있었던 평로사(平盧使) 일행, 당나라 유학 이후에 귀국하여 무주(武州) 황학난야(黃壑蘭若)에 주석한 보조선사, 그리고 흥덕왕 11년(836) 사은사로 당나라에 파견된 김의종(金義琮)이 희강왕 2년(837) 9월에 귀국한 곳은 대체로 무주(武州) 회진(會津)이었다. 이로 보아 청해진을 설치한 이후 무주 회진이 새로이 당나라와의 교역항으로 개설되었음을 알 수 있다. 중국으로부터 회진으로 이어지는 바닷길은 산동반도 등주를 기점으로 서해 중부횡단항로를 통하여 덕물도, 당은포, 태안반도를 거쳐 회진에 이르는 루트였다고 하겠다.

그런데 장보고가 청해진을 설치함으로써 중국 해적들이 사라지게 되었다는 점을 주목할 수 있다. 이미 개설된 서남해안의 회진(會津), 청주(菁州) 등지는 주요한 기항지로서 군소 상인이 집결한 곳이고, 이는 중국 해적들의 목표물이 되기 십상이었을 것이다. 그러나 중국 해적만을 염두에 두었다면 오히려 흑산도(黑山島) 일원이 이들을 방어하기에 용이하였을 것이지만, 굳이 청해[淸海, 현 완도]를 진(鎭)으로 삼은 데에는 지적되듯이 청해진에서 곧장 사선으로 항해하면 청도만이나 산동반도 남단의 여러 지역에 도착할 수 있을 뿐더러 봄과 여름의 동풍 내지 남동풍을 이용할 때에 흑산도에서 산동까지 항해가 가능한 지점에 위치하고 있다는 점이다. 또한 장보고 선단의 기동성과 황해의 해상권 장악을 위한 '산동반도 ↔ 경기만 ↔ 청해진'을 잇는 연근해 항로와 함께 '산동반도 또는 회하(淮河)유역 ↔ 한반도 남단'의 서해 남부 사단항로가 가능한 지역으로서 최적점이 청해진이라는 것이다.

이러한 청해진의 해양환경과 항로상의 이점으로 말미암아 단편적인 해로, 곧 기존에 신라와 당의 사행로 그리고 신라와 일본의 사행로라는 단편적인 항로를 하나의 루트로 연결할 수 있었다. 물론 여기에는 청해진이 '[대재부(大宰府) →]양주(揚州) → 강회지역(江淮地域) → 등주(登州) → 강화(江華) → 당성진(唐城鎭) → 회진(會津) → 흑산도(黑山島) → 청해진(淸海鎭) → 청주(菁州, 康州) → 대마도(對馬島) → 일기도(壹岐島) → 대재부'로 이어지는

고대–내성문–서남치로 이어지는 완도의 장도 토성 내성벽(복원된 모습)
[오른쪽 아래에 완도 죽청리 연안만이 보인다]

완도의 장도 토성 동북치에서 바라본 해남만

완도의 장도 토성 동북치에서 바라본 강진만

해상루트를 관장할 수 있는 중심점이었기 때문이었다.

이 항로는 장보고가 피살된 이후로도 활용되었다. 재당 신라상인들이 장보고의 몰락에도 불구하고 이러한 항로를 택한 데는, 이러한 항로의 안전을 담보받았기 때문일 것이다. 839년 일본 견당사를 태우고 초주(楚州)를 출발한 9척의 신라선의 항로에 대하여, 일본 관료들은 '신라가 장보고의 난중이므로 적지인 신라 땅에 배가 다다를 것'을 염려하였다. 또한 이들 일본 견당사와 함께 귀국한 상효(常曉)의「청래목록(請來目錄)」에서도 신라를 '신라적(新羅敵)'으로 표현하는 등 일본측의 위구심을 살필 수 있다. 이러한 위구심에도 불구하고 초주를 출발한 신라선이 적산포를 거쳐 신라 남단을 경유하였던 것은, 재당 신라상인과 청해진간의 해로 안전에 관한 모종의 장치가 있었기 때문일 것이다.

한편 장보고를 암살한 염장 등이 일시 장보고의 교역망을 유지하고자 노력하였다. 그러나 일본측이 염장의 요청을 거절하고 장보고 휘하의 신라상인들이 일본과 당나라로 이탈하거나 재당 신라상인들이 자립함으로써 동아시아 해상 무역은 새로운 국면으로 접어들었다. 일본은 신라선을 만들고 장보고 휘하의 상인을 받아들임으로써 당나라와 직접 교류하고자 하였다. 이로써 장보고가 운영하였던 동아시아 해상교역은 신라 군소 해상세력과 당나라 상인으로 탈바꿈한 재당신라 상인들에 의해 지속될 수밖에 없었다.

특히 재당 신라상인들은 일본 박다(博多)로부터 명주(明州), 복주(福州) 등 중국 강남·영남도에 이르는 항로를 새로이 개설함으로써 당나라와 일본간에 직접적인 교역을 꾀하였다. 이러한 바닷길은 일찍이 공해(空海)·최징(最澄)·의진(義眞) 등 일본 구법승들이 이용하였는데, 이들은 대체로 재당 신라인의 선박을 이용하여 일본과 당을 왕래하였다. 이처럼 재당 신라상인들에 의해 이미 9세기 초에 개설된 항로는 장보고의 몰락 이후 당나라 교역의 중심이 강남도 지역으로 옮겨감으로써 당과 일본을 내왕하는 직접적인 통로가 되었다. 이에 대해 기왕에 장보고가 개설한 일본-신라-당의 교역망은 다시 일본-당, 당-신라, 신라-일본 간의 단편적인 항로로 재편되었다. 이로써 당과 일본의 항로는 재당 신라상인과 당나라 상인들의 무대로 변화하고, 신라 군소상인들은 당나라와 신라, 신라와 일본을 연계하는 항로만을 운행하는 것으로 만족하여야 했다.

그렇지만 장보고에 의하여 개설된 당-신라-일본을 잇는 동아시아 바닷길은 여전히 신라 상인들의 활동 무대였다. 이는, 일본에서 재배하게 된 곤륜면이 신라에 수입되어 백첩포로 재가공됨으로써 당나라에 대한 조공품으로 기능하게 된 통로였다.

여기에서 육로 또는 바닷길을 통하여 목면의 원산지인 동남아시아나 중앙아시아로부터 부터 중국에 이르는 루트 이외에, 일본으로부터 신라로 백첩포의 원료인 곤륜면이 공급되고 신라에서 이를 재가공하여 다시 중국으로 수출되는 새로운 「목면의 바닷길」을 찾을 수 있을 듯하다. 신라의 백첩포는 곤륜인들이 표류하여 일본에 기착한 것이 주요 계기이긴 하지만, 바닷길을 통하여 '곤륜-일본-신라-당'으로 이어지는 식물성 목면의 전래 및 가공·유통 과정을 보여준다. 그러나 그 이면에는 이미 신라에서 습득하고 있었던 직조기술이 있었기 때문에 가능한 것이었다. 그 기술은, 중앙아시아로부터 육로를 통하여 고구려에 전래된 것을 신라가 일찍부터 습득하였던 것이었다. 그러한 바탕 위에서 신라는 일본에 전래된 곤륜면을 신라상인들의 활발한 해상교역을 통하여 들여와 새로운 소재의 백첩포를 생산할 수 있었던 것이다. 실로 기술과 기술의 활용을 가능하게 한 소재의 만남이 모두 신라에서 이루어졌거니와, 이들의 조우가 당시 활발했던 신라 상인들의 해상 교역에 바탕한 것이었다는 점은 특기해도 좋을 것이다.

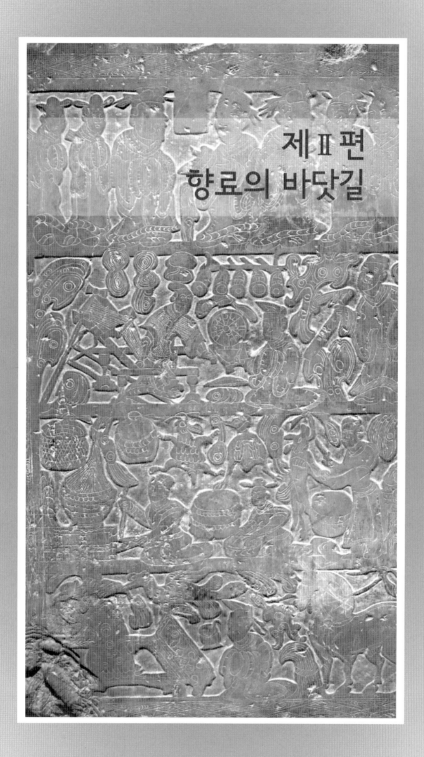

제Ⅱ편
향료의 바닷길

제1장 불교의 수용과 향

제1절 불교의 전래와 향

우리나라 역사 기록에서 향은『삼국사기』신라본기 법흥왕 15년(528) 불교의 공인과 관련하여 처음으로 등장한다. 곧 양나라는 사신을 신라에 파견하여 의복과 함께 향을 보냈다. 이 때에 어떠한 종류의 향이 들어왔는지에 대하여『삼국사기』에는 분명히 밝히지 않았으나, 고려시대 고득상(高得相)이 찬술한『해동삼국통력(海東三國通曆)』[혹은『해동삼국통록(海東三國通錄)』]의 영사시(詠史詩)에는 양나라에서 원표(元表)라는 승려가 명단향(溟檀)과 불경·불상을 보내왔다고 하였다. 고득상의 영사시는『삼국유사』에 전하는데, 여기에 언급된 명단향은 전단향으로 추측된다. 당시에 신라의 법흥왕과 신하들은 향의 이름과 사용법을 알지 못하여, 이를 두루 물었더니 묵호자가 그 사용법을 다음과 같이 알려 주었다고 한다.

법흥왕 15년(528)에 불교를 처음으로 시행하였다. 처음에 눌지왕(訥祇王) 때 승려 묵호자(墨胡子)가 고구려로부터 [신라의] 일선군(一善郡)에 왔는데, 그 고을 사람인 모례(毛禮)가 [자기의] 집 안에 굴을 파서 방을 만들어 있게 하였다. 그때 양(梁)나라에서 사신을 보내 의복과 향(香)을 주었다. 왕과 신하들이 그

향의 이름과 사용 방법을 알지 못하였으므로 사람을 보내서 향을 가지고 다니며 두루 묻게 하였다. 묵호자가 [이것을] 보고 그 이름을 일컬으면서 이것 (향)을 사르면 향기가 나는데, 신성(神聖)에게 정성을 도달하게 하는 것입니다. 이른바 신성스러운 것으로는 삼보(三寶)보다 더한 것이 없는데, 첫째는 불타(佛陀)이고, 둘째는 달마(達摩)이고, 셋째는 승가(僧伽)입니다. 만약 이것을 사르면서 소원을 빌면 반드시 영험이 있을 것입니다. 그 무렵에 왕의 딸이 병이 심하였는데 왕은 [묵]호자로 하여금 향을 사르고 소원을 말하게 하였는데, 왕의 딸의 병이 곧 나았다. 왕이 매우 기뻐하여 음식과 선물을 많이 주었다. [묵]호자가 [궁궐에서] 나와 모례를 찾아보고 얻은 물건들을 그에게 주면서 말하기를 "나는 지금 갈 곳이 있어서 작별하고자 합니다."라 하고 잠시 후에 간 곳을 알지 못하였다. (『삼국사기』 권 4, 신라본기 4, 법흥왕 15년)

위의 기사에서 묵호자(墨胡子)는 신라 눌지왕 때에 고구려로부터 신라 일선군(一善郡)에 들어와 모례(毛禮)의 집 안에 굴을 파고 방을 만들어 불법을 전했음을 알 수 있다. 그는 향을 사르고 소원을 빌어 법흥왕 딸의 병을 고쳤다. 향이 일종 부처님께 소원을 빌고 병을 고치는 용도로 사용되었음을 알 수 있다.

묵호자가 이와 같이 향의 용도를 알고 있었다는 것은 고구려에 이미 향을 사용하고 있었던 사실을 드러낸다. 고구려 쌍영총 고분 벽화 행렬도에는 머리에 향로를 이고 있는 인물을 볼 수 있다. 이는 4세기 후반 고구려에 불교가 전래되면서 의례용품으로서의 향과 향로를 사용했던 사정을 반영한다. 부여 능산리절터에서 발견된 백제 금동대향로나 미륵사지에서 출토된 금동향로는 불교 의례에 향이 폭넓게 사용된 사실을 보여준다.

삼국시대의 향은 불교를 수용하면서 비롯하였다. 『삼국사기』에는 소수림왕 2년(374) 진왕(秦王) 부견(苻堅)이 승려 아도(順道)를 고구려에 보내어 불상과 불경을 보냈고, 소수림왕 4년에 승려 아도(阿道)가 고구려에 들어와 그 이듬해에 초문사(肖門寺)와 이불란사(伊弗蘭寺)를 지어 순도와 아도를 각각 주석하게 함으로써 우리나라에 불교가 시작되었다고 한다. 백제의 경우 침류왕 원년(384) 진(晉)나라에서 호승 마라난타가 들어와 불교를 전했다고 한다. 아마도 고구려와 백제에 불교를 전한 이들 승려들은 불상과 불경 뿐만 아니라 예불에 필요한 향 또한 함께 전하였을 것이다.

순도와 아도, 마라난타가 중국 어느 나라로부터 고구려, 백제에 들어왔는가 하는 것은 불교의 전래지 뿐만 아니라 향의 전래 경로를 파악하는 관건이 된다. 순도는 『삼국사기』·『삼국유사』 기록대로 전진(前秦)에서 왔다는 것이 일반적이나, 이와 달리 동진(東晉)으로부터 왔다고 일컫기도 한다.

아도의 경우 『삼국유사』에는 동진에서 왔다는 설을 소개하면서도 전진으로부터 왔다는 설을 주장하였는데, 『해동고승전』에는 그가 위(魏)나라로부터 왔다고 하는 설을 인용하였다. 그러나 위나라로부터 왔다는 설은 위가 나라를 세우기 12년 전이라는 점에서 받아들여지지 않으며, 동진설에 대해서는 진(晉)을 진(秦)의 잘못으로 여겨 부정되기도 한다.

『삼국유사』에 인용된 「아도본비(我道本碑)」에는, 아도는 본래 고구려인인데, 조위인(曹魏人) 아굴마(我崛摩)가 정시연간(240~248)에 고구려에 사신으로 와 고도녕(高道寧)과의 사이에서 아도를 낳았다고 하였다. 또한 아도는 5세 때에 출가하여 16세에 위나라에 건너가 현창(玄彰)화상의 문하에 들어가 수학하다가 19세에 고구려에 돌아왔다가 어머니의 권유로 신라에 불법을 전하였다고 한다. 「아도본비」에 기록된 아도는 소수림왕 4년(376)에 고구려에 들어왔다는 아도(阿道)와 100년 넘게 차이가 있으므로, 이들을 동일한 인물로 볼 수 있을까 하는 의문이 있다.

『양고승전』에는 진나라의 지둔(支遁, ?~366)이라는 승려가 고구려 승려에게 편지를 보냈다는 기록이 있어, 고구려 왕실이 불교를 수용하기 이전에 고구려에 이미 불교를 받아들여 승려를 양성하였음을 알 수 있다. 또한 동고승전에는 '북위의 승려 담시(曇始)[또는 혜시(惠始)]가 진나라 효무제 태원 9

년(384) 말에 경률 수십 부를 가지고 요동에 가서 교화를 펴 3승을 가르쳤는데, 고구려가 불도를 듣게 된 시초'라 하고, 의희(405~418) 초년에 다시 관중으로 돌아갔다고 한다. 사실「대당신라국 고봉암산사 교시 지증대사 적조지탑비명(大唐新羅國 故鳳巖山寺 敎謚 智證大師寂照之塔碑銘)」에도 섬서 지방의 담시가 고구려 땅에 들어왔던 것으로 인식하고 있었음을 확인할 수 있다. 담시가 활동한 때는 이미 고구려 왕실이 불교를 수용한 때로서 고구려와 북위가 외교적 내왕이 빈번했던 만큼, 북위 불교의 고구려 전래를 기록이 없다고 하여 간과할 수는 없을 듯하다.

한편 백제의 경우 침류왕대에 동진으로부터 호승 마라난타가 들어오면서 불법을 받아들였다. 『해동고승전』인용「고기(古記)」에는 마라난타가 인도로부터 중국에 들어와 불교를 전도한 것이라고 하였다. 말하자면 인도승 마라난타가 동진에서 불법을 전하다가 백제와 동진의 외교관계에 힘입어 다시 백제에 들어와 불교를 전하였던 것이다.

이와 같이 우리나라에 불교가 전래된 경위에 대하여는 여러 가지 기록들이 있지만, 최소한 고구려 지역에는 3세기 중엽에 이미 민간에서 불교를 수용하였고, 그것이 신라에 전래되었음을 알 수 있다. 이는 민간에 이미 불교 의례용품으로서 향 또한 전래되었을 가능성을 보여주는데, 묵호자가 향의 사용법을 알려주었다는 데서 충분히 짐작할 수 있다. 「아도본비」에 따른다면 이미 조위를 통하여 향이 고구려에 전래되었고, 그후 왕실이 불교를 수용하면서 향의 사용법 등을 널리 인식하였음을 알 수 있다.

이와 관련하여 『해동고승전』에는 마라난타(摩羅難陀)가 백제에 불교를 전래한 것에 대한 다음과 같은 기록이 있다.

> 마라난타는 호승(胡僧)이다. 신이(神異)와 감통(感通)이 그 경지를 헤아리기 어려울 정도였다. 여러 지역을 돌아다니며 교화하는 데 뜻을 두어 한 곳에 머물지 않았다. 옛 기록에 따르면, 본래 인도(天竺)에서 중국으로 들어와 머물면

서 법을 전하고 향의 연기를 증거로 하여 벗을 불러 들였다. 위험에 부딪히고 험난한 일을 겪었지만 어려움과 괴로움을 무릅쓰고 인연이 있으면 따라 나서 아무리 먼 곳이라도 밟지 않은 곳이 없었다. 백제 제 15대 침류왕 즉위 원년(384) 9월에 진(晉)으로부터 오니 왕이 교외에 나가 영접하여 궁중으로 맞아들이고 공경히 받들어 공양하며 그의 설법을 들었다. 윗사람들이 좋아하므로 아랫사람들도 교화되어 불사(佛事)를 크게 일으켜 함께 칭찬하고 받들어 행하였다. 이에 마치 파발을 두어 명령을 전달하는 것과 같이 빨랐다. 왕 2년(385) 봄에 한산(漢山)에 절을 창건하고 승려 10명을 출가시키니, 법사를 존경했기 때문이다. 이로 말미암아 백제는 고구려 다음으로 불교를 일으켰다. 거슬러 헤아려보면 마등(摩騰)이 후한에 들어온 지 280여 년이 된다.(『해동고승전』 권 1, 석마라난타)

마라난타는 천축으로부터 중국에 들어와 향의 연기를 증거로 하여 무리를 불러 모았다고 하였다. 여기에서의 '향의 연기로 증거로 삼았다'는 것은 불교 의례에 등장하는 향공양을 지칭하는 것임이 분명하다. 다만 마라난타가 중국 곧 동진에 입국한 경로는 분명하지 않다. 그러나 그가 향의 연기를 증거로 하여 무리를 불러 모았다는 데서, 그가 중국에 들어올 때에 향을 가지고 들어왔음을 알 수 있다. 그가 가져온 향이 어떠한 것인지는 분명하지 않지만, 신라 법흥왕대에 양나라 원표가 가져온 명단향(溟檀)과 같은 것이 아닐까 한다.

명단향은 단향(檀香)의 일종으로 여겨진다. 『대반야바라밀다경』 연기품(緣起品)에는 부처님이 반야바라밀다의 수행에 대하여 설법을 하자 삼천대천(三千大千)세계에 있는 사대왕중천(四大王衆天)·삼십삼천(三十三天) 등의 천인들이 저마다 하늘의 묘한 전단향(栴檀香) 가루를 멀리서부터 부처님 위에 뿌리며 부처님께 다가와 두 발에 예배하고 물러나 한 쪽에 앉았다고 한 데서, 전단향이 등장한다. 전단향은 단향 가운데 백단향을 지칭하는데,

부처님에 대한 의례에 사용되었다면, 원표가 가져온 명단향이란 백단향을 지칭할 가능성이 높다. 명단(溟檀)의 '명(溟)'은 은은한 향을 지칭하는 것으로서 단향을 일괄하여 일컬은 이름으로 생각된다.

『대명일통지(大明一統志)』에는 단향(檀香)의 산지를 광동(廣東), 운남(雲南) 및 점성(占城, Champa, 2세기에서 15세기 사이에 베트남 중부에서 남동 기슭에 있던 참 Cham족의 나라), 진랍(眞臘, 캄보디아 지방), 과왜(瓜哇, 사바섬), 발니(渤泥, 보르네오. 타이의 남부인 바르니라고도 함), 섬라(暹邏, 태국), 삼불제(三佛齊, Java의 서쪽에 위치하며, 7세기부터 13세기에 걸쳐 수마트라 섬의 동남부 Palembang을 중심으로 스리비자야가 말라카 해협과 순다 해협의 동서 교역 루트를 관장함으로써 말레이 반도의 국가들을 아우르고 자와 지역을 지배하였다. 중국 남조 시대에는 干陀利라 칭하였고, 당나라 때에는 室利佛逝, 송나라 때에 비로소 삼불제라 칭하게 됨), 회회(回回, 본래는 大食國으로 칭하여졌는데 아라비아를 지칭함) 등으로 기술하였다. 이 처럼 단향의 산지가 주로 동남아시아 지역에 분포하였다면, 이들 지역으로부터 인도에 들어간 향료가 불교의 중국 전래로 중국을 통하여 신라에 들어온 것임을 알 수 있다.

이들 향료는 불교의 일본 전래와 더불어 다시 백제를 통하여 일본에 전해진 것으로 믿어진다. 『성덕태자전력』에는 일본 추고천황 3년 봄 3월 일본 토좌의 남해에 떠내려 온 침수향으로 일본 비소사 관음보살상을 조성하였다는 연기 설화를 전한다.

추고천황 3년 봄 3월 토좌(土左)의 남해에 밤이면 큰 빛이 나면서 우레같은 소리가 있은 지 30일이 지나 여름 4월에 담로도(淡路嶋)의 남쪽 해안에 도착하였다. 섬사람이 침수(沈水)를 알지 못하여 아궁이의 땔나무로 교역하였다. 태자가 사자를 보내어 바치게 하니 그 크기가 한 아름이나 되고 기이한 향기가 났다. 태자가 보고 크게 기뻐하여 아뢰기를, "이는 침수향인데, 이 나무는 전단향목이라 이름하며, 남천축국 남해안에서 난다. 여름 달에 뱀들이 나무를 둘러싸는데, 나무가 차가운 까닭이다. 사람들이 활로 (뱀을) 쏜다. 겨울 달에는 뱀들이 겨울잠을 자므로 잘라 캐는데, 그 열매는 계설(鷄舌), 꽃은 정자(丁子), 기름은 훈육(薰陸), 물에 잠겨 오래된 것은 침수향(沈水香)이 되고, 오래되지 않은 것은 천향(淺香)이 된다. 지금 폐하께서 불교를 일으켜 융성하게 하고 불상을 만들고자 하므로, 부처님이 감응하여 이 나무를 떠내려 보낸 것입니다"라고 하였다. 그러므로 칙을 내려 백제공(百濟工)에게 단상(檀像)을 조각하고 관음보살을 만들도록 명하였다. 이에 (관음보살상은) 높이가 수 척이었는데 길야(吉野) 비소사(比蘇寺)에 안치하였다. 때때로 빛을 발하였다.(『성덕태자전력』상, 추고천황 3년 3·4월 ; 佛書刊行會 編, 1907, 『대일본불교전서』 112권, 11쪽)

위의 일본 비소사 관음보살상 연기설화는, 불상을 침수향목으로 조영하고 백제의 공인이 조각하였다고 한다. 이로 미루어 볼 때에, 7세기 무렵 중국 남조와의 교류가 빈번하였던 백제를 통하여 침수향목을 전래하여 불상을 조영한 사실이 설화로서 재탄생된 것으로 여겨진다. 이는, 불교의 의례상 향이 매우 중요한 예물로서 작용한 때문일 것이다.

이처럼 고구려·백제·신라와 일본으로 향이 전래된 것은, 불교의 전래와 밀접한 관련이 있음을 알 수 있다. 이들 향의 전래로 말미암아 신라에서도 자생하는 향료를 전래 또는 개발하였던 듯하다. 광화(898~900) 말년에 낭공대사(朗空大師)가 백단향 곧 전단향을 재배하였다는 「봉화 태자사 낭공대사 백월서운탑비(奉化 太子寺 朗空大師 白月栖雲塔碑)」의 기록은 신라에서 최소한 9세기 말엽에는 백단향을 생산하였던 사정을 보여준다. 그후 『신증동국여지승람』에는 전라도 진도와 강원도 횡성·평창·영월·정선·삼척에서 자단향을, 강원도 영월에서 백단향을 각각 산출한다고 하였는데, 신라 시대 이래로 재배하던 결과가 아닐까 한다.

제2절 불교 의례와 향

향이 불교의 전래와 더불어 도입되었다면, 그것은 처음에 어떤 방식으로 사용되었을까. 묵호자가 전단향을 살라 법흥왕 딸의 병을 고쳤다고 한다. 이것이 부처님의 공덕때문인지 아니면 향이 일종 약재로서 기능하였는지는 분명하지 않다.

전단향에 대하여 『동의보감』에는 열로 부은 것을 삭이고 신기로 오는 복통을 낫게 하며, 명치 아래가 아픈 것, 곽란, 중악, 헛것에 들린 것을 낫게 하며 벌레를 죽인다고 하였다. 일종 약재로도 사용하였음을 알 수 있다. 그러나 묵호자가 병을 고쳤다는 설화는 이러한 약재로서의 성분보다는 불교에 대한 신심을 돋우는 것으로 이해하는 것이 옳을 듯하다. 향으로 살랐다고 한 데서 일종 부처님에 대한 공양품이나 기도의 용도였던 듯하다.

다음 일화에서 보듯이 신라에 불교가 공인되기 이전에도 궁궐 안에는 내전에 분향하는 수도승을 두었고, 백고좌회를 개최할 때면 국왕이 친히 향을 피우고 불공을 드렸다고 한다.

제21대 비처왕(毗處王) [소지왕(炤智王)이라고도 한다.] 즉위 10년 무진(488)에 천천정(天泉亭)에 거둥하였다. 이 때 까마귀와 쥐가 와서 우는데, 쥐가 사람말로 이르기를 "이 까마귀가 가는 곳을 찾아가 보시오."라고 하였다. [혹자가 말하기를 신덕왕(神德王)이 흥륜사(興輪寺)에 행향(行香)하고자 하여 [가는데] 길에 꼬리를 [서로] 물고 가는 한 무리의 쥐들을 보고 그것을 괴이하게 여겨 돌아와 그것을 점치게 하니 '내일 먼저 우는 까마귀를 찾아가라' 운운한 것은 잘못된 이야기이다.] 왕이 기사에게 명하여 까마귀를 따르게 하여 남쪽의 피촌(避村)[지금의 양피사촌(壤避寺村)으로 남산(南山)의 동쪽 산록에 있다]에 이르렀는데, 돼지 두 마리가 싸우고 있어 이를 한참 살피다가 홀연히 까마귀가 간 곳을 잊어버리고 말았다. 길 주변을 배회하는데 이 때 한 늙은이가 연못 가운데서 나와 글을 바쳤다. 겉봉의 제목에 이르기를 "열어보면 두 사람이 죽을 것이요, 열어보지 않으면 한 사람이 죽을 것이다."라고 쓰여 있었다. 기사가 돌아와 이것을 바치니, 왕이 말하기를 "두 사람이 죽느니 오히려 열어보지 않고 한 사람만 죽는 것이 낫다." 하였다. 일관(日官)이 나서서 말하기를 "두 사람은 서민이요, 한 사람은 왕입니다."라고 하였다. 왕이 그러하다고 여겨 열어 보니 편지 가운데 "거문고 갑을 쏘라[射琴匣]."고 적혀 있었다. 왕이 궁에 들어가서 거문고 갑을 쏘았다. 그 곳에는 내전에서 분향 수도하던 승려가 궁주(宮主)와 은밀하게 간통을 하고 있었다. 두 사람은 사형을 당했다. (『삼국유사』 권 1, 기이 1, 사금갑)

제55대 경애왕이 즉위한 동광(同光) 2년(924) 갑신(甲申) 2월 19일에 황룡사 (皇龍寺)에서 백좌(百座. 百高座會)를 열어 불경을 풀이하였다. 겸하여 선승(禪僧) 3백 명에게 음식을 대접하고 대왕이 친히 향을 피우고 불공을 드렸다. 이것이 백좌에서 함께 설한 선교(禪敎)의 시초이다. (『삼국유사』 권 2, 기이 2, 경애왕)

백고좌회는 백고좌강법회(百高座講法會)의 준말이다. 『인왕경』 호국품에는 '이 백고좌회를 열 때 불상과 보살상, 나한상을 100개씩 모시는 한편 100명의 법사를 청하여 강경하도록 하되, 법사들이 각각 높은 사자좌에 앉도록 하고, 그 앞에 100개의 등불을 밝히고, 100가지 향불을 피우며, 100가지 색깔의 꽃을 뿌려 공양해야 한다'는 것을 규정하였다. 신라의 백고좌회는 진흥왕 12년(551) 신라에 귀화한 고구려 승려 혜량(惠亮)에 의해 시작되었다고 『삼국사기』에 전한다. 신라에서는 주로 국가가 위기에 처하거나 왕이 병이 들었을 때, 천재지변을 당했을 때 백고좌회를 베풀었다. 흔히들 호국, 곧 불법을 바로 하여 나라를 지키는 법회로서 개최되고는 하였다.

『인왕경』과 동일한 호국 경전인 『금광명최승왕경(金光明最勝王經)』에는 향을 사용하여 백고좌회를 준행하는 절차에 대하여 다음과 같이 상세하게 전한다.

> 이 향의 광명은 비단 이 궁전에 이르러서 변하여 향 일산이 되어 큰 광명을 놓을 뿐만 아니라 저 임금의 손으로 향로를 받들고 여러 가지 이름난 향을 태워 경에 공양하는 것으로 … 이 주문을 외우는 이는 반드시 흰 줄을 쥐고 일곱 번 외워야 하는데 … 그 일이 끝난 다음에는 반드시 모든 향을 가져야 되는데, 안식, 전단, 용뇌, 소합(蘇合), 다갈라, 훈육 등으로 모두 똑같이 나누어 한 데 화합한 다음, 손으로 향로를 잡고 향을 피워서 공양을 올립니다.(『금광명최승왕경』 권 6, 12 사천왕호국품)

> 마땅히 향약 32가지 맛을 취해 가져야 하나이다. 이른바 창포, 우황, 목숙향, 사향 웅황, 합혼수, 백급, 궁궁, 구기뿌리, 송지, 계피, 향부자, 침향, 전단, 영능향, 정자, 울금, 바율교, 위향, 감송, 곽향, 모근향, 질지, 애납, 개자, 마근, 융화수, 백교, 청목 등이다.

> 이들 향약의 분량을 모두 똑같이 하라. 포오스야날(布灑星) 한 군데 방아에 찧어 체로 쳐서 그 향가루를 가지고 반드시 이 주문으로써 외우기를 108편을 채우라. 주문을 말하였다. … 모든 지혜 있는 이는 반드시 이런 목욕하는 법을 가져야 하나이다.

> 만일 법당에 목욕하려거든 마땅히 사방 여덟 팔꿈치 길이의 단(壇)을 세우라.
> 고요하고 편안한 곳에 구하는 일만 생각하고 마음 설레지 말라.

쇠똥을 발라 단을 만들고 꽃을 그 위에 뿌리라.

금이나 은으로 만든 깨끗한 그릇에 맛좋은 젖꿀을 담아놓고, 단마당(壇場) 네 대문에는 네 사람을 시켜 늘 문을 지키게 하고, 동자 넷을 몸 단장 시켜 각기 단 한 모퉁이에서 물병을 가지고 있게 하여, 여기에 안식향을 늘 피우고, 다섯 가지 소리의 음악 끊기지 않게 하며, 깃발과 일산으로 장엄하고, 비단 깃대를 단 마당 네 귀퉁이에 늘 달아 두라.

다시 단 마당 안에 거울을 두고, 단 네 귀퉁이에는 칼과 화살을 각각 네 개씩 두며

단 마당 한 복판에는 큰 동이를 묻고 그 위에 누판을 놓아, 만들어 놓은 향가루 끓는 물에 타서 단 마당 안에 모셔 두라.

이렇게 모두 설비한 뒤에 주문을 외우며 단을 결성하라는 경계의 주문을 말하였다. …

이렇게 결계한 뒤에 바야흐로 단 마당 안에 들어가, 물에 주문 37편을 쳐서 그 물을 사방에 뿌리라.

다음에 향탕에 주문을 외우되 108편을 꼭 채우라.

사변에 장막을 단단히 치고 그런 뒤에 몸을 씻어 목욕하여라.

물주문과 향탕의 주문을 설하였다. …

만일 목욕하고 났거든, 그 목욕탕과 단 마당 안의 공양음식은 강이나 못 안에 버리고, 그 나머지는 다 챙겨서 걷워 두라. 이렇게 목욕 하고 난 다음, 바야흐로 깨끗한 옷을 입고 단 마당 밖으로 나왔거든 깨끗한 방 안에 들어가서 주문 법사는 그로 하여금 큰 서원을 발하게 하여 모든 악을 영영 끊고 모든 선을 늘 닦게 하며 모든 중생에게 대비심을 일으키게 하여라. 이 인연으로써 한량없이 마음을 따라 복의 과보를 반드시 받으리라.

만일 모든 중생이 병이 나서 여러 가지 약을 써도 나지 않거든 이렇게 목욕하는 법(洗浴)에 의지하고 또 그 경전을 외우라. 밤낮으로 생각을 흩어뜨리지 말고 오로지 은근히 신심만 내라. 근심 고통은 다 없어지고 가난에서 벗어나

재물이 풍족하리. 사방 별들과 해와 달 위신이 옹호하여 목숨이 늘리고 길하고 편하고 복덕이 더해져 재변과 액난은 모두 없어지리.

다음에는 몸을 수호하는 주문 37편을 외우라 하고 주문을 말하였다. …

그 때에 대변재천녀가 세욕법과 단 마당의 주문을 말하고 앞으로 나와 부처님의 발에 절하고 여쭈었다. "부처님이시여, 만일 비구, 비구니, 선남, 선녀가 이 묘한 경왕을 받아 지니거나 읽거나 외우거나 쓰거나 유포하고 설한 대로 행하는 이가 도시나 시골이나 넓은 들이나 산 숲이나 절에 있을 때에는 저는 이 사람을 위하여 모든 권속을 거느리고 하늘 풍악을 잡히고 그 사람 있는 데에 가서 옹호하겠사오며, 모든 병고를 없애주고 살별의 변괴와 질병과 싸움과 국법에 범한 것과 나쁜 꿈 나쁜 귀신 때문에 장애되는 것과 저주, 요술은 모조리 없애주어 이들 경 갖는 사람에게 이익하게 하겠사오며 비구들과 모든 경 듣는 이들로 하여금 모두 빨리 나고 죽는 큰 바다를 건너 보리에서 물러서지 않게 하겠나이다."

그 때에 부처님께서 이 말씀을 듣고 나서 변재천녀를 칭찬하여 말씀하시었다.

"좋고 좋구나! 천녀여. 너는 한량 없고 가이 없는 중생을 능히 편안하고 이익하게 하기 위하여 이 신주와 향수단장법식을 말하였으니 과보를 생각하기 어렵구나! 너는 최승왕경을 반드시 옹호하여 숨어 없어지지 않게 하여 늘 유통하게 하여라."(『금광명최승왕경』 권 7, 15 대변재천녀품)

『금광명최승왕경』에서 일컬은 의식은, 임금이 몸소 손으로 향로를 받들고 여러 가지 이름난 향을 사름으로써 『금광명최승왕경』에 공양하고자 한 것이었다. 곧 신주와 향수단장법식으로써 모든 중생을 병고와 변괴, 질병과 국법을 범하는 것들로부터 지키고 보리의 깨달음에 도달하도록 하겠다는 것이다. 이러한 법식이 우리 역사서에서는 명확하게 드러나지 않으나, 『삼국유사』에는 명랑이 문두루비밀법으로 당나라의 침략을 물리쳤다고 한다.

　　당나라의 고종(高宗)이 … 군사 50만 명을 조련하여 설방(薛邦)을 장수로 삼아 신라를 치려고 하였다. … 명랑이 아뢰기를, "낭산(狼山) 남쪽 신유림(神遊林)이 있으니, 그곳에 사천왕사(四天王寺)를 세우고 도량을 개설함이 좋겠습니다."라고 하였다. 이때 정주(貞州)에서 사자가 달려와서 보고하기를, "당 나라 군사들이 수없이 우리 국경에 이르러 바다 위를 순회하고 있습니다."라고 하였다. 명랑이 말하기를, "채색 비단으로 [절을] 임시로 지으십시오."라고 하였다. 이에 채색 비단으로 절을 짓고, 풀로 오방신상(五方神像)을 만들고, 유가명승(瑜伽名僧) 12명이 명랑을 우두머리로 하여 문두루비밀법(文豆婁秘密法)을 지으니, 그때에 당 나라와 신라의 군사가 싸우기도 전에 풍랑이 크게 일어 당 나라의 배가 모두 물에 침몰하였다. 그 후 절을 고쳐 짓고 사천왕사라고 했는데, 지금까지 단석(壇席)이 끊어지지 않았다. 국사(國史)에는 이 절의 개창이 조로(調露) 원년 기묘(己卯)에 있었다고 하였다.(『삼국유사』 권 2, 기이 2, 문무왕 법민)

　　위의 『삼국유사』 문무왕 법민조에서 명랑이 문두루비밀법을 행하는 가운데 채색비단으로 임시로 절을 짓고 오방신상을 만든 것은 『금광명최승왕경』의 단을 만드는데 사방에 깃발을 꼽고 일산으로 장엄하는 그것을 연상케 한다. 또한 본 의식에 보이는 다섯 가지 소리의 음악은 부여 능사에서 출토된 향로 뚜껑에 있는 5명의 악사나 「신라백지묵자대방광불화엄경사경(「新羅白紙墨字大方廣佛華嚴經寫經」)(754)의 화엄경 사경의식에 보이는 기악(伎樂)과 범패(梵唄)의 연주와 관련되리라 여겨진다. 특히 향수단장법식 가운데 보이는 세욕법은 「신라 백지묵자 대방광불화엄경 사경 발문(新羅白紙墨字大方廣佛華嚴經寫經跋文)」(754)의 화엄경 사경의식에서 사경 담당자들이 향수를 써서 목욕하는 것에, 그리고 경을 베낄 때의 의관 등은 자못 『금광명최승왕경』의 그것과 유사하나, 의식의 절차는『다라니경』권 12에서 '아도리가 향로를 잡고 범패를 부르며 나아가 향로 공양구를 맞이하는' 것과 흡사한 것으로 지적되고 있다.

천보 13년(754) 8월 1일에 시작하여 을미년(755) 2월 14일까지 [『화엄경사경』] 1부를 두루 마치어 이루었다. … 경을 만드는 법은 닥나무 뿌리에 향수를 뿌려 생장시키며 … 경을 옮겨 적을 때에 모두 청정한 새롭고 깨끗한 옷, 광채 나는 물 무늬 옷, 벽의관(僻衣冠), 천관(天冠)으로 장엄한 두 청의 동자가 관정침을 받들고, 또 청의동자에 네 기악인을 붙여 춤과 음악을 연주하며, 또 한 사람이 향수를 가는 길에 뿌리며, 또 한 법사가 향로를 받들어 이끌며, 또 한 법사가 범패를 불러 이끌며, 여러 필사들이 각각 향화를 받들어서, 우념행도(右念行道)하여 만드는 곳에 이르며, 삼귀의로 세 번씩 정례하고, 부처와 보살과 화엄경을 공양한 이후에 자리에 올라 경을 옮겨 적었다.

경심(經心)을 만들고 부처·보살상을 만들 때에, 청의동자와 기악인을 제하고 나머지 순정법(淳淨法)은 위와 같다. 경심 안에 1매의 사리를 넣는다. (「신라백지묵자대방광불화엄경사경발문」; 이기백 편, 1987,『한국상대고문서자료집성』, 일지사)

백제 금동대향로의 5악사

「신라 백지묵자 대방광불화엄경 사경」에서는 경을 옮겨 적는 과정에서 몸을 정결하게 하고 기악과 범패, 그리고 향수를 뿌리고, 향화를 받드는 예식을 순정법(淳淨法)이라고 일컬었다. 이는『다라니경』권12에서 '아도리가 향로를 잡고 범패를 부르며 나아가 향로 공양구를 맞이하는데 있어서, 네 제자가 아도리로부터 공양구와 향수 등의 물품을 가마에 싣고 가면 아도리는 향로를 손으로 잡고 도량에 들어가 우측으로 한 바퀴 돌고 단의 서쪽 문 밖에 설치한 자리 앞에 나아가면 일일이 향로반을 늘어 놓는데, 뭇사람들이 단위에 관정하면 행렬에 음악을 연주한다'에 흡사한 것으로 지적되고 있다. 이러한 행렬은 향수단장법식과 함께 설행되었을 것인데, 경이 부처님의 말씀을 담고 있을 뿐 아니라 경심에 사리를 넣어 부처님의 법신을 상징한 때문이라 여겨진다.

일본에서도 불교행사를 위해 향을 사용하였다. 홍인(弘仁) 13년(822) 3월 26일 행법(行法)을 위하여 정창원(正倉院)의 천향(淺香)과 사향(麝香), 자광(紫鑛), 오색교사(五色絞絲)를 내렸다. 이때 천향과 사향은 불교행사를 위한 향료로서 기능하였으며, 특히 사향은 관정행법(灌頂行法) 등의 행사에 사용되었다.

각종 불교행사에 향을 사용한 것은 이를 부처님을 공양하는 물품으로 인식한 때문이었다. 신라에서는 각종 사찰의 낙성이나 탑에 사리를 봉안할 때, 그리고 불상의 조영 등에도 향을 주요 의례 용품으로 사용하였다. 신인종(神印宗) 조사(祖師) 명랑(明朗)이 새로이 금강사(金剛寺)를 창건하여 낙성회를 열었을 때 향을 태우고 정성껏 기도하였다는 것이나, 분황사 전탑에서 사리기와 함께 발견된 유향과 불국사 석가탑에서 발견된 유향을 비롯한 향료 등은 그러한 사실을 보여준다.

향으로써 부처의 진신인 사리를 봉안하고 불상이나 사찰에 향화를 살랐던 의식은 향도의 결성으로 이어졌다. 김유신의 화랑도를 용화향도(龍華香徒)라 일컬었던 것이나, 흥륜사의 영수선사(永秀禪師)가 이차돈의 무덤에 예불하는 향도(香徒)를 모아서 매달 5일에 혼의 묘원(妙願)을 위해 단을 모으고 범패를 지었다는 것, 그리고 원화(元和) 연간(806년~820)에 남간사(南澗寺)의 사문 일념(一念)이 「촉향분 예불 결사문(髑香墳禮佛結社文)」을 지은 것은, 일군의 무리들이 결사를 맺어 사찰에 향을 공양하고자 하였던 사실을 증

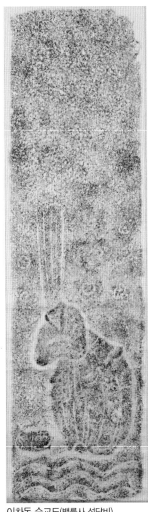

이차돈 순교도(백률사 석당비)

거한다. 비록 고려시대의 일이긴 하나, 태평흥국(太平興國) 7년 임오에 성범(成梵)이란 스님이 처음 비슬산 도성암(道成庵)에 와서 살다가, 만일 미타도량(萬日彌陀道場)을 열고, 50여 년을 정성을 다하니 자주 상서로운 조짐이 있었는데, 이 때 그윽한 기질의 신의있는 남자 20여 명이 해마다 결사(結社)하고 향나무를 주워 절에 바쳤다는 것은, 향도들이 사찰에 향을 제공하는 결사였음을 보여준다.

향은 사찰에서 부처님께 바치는 주요한 공양물이었거니와 당연히 궁중에서의 법회나 일반인의 기도에 주요한 의례 용품으로도 사용되었다. 경덕왕이 대덕 법해(法海)를 황룡사에 청해 『화엄경』을 강론하게 하고 가마를 타고 행차하여 향을 피웠는데, 법사가 강론을 하면서 향로를 끌어놓고 고요히 있으면서 창해(滄海)를 기울여서 동악을 잠기게 하고 경사(京師)를 떠내려가게 하는 신이를 보인 일화는, 향이 국왕의 행향 뿐만 아니라 승려들의 기도에 주요한 의례용품 이었을 보여준다.

부처님의 공양물로서의 향은 사찰에서 당나라 황제나 국왕의 장수를 기원하거나 왕생을 축원, 그리고 이차돈과 같은 성인을 추앙하기 위해 사르기도 하였다. 사천왕사를 지어 당나라 황제의 송수를 축원하였다거나, 가락국의 시조를 위해 진영(眞影)을 그리고 향(香)과 등(燈)을 바쳐 제사를 봉행하였다는 것은, 향이 부처님 뿐만 아니라 국왕의 제사에도 전용되었음을 의미한다.

국왕의 제사에 향이 사용된 것은 아무래도 신라에 진전사원 곧 사찰에 국왕의 진영을 그려 놓고 왕생을 기원하는 데서부터 비롯하였다고 여겨진다. 진전사원은 신라 중고기부터 비롯하였던 것으로서, 중대에 이르러서는 왕실이 그의 조상을 성스럽게 여김으로써 성전사원을 운영하였고, 사찰의 경우 열반에 든 승려들을 부처에 견줌으로써 사찰에 진영을 모실 수 있는 이론적 근거를 마련한 것이었다.

그러나 하대에 이르러 모든 중생이 곧 부처라는 성불관이 확산됨으로써 이제는 진골귀족들까지도 진영을 모시는 원찰을 운영하였고, 일반인들도 비로자나불을 조영함으로써 망자가 성불하여 연화장세계로 들어갈 뿐더러 비로자나불의 가피를 입어 미륵으로 하생하기를 기도하였던 것이다. 이는 숙세의 인연에 얽매이지 않고 현세의 선업을 닦음으로써 모든 중생이 부처가 되어 연화장세계에서 노사나불을 모실 수 있다는 신앙이 대중화되었음을 보여준다. 이로써 종래 부처에 대한 공양품으로 기능하던 향화(香火)를 국왕 뿐만 아니라 진골귀족, 그리고 일반인에까지 제의의 용도로 사용할 수 있게 되었다고 하겠다.

분향의 의례가 제례에까지 등장함으로 인하여 당연히 중국의 조칙을 맞이할 때나 국가 제사에서도 분향의 습속이 일반화되었던 듯하다.『고려도경』에는 고려시대에 중국 황제의 조칙을 맞이할 때는 사향을 피우고, 공회 때에는 독누(篤耨), 용뇌, 전단, 침수향 등을 태웠다고 한다. 이 가운데 독누(篤耨)는,『본초강목』에서는 칠과(漆科) 소속의 식물로서 줄기에 상처를 내면 독누향(篤耨香)이라는 수지(樹脂)가 나온다고 하였다. 또한 조선시대에는, 신라의 중사가 지내지던 사독(四瀆) 가운데 남독(南瀆)인 황산하(黃山河) 삽량주(歃良州 : 경남 양산시)를 여전히 조선의 남독으로 삼아 향과 축문을 내려 제사지내게 하였다고 하는데, 신라 이래의 전승이 조선시대까지 이어진 것이 아닐까 한다.

한편 불교의 전래와 함께 전해진 향은 최초에 공주의 병을 치료하기 위해 사용되었거니와, 불교에서 치병과 관련한 것은 5세기 초에 한역된『보살지지경(菩薩地持經)』및 7세기 초 인도로부터 현장(玄奘)이 가져와 한역한『유가사지론(瑜伽師地論)』의 유포와 관련이 있다. 이들 경전에는 승려들이 보살이 되기 위하여 '5명(五明)' 즉 공교명(工巧明 : 工業明)·인명(因明)·성명(聲明)·내명(內明)·의명(醫明) 등을 체득하는 것이 필요하다는 내용이 있다.『유가론』은 널리 3승(三乘)에 관한 경(境)·행(行)·과(果)를 밝히고 있지만, 보살로 하여금 자리이타(自利利他)를 실천하여 모든 선교(善巧)를 얻고 불과(佛果)를 닦아 이루어 이락(利樂)을 누리는 것으로 되어 있다. 이들 5명 가운데 의명(醫明)은 보살로서 자리이타(自利利他)를 실천하기 위해 승려들이 의술을 익혀 중생을 구제하는 것이다.

『유가사지론』은 진덕왕의 요청으로 당 태종으로부터 전해 받은 것으로,『보살지지경』과 함께 원효(元曉)의 현전 저술에 가장 많이 인용되고 있다. 그 밖에 신라 승려들 가운데『유가사지론』에 관한 저술을 남긴 이로는 원측(圓測)을 비롯하여 현일(玄一)·경흥(憬興)·행달(行達)·둔륜(遁倫 : 道倫)·태현(太賢)·혜경(惠景)·의영(義榮)·극태(極太) 등이 있다. 또한 중대 초기에 집사시랑과 상사봉어를 역임한 김지성(金志誠)이 "집착없는 진종(眞宗)을 우러러 사모하여 때때로 유가론을 읽었다"는 데서도, 유가론이 교학을 연구하는 승려뿐만 아니라 일반 지식인에게도 널리 유포되었음을 알 수 있다.

신라의 승려들은 치병과 관련한 사적을 많이 보이는데, 이들의 활동은 바로 5명 가운데 의명과 관련될 것이다. 이러한 때문에 당시 중국에서 의약품으로 사용되던 향이 불교 승려에 의하여 활용되는 바 없지 않았던 것으로 보인다.

제2장 향료의 용도와 유통

제1절 신라의 의학과 일본 전래

『삼국사기』 녹진전에는 헌덕왕 14년(822) 왕의 동생으로서 상대등의 직위에 있던 충공각간이 병으로 고생하던 차에 녹진의 충고에 따라 마음을 다스림으로써 치료하였다는 일화를 전한다.

… 녹진(綠眞)은 23세에 처음으로 벼슬하여 여러 차례 내외의 관직을 거쳤다. 헌덕대왕 10년 무술(818)에 이르러서는 집사시랑이 되었다. [헌덕대왕] 14년(822)에 국왕에게 왕위를 이을 아들이 없었으므로 동복(同腹)의 아우 수종(秀宗)을 태자로 삼아 월지궁(月池宮)에 들게 하였다. 그때 각간 충공(忠恭)이 상대등이 되어, 정사당(政事堂)에 앉아 내외 관원을 전형, 선발하였다. 공무를 물리치고 병이 들었는데, 국의(國醫)를 불러 진맥하니, "병이 심장에 있어 반드시 용치탕(龍齒湯)을 복용하여야 합니다."라고 하였다.

마침내 [충공은] 21일간의 휴가를 청하고 문을 닫고 손님을 만나지 않았다. 이에 녹진이 가서 뵙기를 청하였으나, 문지기가 거절하였다. 녹진이, "하관(下官)은 상공(相公)께서 병환으로 인하여 손님을 사절함을 모르지는 않으나, 반드시 [그 분] 곁에서 한 말씀을 드려서 근심에 가득찬 생각을 풀어드려야 하겠기 때문에 여기에 온 것입니다. 만일 뵙지 못한다면 물러갈 수 없습니다."라고 하였다. 문지기가 두세 번 그것을 아뢰었더니, 이에 [충공이] 불러들여서 보았다. 녹진이 나아가서, "살피건대 귀하신 몸이 편안하지 않으시다 들었습니다. [이는] 아침 일찍 출근하고 저녁 늦게 퇴근하여 찬바람과 이슬을 맞아 혈기가 조화를 잃어 몸이 불편하신 것이 아닙니까?"라고 말하였다.

[충공은] "그런 정도는 아니다. 다만 어릿어릿하여 정신이 상쾌하지 않을 뿐이다."라고 하였다. 녹진은, "그렇다면 공의 병환은 약이나 침으로 할 것이 아니라, 가히 이치에 맞는 말과 고상한 이야기로 한 번 쳐서 깨칠 수 있습니다. 공은 들어 주시겠습니까?"라고 말하였다. [충공이] "그대는 나를 멀리하여 버리지 않고 호의를 가지고 와 주었다. 원컨대 좋은 말을 들려주어 나의 마음을 씻어 주게나!" 라고 하였다.

녹진은 말하였다. "저 목수가 집을 짓습니다. 재목이 큰 것은 기둥으로 삼고 작은 것은 서까래로 삼으며, 휜 것과 곧은 것은 각각 적당한 자리에 들어간 후에야 큰 집이 만들어집니다. 옛날에 어진 재상이 정사를 함에 있어서 또한 무엇이 다르겠습니까? 큰 인재는 높은 지위에 두고 작은 인재는 가벼운 소임을 준다면, 안으로는 육관(六官)과 온갖 집사들로부터 밖으로는 방백(方伯)·연솔(連率)·군수(郡守)·현령(縣令)에 이르기까지 조정에는 빈 직위가 없고, 직위마다 부적당한 사람이 없을 것이며, 상하의 질서가 정해지고 어진 이와 어리석은 자가 나누어질 것입니다. 그런 후에야 왕정(王政)이 이루어집니다. [그런데] 지금은 그렇지 않습니다. 사사로움에 따라 공심(公心)이 다 없어지고, 사람을 위하여 관직을 택하며, 총애하면 비록 재목이 아니더라도 아주 높은 곳으로 보내려 하고, 미워하면 능력이 있더라도 구렁에 빠뜨리려고 합니다. 취하고 버림에 그 마음이 뒤섞이고 옳고 그름에 그 뜻이 어지럽게 되면, 비단 나라 일이 혼탁해질 뿐만 아니라 그 일을 하는 사람 역시 수고롭고 병들 것입니다. 만약 그 관직을 맡음에 청렴하고 결백하고 일을 처리함에 근신한다면 뇌물의 길을 막고 청탁하는 폐단을 멀리할 수 있어, 승진과 강등을 오직 [그 사람의] 어두움과 밝음으로써 하고 [관직을] 주고 뺏는 것을 사랑과 미움으로써 하지 않아, 저울에 다는 것처럼 가볍고 무거움이 잘못되지 않고 먹통 줄처럼 곡직(曲直)이 속여지지 않을 것입니다. 이와 같게 되면 형정(刑政)이 진실로 엄숙해지고 국가가 화평하여, 비록 공손홍(公孫弘)처럼 집의 문을 열어 놓고 조참(曹參)과 같이 술을 내면서 친구들과 담소하고 즐겨도 좋을 것입니다. 그런데 어찌 반드시 약을 먹느라고 마음을 쓰고, 부질없이 시간을 소비하며 일을 폐하시는 것입니까?"

각간[충공]은 이에 의관(醫官)을 사양하고 물리쳐 보내고, 수레를 타고 왕궁으로 입조하였다. [헌덕]왕이, "경에게 날짜를 정해 놓고 약을 먹으라고 했는데, 어찌하여 조정에 나왔는가?"라고 말하였다. [충공이] 대답하기를, "제가 녹진의 말을 들으니, 약석(藥石)과 같았습니다. 어찌 용치탕을 마시는 데 그칠 정도이겠습니까?"라고 말하였다. 인하여 [헌덕]왕을 위하여 일일이 [녹진이 한 말을] 이야기하였다. [헌덕]왕은, "과인(寡人)이 인군(人君)이 되고 경(卿)이 수상이 되어, 이와 같이 직언하는 사람이 있으니 얼마나 기쁜 일인가? 태자로 하여금 알게 하지 않을 수 없으니, 마땅히 월지궁(月池宮)으로 가라!"고 말하였다. 태자가 이 말을 듣고 들어와서 하례하기를, "일찍이 임금이 밝으면 신하가 곧다고 들었습니다. 이 역시 국가의 아름다운 일입니다."라고 말하였다.

… (『삼국사기』 권 45, 열전 5, 녹진)

충공은 원성왕의 손자로서 민애왕의 아버지이다. 그는 헌덕왕 9년(817)부터 동왕 13년(821)년까지 약 4년간 집사부 시중을, 그리고 동왕 14년(822)년부터 흥덕왕 10년(835)까지 약 13년간 상대등을 역임하였다. 그는 헌덕왕과 흥덕왕의 아우이기도 하였는데 822년 김헌창(金憲昌)의 난을 진압하는 데 공을 세웠다. 위의 기사는 헌덕왕대에 그가 상대등으로서 정사당(政事堂)에서 내외관(內外官)의 인사문제를 처결하다가 병이 들어 국왕이 의관을 보내어 용치탕을 처방하여 내렸다는 일화이다.

용치(龍齒)는 맘모스의 치아를 지칭하는 것으로서,『본초적요(本草摘要)』에 따르면 정신질환의 치료제로서 마음과 혼을 안정시키는 데 효능이 있다고 한다. 헌덕왕의 국의가 심장에 병이 들어 용치탕을 처방하였다는 것이나 녹진이 과로로 혈기가 조화를 잃었다는 것, 그리고 녹진이 인사의 원칙을 일러줌으로써 충공의 마음의 병을 씻어냈다는 것은, 충공이 인사문제로 신경쇠약에 걸렸던 사실을 반영한다. 국의가 처방한 용치탕은 충공각간의 이러한 신경쇠약증에 대한 처방임에 분명하다. 여기에서 820년대에 이미 신라에는 신경쇠약에 효능이 있다는 용치탕을 처방할 정도의 의학이 있었음을 알 수 있다.

신라는 일찍부터 중국의 의학을 습득하였다. 효소왕 원년(692) 신라는 의학의 교수과목 곧 본초경(本草經)·갑을경(甲乙經)·소문경(素問經)·침경(針經)·맥경(脉經)·명당경(明堂經)·난경(難經) 등의 과목을 개설하였다. 이 가운데『본초경』은, 804년 박여언(朴如言)이 798년에 편찬된『광리방(廣利方)』을 구하고자 한 사례로 미루어 볼 때에, 당 고종 10년(659)에 편찬된『신수본초』 그것으로 보인다. 신라의 중국 본초학의 습득이 비교적 신속하고 적극적이었음을 알 수 있다.

이러한 신라의 의학은 곧바로 일본에도 전해졌다. 곧 일본에서는 701년 제정된 대보율령(大寶律令) 의질령(醫疾令)에 근거하여 전약료(典藥寮)에서 침생(針生) 등을 양성하고, 757년 의생(醫生)과 침생들에게 대소(大素)·갑을(甲乙)·맥경(脉經)·본초(本草)·소문(素問)·침경(針經)·명당(明堂)·맥결(脉決) 등을 익히게 하였다. 또한 820년에 이르러『신수본초경(新修本草経)』등 중국 본초서를 교습하였다.

757년 일본 의생과 침생들에게 교습한 교과목은 효소왕 원년(692) 신라 의학에서 교수한 그것에 상응한다. 이는 신라의 의학지식이 60여 년이 지나 일본에 전래되어 영향을 끼쳤던 사실을 보여준다.

8세기 초엽부터 신라에 전래된 향료와 약재가 일본에 많이 전해졌는데,

이러한 데는 신라를 경유하거나 신라산 약재에 대한 일본측의 수요가 적지 않은 데서 비롯한다. 여기에는 이들 약재에 대한 일본 조정이나 귀족사회에서의 신라 의료기술에 대한 신뢰도가 높았던 때문이라고 할 수 있다. 사실 이들 향료와 약재에 대한 기록이 일본 고문서에 아직도 남아 전하고 있어 그러한 사실을 확인할 수 있다.

제2절 732년의 신라사신과
일본 황후궁의 법륭사(法隆寺) 헌납 향목

1. 732년 법륭사 헌납물과 백단향

일본 법륭사(法隆寺) 창고에 8세기 무렵 입고되어 보관된 백단향(白檀香, 法 112·113號) 2점과 침향 1점(法 114號), 그리고 그 내력이 적힌「법륭사헌납 보물(法隆寺獻納寶物)」과 『법륭사가람연기병유기자재장(法隆寺伽藍緣起幷流記 資財帳)』이 있다. 또한 『속일본기』에는 752년 '신라왕자' 김태렴(金泰廉) 일행이 일본에 조공하였다는 기록을 전하는데, 당시에 일본 귀족들이 김태렴의 신라물을 구입하기 위하여 신청한 30 건의「매신라물해(買新羅物解)」가 남아 전한다.

법륭사(法隆寺)의 백단향(白檀香, 法 112·113號) 2점과 침향 1점(法 114號)에는, 각각 묵서명이 있고 팔레비 문자와 소그드 문자가 새겨져 있다. 팔레비 문자와 소그드 문자는 본 향목의 판매 유통 과정에 소그드인의 관여 사실을 시사하며, 묵서명은 그것이 일본에 전래되어 법륭사에 헌납되었던 과정을 보여준다. 특히 묵서명을「법륭사헌납보물」과 『법륭사가람연기병유기자재장』과 비교할 때, 이들 향목이 법륭사에 전해진 내력을 밝힐 수 있

법륭사 전단향(법 112호)

법륭사 백단향(법 113호) 소그드 문자 소인

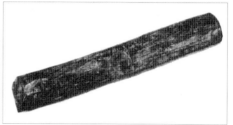

법륭사 백단향(법 113호)

법륭사 백단향(법 113호) 소그드 문자 소인

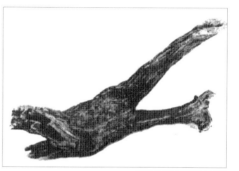

법륭사 침수향(법 114호)

어 주목된다.

　이들 향목(香木)의 묵서(墨書)와 두 종의 자재장 및 당시 일본의 신라, 발해, 당과의 교섭관계로 보아, 이들 향목이 대륙으로부터 전해진 물품임을 분명히 알 수 있다. 이에 대해서는 이미 페르시아·소그드인 중계무역으로 내륙아시아 또는 남해를 거치는 루트로 중국에 들어와 일본에 전래한 것으로 보는 견해가 있었다. 또한 신라인이 소그드인 교역상인으로부터 입수하여 일본에 공급하였을 가능성을 추정하면서, 소그드인의 신라 방문으로 인한 물품 구입 가능성을 상정하기도 한다.

일찍이 일본 학자 동야치지(東野治之)는 앞서 살핀 『성덕태자전력(聖德太子傳曆)』 추고천황 3년(595) 관세음보살상 조상 연기(觀世音菩薩像 造像 緣起)에 보이는 침수향(沈水香)을 현존 법륭사 112~114호의 그것일 가능성이 높은 것으로 추정하였다. 사실 성덕태자(573~621)가 법륭사를 추고천황 원년(593)에 착공하여 동 천황 15년(607)에 완공한 바, 성덕태자와 법륭사의 밀접한 관계를 예상할 수는 있다. 그러나 『성덕태자전력』에는 전래한 침수향으로써 관음보살상을 조영하였다고 하였지만, 현존 법륭사의 백단향은 잘 다듬어져 상품화된 것으로서 소그드 문자가 새겨져 있어, 『성덕태자전력』의 침수향과는 무관하다.

『성덕태자전력』에서는, '침수향은 전단향목이라 이름하며, 남천축국 남해안에서 난다. … 그 열매는 계설(鷄舌), 꽃은 정자(丁子), 기름은 훈륙(薰陸), 물에 잠겨 오래된 것은 침수향(沈水香)이 되고, 오래되지 않은 것은 천향(淺香)이 된다.'고 하였다. 향료에 대한 당시대 일본 지식층의 이러한 인식은 상당한 오류가 있다.

백단향은 불경에 보이는 전단향을 가리킨다. 섭정규(葉廷珪)의 『향보(香譜)』에 따르면 껍질과 열매가 황색인 것은 황단(黃檀), 껍질이 깨끗하고 색이 흰 것은 백단(白檀), 껍질이 부패하고 색이 자색인 것은 자단(紫檀)이 된다고 하였다. 그 가운데 단단하고 무거우며 맑은 향이 가장 좋은 것은 백단향이라고 하였다. 또한 침향은 밀향수(蜜香樹)에서 취하는데, 밀향수를 베어 두고 수 년이 지나면 나무 가운데와 마디가 견고하고 검어 물에 가라앉은 것을 침향(沉香, 沉水香), 물과 수평을 이루는 것은 계골향(鷄骨香), 그 뿌리를 황숙향(黃熟香), 줄기는 잔향(棧香), 가는 가지에 굳게 얽힌 열매가 문드러지지 않은 것은 청계향(靑桂香), 뿌리 마디가 가볍고 큰 것은 마제향(馬蹄香)이 되며, 열매는 계설향(鷄舌香)이 된다고 하였다.

정자향(丁字香)은 정향(丁香)의 모습이 정자(丁字)와 비슷하여 일컬은 것이다. 당 개원 연간에 편찬된 『본초습유(本草拾遺)』에는 계설향을 정향과 같은 종이라 하였다. 이는 당 고종 10년(659)에 편찬된 『신수본초(新修本草)』 곧 『당본초(唐本草)』에서 암나무는 향용(香用)으로 쓰지 못하며 숫나무는 열매를 맺지 못하나 꽃을 채취하여 향을 만드는데, 곤륜(崑崙)과 교주(交州), 애주(愛州) 이남에서 산출된다고 하였다.

훈육향은 유향(乳香)의 본래 이름이다. 그 방울져 내리는 것이 유두(乳頭)와 같아 유두향(乳頭香)이라고도 일컬으며, 마륵향(摩勒香)이라고도 한다.

이처럼 『성덕태자전력』에서 전단향(栴檀香)목이라는 동일 수목에서 채취하는 것으로 인식하였던 전단향, 침수향, 정자향, 훈육향은 서로 다른 수종에서 나는 향료이다. 이는 최소한 『성덕태자전력』이 편찬된 10세기 전반 일본의 향료에 대한 지식에 오류가 있었음을 보여준다.

한편 법륭사 헌납 물품명을 살필 수 있는 문건으로는 천평 18년(746) 10월 14일에 작성된 「법륭사가람자재장」을 비롯하여, 천평보자 5년(761) 10월 11일에 사주(寺主) 인신(隣信) 등이 작성하였던 것을 보안 2년(1121) 3월 26일에 승려 원조(源朝)가 수습하여 다시 정리한 『법륭사연기자재장(法隆寺緣起資財帳)』, 그리고 천평승보 8년(756) 7월 8일에 작성된 『법륭사헌물장(法隆寺獻物帳)』을 들 수 있다.

이들 각 문건은 불상과 불경, 소속 승려, 금은전류(金銀錢類), 각종 공양구(供養具), 그릇류(器類), 종·경·번(鐘·磬·幡) 등 불교 의례용 물품, 향악류, 의구·의복구(儀具·衣服具) 및 실·베 종류[絲布類], 소속 천인(賤人), 사찰 소유의 마·우·전·토지·해·지·장·미·곡·식봉(馬·牛·田·土地·海·池·庄·米·穀·食封) 등의 순으로 구성되었고, 마지막에 문건을 작성한 시기를 기술하였다. 특히 각 자재에 대한 연기(緣起)를 기술하고 헌납시기와 헌납자를 밝히고 있어, 각 물품의 유래를 살필 수 있다.

특히 『법륭사연기자재장』이 처음 작성된 천평보자 5년(761)은 현전 법륭사 백단향(법 102, 103호)의 무게를 다시 정한 것과 같은 해로서 주목된다. 이로써 볼 때에 천평보자 5년(761) 3월 4일에 전체적으로 법륭사 자재를 점검하고 이에 대해 자세하게 주석을 달아 승강소(僧綱所)에 보고하여 10월 11일 공문으로 만든 것이 현전하는 『법륭사연기자재장』이다. 이들 문건에는 법륭사 자재의 물품명과 종류, 상태, 수량, 헌납일시, 헌납자 등을 기재하고 있어, 물품의 전래 경로를 추적할 수 있다.

법륭사 향목의 묵서에는 천응 2년(天応二年, 782), 연력 20년(延曆卄年, 801), 자 5년(字五年, 天平寶字 5, 761), 제형 2년(齊衡二年, 855) 등 모두 네 개의 연기(年紀)를 확인할 수 있다. 이들 묵서의 기년은 성덕태자가 법륭사를 창건한 시점과는 180여 년 넘게 차이가 있다.

또한 법륭사의 연기와 동 사찰 창고에 물품의 출납을 기재한 「법륭사가람연기병유기자재장」에는 이들 향료에 관한 기록을 전한다. 이 자재장은 천평 18년(746) 10월 14일 「승강소첩(僧綱所牒)」에 따라 자세히 조사·기록하여 보고한 것을, 천평 19년(747) 2월 12일 도유나승(都維那僧) 영준(靈尊) 등이 삼강첩(三綱牒)에 의거하여 항식으로 삼아 후세에 전하고자 천평 20년(748) 6월 17일에 다시 정리하여 완성한 것이다.

자재장에 따르면, '탑분 백단향 160량(塔分 白檀香 壹伯陸拾兩)'을 '천평 6년(734) 갑술 2월 평성궁 황후궁이 헌납한 것[納賜平城宮 皇后宮者]'이라고 하였다. 당시에 황후궁에서는 탑에 대한 공양향으로서 백단향을 올리고, 불상을 위해 10종의 향약 곧 백단향(白檀香) 406량, 침수향(沈水香) 86량, 천향(淺香) 403량 2푼, 정자향(丁子香) 84량, 안식향(安息香) 70량 2푼, 훈육향(熏陸香) 511량, 감송향(卄松香) 96량, 풍향(楓香) 96량, 소합향(蘇合香) 12량, 청목향(靑木香) 281량을 공양하였다. 그리고 동 사찰의 승려들을 위하여 백단향(496량)과 약(藥) 14종을, 장육불상을 위하여 사향(麝香) 1량 등을 법륭사에 헌납하였다.

따라서 백단향(法 113호)은 천평 6년(734) 갑술 2월에 황후궁에서 헌납한 것임을 확인할 수 있다. 당시에 황후궁에서는 이들 백단향 뿐만 아니라 다량의 향약류를 법륭사에 헌납하였던 것이다. 이에 백단향(法 113호)은 이들 향약과 동일한 경로를 통해 일본에 전래되어 황후궁에 들어갔고, 그것이 다시 법륭사에 헌납되었다고 보아 좋을 것이다.

그런데 백단향(法 112호)의 묵서는 [법 113호]와 동일한 서식으로 기재되었다. 양 자는 모두 중량을 다시 재서 기록한 이후로 천응 2년(782)과 연력 20년(801)에 다시 무게를 측정하였다. 그런데 이들 향료의 무게를 다시 책정한 때는 모두 천평보자 5년(761)이다. 사실 현존하는 두 종의 법륭사 백단향은 묵서의 형식이나 내용, 유물의 형태, 소그드 문자를 새긴 것이 매우 유사한 바, 같은 시기에 법륭사 창고에 넣어져 보관된 것이라 할 수 있다.

다만 법륭사의 침향(법 114호)은 제형 2년(855)의 연기(年紀)와 무게만이 나타나고, 백단향(법 102, 103호)에 보이는 소그드 문자 등이 보이지 않는다. 이는, 법륭사 창고에 입고되어 보관된 시기가 백단향과 다른 때문일 것이다. 천평 19년(747) 2월 12일 삼강첩에 의거하여 '법륭사의 헌물을 조사하여 기록하는 것'을 항식으로 삼았다는 점을 유의할 때에, 침향(법 114호)은 두 백단향의 무게를 최후로 측정한 연력 20년(801) 이후로부터 그 무게를 검정한 제형 2년(855) 사이에 법륭사에 입고되었다고 여겨진다.

따라서 『법륭사가람연기병유기자재장』으로부터 백단향(법 112·113호)은 천평 6년(734) 2월에 황후궁에 의해 헌납되었고, 침향(법 114호)은 연력 20년(801)부터 제형 2년(855) 사이에 법륭사 창고에 보관되었음을 알 수 있다. 이들 가운데 천평 6년(734) 2월에 황후궁이 헌납한 백단향은 여러 종류의 향약과 함께 헌납되었지만 일본에서는 생산되지 않은 전래품이 분명하다.

법륭사에 입고된 향약류는, 약(藥)과 채색물(彩色物), 향(香), 잡물(雜物), 경부향(經副香) 등으로 구분할 수 있다. 양로 6년(722)에는 울금향(鬱金香),

갑향(甲香), 향부자(香附子), 첨당향(詹唐香), 금석릉주(金石綾州), 오색용골(五色龍骨), 자설(紫雪), 계심(桂心), 귀구(鬼臼), 감초(甘草), 야갈(冶葛), 망소(芒消), 무식자(無食子) 등의 약재로 구성된다. 이 가운데 울금향, 오색용골, 계심, 감초, 망소 등은 752년 김태렴의 「매신라물해(買新羅物解)」에 보이는 것이고, 갑향, 향부자, 첨당향, 금석릉주, 자설, 귀구, 야갈, 무식자 등은 본 문건에만 등장한다.

갑향은 『당본초』에서는 소라[蠡]라고 하였는데, 『동의보감』에는 금구의 소라[金口蝶螺]라고 하였다. 이는 중국 복주(福州)의 민(閩) 지방 근해 주군(州郡) 및 명주(明州)에서 산출된다고 한다. 결핵성 피똥 누는 치질[腸風]이나 고름 구멍이 나는 치질[瘻痔] 등에 효능이 있다.

향부자는 바닷가 모래땅이나 물가의 벌판에서 자라는 사초과의 다년초이다. 두통, 복통, 폐결핵 등에 효능이 있으며, 한국·중국·일본 등지에 분포한다.

자설은 황금(黃芩)·한수석(寒水石)·석고(石膏)·현삼(玄參)·무소 뿔[犀角] 영양 뿔(羚羊角)·감초(甘草)·승마(升麻)·침향(沈香)·목향(木香)·정향(丁香) 등으로 조제한 조합향이다. 이는 일체의 쌓인 열[積熱]을 다스리는 데 쓰인다.

귀구는 천남성(天南星)과 비슷하나 그보다는 크며, 전염성 열병[溫疫]을 물리치는 데 사용한다. 야갈은 귀음훼(鬼音卉)와 같은 식물성 약초로서 독성이 있으나, 부자(附子)·촉초(蜀椒) 등과 함께 부스럼[瘡方]이나 큰 부스럼[癰疽]에 고름[膿]이 있을 때 치료하거나 벌레 물린데 효능이 있다. 첨당향, 금석릉주는 미상이지만, 이들 향약 가운데 5/12가 「매신라물해」에 보이는 것으로서, 열병이나 구급약, 열병 등에 필요한 약재임을 알 수 있다. 이들 약재와 함께 헌납된 채색물은 동황(同黃), 단(丹), 주사(朱砂), 녹청(綠青), 호분(胡粉), 황(黃), 연자(烟子), 자황(雌黃) 등으로서, 모두 752년의 「매신라물해」에 등장한 안료이다.

양로 6년(722)에 헌납된 향약이 약재와 안료인데 대하여, 천평 6년(734)의 헌납물은 향료와 약재로 구성되었다. 향료로는 백단향(白檀香), 침수향(沈水香), 천향(淺香), 정자향(丁子香), 안식향(安息香), 훈육향(熏陸香), 감송향(甘松香), 풍향(楓香), 소합향(蘇合香), 청목향(青木香) 등이다. 약재 14종의 명칭은 기재되지 않았으나 사향(麝香)이 포함되는데 대체로 722년의 그것과 크게 다르지 않을 것으로 생각된다.

향료 가운데 소합향은 『당본초』에 중천축(中天竺)에서 나는 조합향이다. 학질[溫瘧], 뱀·지네·두꺼비 따위의 독[蠱毒]을 낫게 하며, 발동하여 병을 일으키는 장충(長蟲), 적충(赤蟲), 요충(蟯蟲) 3가지 기생충인 3충(三蟲)을 죽이고 가위눌리지 않게 한다고 한다. 풍향은 백교향(白膠香)으로서 두드러기, 풍으로 가려운 것, 치통 등에 효능이 있다. 이들 향약류가 향료 뿐만 아니라 약재로도 유용했음을 보여준다.

천평 6년(734)의 향료 가운데 풍향, 소합향을 제외한 모든 향료, 그리고 약재로서의 사향은 김태렴의 「매신라물해」에 그 이름을 살필 수 있다. 또한 훈육향은 법륭사에서 구매한 것이고, 침수향·천향·훈육향·청목향 등은 황후궁에서 헌납한 것이다. 훈육향을 법륭사에서 구매하였다는 것으로 보아, 일본 내에서 이들 향약의 구매가 가능하였던 것으로 보인다. 따라서 황후궁이 헌납한 향약이나 천평승보 8년(756)의 청목향 또한 구매가 가능하였던 것으로 여겨진다.

한편 천평 9년(737)에는 경궤(經樻) 4홉[合] 가운데 2홉은 천향(淺香)과 적단(赤檀)으로 궤(樻)를 만들고, 궤 안에 정자향을 수납하였다. 여기에서의 정자향은 불경을 보존하기 위한 경부향(經副香)으로서, 천평 14년(742) 곽향(藿香), 감송향(甘松香), 영릉향(苓蔘香)을 경부향으로 삼았던 것과 동일하다.

천평 10년(738)에는 주방(朱芳)과 무소 뿔[犀角] 등을 잡물로서 기재하였다. 주방은 김태렴의 「매신라물해」에 보이는 수방(茱芳)을 지칭한 것으로 판단되는데, 소방(蘇芳)과 주방(朱芳)의 음가와 글자 모양이 유사한 데서 비

롯한 소방(蘇芳)의 다른 이름이 아닐까 한다. 주방장(朱芳帳)이란 주방(朱芳)
으로 염색한 휘장이나 천막이 아닐까 여겨진다. 법륭사 헌납물 가운데 향
약류와 채색류는 양로 6년(722)에 처음으로 등장하며, 천평 6년(734) 이후에
등장하는 물품은 대체로 752년 김태렴이 일본에서 교역한 신라물의 범위
를 크게 벗어나지 않는다.

　이들 향료와 약재 이외에 공양구 및 의구류, 직물류 등이 있는데, 이들
은 각 시기별로 차이가 있다. 곧 공양구 및 의구류에 있어서는, 계사년(693)
이래로 천평 8년(736)까지 전후 5차례에 걸쳐 헌납되었다. 이들 물품은, 7
세기 후반부터 8세기 전반까지의 신라와 일본간의 외교 관계에 수반하여
일본 왕실과 조정에 외교적 의례품인 금은철정(金銀鐵鼎) · 금은도기류(金銀
刀旗類)(679), 금은동철(金銀銅鐵)(681), 누금기(鏤金器) · 금은(金銀) · 금기(金器)
(686), 금은(金銀)(688), 동철류(銅鐵類)(688)를 비롯하여, 김태렴의 「매신라물
해」에 보이는 사발[鉢], 대접[鋺], 접시[盤], 물병[水瓶], 단지[壺], 수저[鉇], 젓
가락[箸], 머리카락 자르는 가위[髮剌], 빗[梳], 향로(香爐), 화로(火爐), 촉대(燭
臺), 다라(多羅), 석장(錫杖) 등과 동일한 양상이다. 특히 기물류는 그 재질면
에서도 금 · 은 · 동 · 잡라(迊羅) · 유석(鍮石) 등으로 제조된 것으로서 「매신라
물해」의 기물류와도 서로 통한다.

　법륭사에 헌납된 직물류로는 계사년(693) 10월 26일로부터 천평 14년

일본 정창원(正倉院)의 사발과 좌파리(佐波理)　안압지 출토 금동 가위
가반문서(국립중앙박물관 : 「고대문자전」, 2011.10.
전시 복제품)

(742)에 이르기까지 전후 6차례에 걸쳐, 비금(秘錦), 무늬 있는 비단[綾], 무늬 있는 흰 비단[白綾], 자주빛 새그물 비단[紫羅], 검은 자주빛 새그물 비단[黑紫羅], 붉은 자주빛 무늬 있는 비단[赤紫綾], 감색 베[紺布], 목금(木錦) 등과 그 밖에 생 깁가는 비단[生絁], 사(絲), 면(綿), 장포(長布), 상포(商布) 등이 있다. 이 가운데 생 깁가는 비단[生絁], 사, 면, 장포, 상포 등은 「매신라물해」에 일본 관료들이 신라물에 대한 구매가로서 치뤄진 물품으로서 일본에서 생산된 것으로 보아 좋을 것이다.

다만 깃발[幡] 등은 일찍부터 신라가 불상 등과 함께 일본에 전래되었는데, 홍록간지고려금(紅綠綢地高麗錦)과 녹지고려금록힐(綠地高麗錦綠纈)의 명칭으로부터 금(錦)과 힐(纈) 등이 고려 곧 발해로부터 전래한 물품임을 알수 있다. 욕(蓐)과 탑(榻)은 신라 흥덕왕대 금령 가운데 보이는 침구[褥子]와 자리[毾毲]에 상응한다. 더욱이 법륭사에 헌납된 각종 물품 가운데 불상과 불경이 일찍부터 백제·신라로부터 전래되었다는 점에서, 욕(蓐)과 탑(榻)이 백제 또는 신라와 관련되지 않을까 생각한다. 이에 8세기 전반 무렵 법륭사에 고르게 헌납된 기물류나 향약, 직물류의 경우 발해와 신라의 물품과 모종의 관련이 있는 것이 아닌가 추측된다.

일찍이 동야치지(東野治之)는 법륭사에 입고된 향료의 유입경로를 세 가지로 상정한 바 있다. 첫째, 열대 아시아 → 페르시아 → 중앙아시아 → 당 → 일본의 경로인데, 이 경우 페르시아인이 입수한 인도산 백단향을 소그드인의 손을 거쳐 동방에 운반될 가능성이 극히 높은 것으로 보았다. 다음으로 해로를 통하여 남해루트를 경유함으로써 광주(廣州)에 들어온 경우로서, 소그드인과 페르시아인에 의하여 중국에 들어온 때문에 소그드와 팔레비 문자가 찍혔거나 새겨졌다는 것이다. 마지막으로 일본측 기록에 보이는 페르시아인의 기사를 중시하여 이국인들이 대규모로 일본에 건너왔을 것으로 보고 수입무역품의 중계에 있어서 이들에 의한 직접적인 전래를 생각할 수 있겠으나, 견당사나 한반도 여러 나라의 역할을 중시해야 한다고 보았다. 김창석은 당시 김태렴의 신라물에서 향료가 차지하는 비중이 높다는 관점에서 신라에 들어와 정착한 소그드인 교역상인으로부터 이들 백단향 등을 신라인이 입수하여 일본에 공급하였을 가능성이 있는 것으로 추측하였다.

그런데 앞서 살폈듯이 백단향(법 112·113호)은 천평 6년(734) 갑술 2월에 황후궁에서 헌납한 것이고, 침향(법 114호)은 연력 20년(801) 이후 그 무게를 검정한 제형 2년(855) 사이에 법륭사에 입고되었다. 특히 천황과 황후궁이 법륭사에 헌납한 물품들 가운데 상당수의 기물류나 향약 등은 752년 김태렴의 신라물(新羅物)과 서로 통하며, 고려금(高麗錦)이나 깃발[幡], 자리[榻], 침구[蓐] 등은 한반도와 깊은 관계가 있다. 사실 법륭사에는 597년 일본에 건너 간 백제 아좌태자(阿佐太子)가 그렸다는 성덕태자(聖德太子)의 초상화가 있었다고 하는 바, 법륭사 자체가 한반도와 밀접한 관련이 있음을 알 수 있다.

2. 천평연간 일본 황후의 병환과 신라사신의 향목 전래

지통천황 7년 계사년(693) 10월 23일부터 일본 여러 나라에 인왕경 강회(仁王經 講會)가 처음 베풀어져 그 이듬해 4월까지 거행하였다. 이 때에 지통천황은 백동경(白銅鏡), 종(鍾), 구리 경쇠[銅磬], 철 경쇠[鐵磬], 석장(錫丈), 구리 솥[銅釜], 철 솥[鐵釜], 구리 청(銅鐺), 백동화로(白銅火爐), 철화로(鐵火爐), 도량(度量), 자물쇠[鑰], 열쇠[鑰子], 구리 도장[銅印], 경대(經臺), 앉는 책상[案机], 경 주머니[經囊], 큰 사슴 꼬리로 만든 총채 모양 불구[塵尾] 등을 법륭사에 헌납하였다. 이들 물품 가운데 상당 부분은 752년 김태렴의 신라물 가운데 각종 경(鏡)과 백동석장, 백동화로, 백동향로, 아량(牙量) 등에 상응한다. 따라서 이들 물품은 일본에 파견된 신라사신이 천황에게 외교적 증여물로 전한 물품의 일부가 아닐까 추정된다.

지통 6년(692) 11월 8일에 신라 사신 급찬 박억덕(朴億德)과 김심살(金深薩)이 천황에게 조(調)를 바쳤다 하고, 지통 7년(693) 2월 3일에는 신라 사신 김강남(金江南) 등이 일본에 파견되어 신문왕의 죽음을 알렸다. 특히 박억덕이 가져간 조(調)는 692년 12월 24일 일본의 5사(五社), 곧 이세(伊勢), 주길(住吉), 기이(紀伊), 대왜(大倭), 토명족(菟名足) 신사에 바쳐졌다. 그후 693년 2월 30일 박억덕 등이 귀국하고, 3월 16일에 견신라사 직광사식장진인로(直廣肆息長眞人老) 등과 학문승 변통(辨通)·신예(神叡)가 신라에 파견되었다.

　신라 사신 박억덕 등이 가져간 조(調)의 내용은 분명하지 않으나 이를 일본의 5사에 바쳤다고 하는 바, 법륭사 인왕회에 즈음하여 법륭사에 헌납되었을 가능성이 높다. 「법륭사가람자재장」의 물품은 이러한 양국간의 사신 내왕의 사정을 반영하는 것으로 생각한다.

　양로 6년(722) 12월 4일 법륭사에는 여러 공양구를 비롯하여 처음으로 향약류가 헌납되었다. 『속일본기』에는 양로 6년 11월 19일 태상천황[太上天皇, 元明天皇]을 추복하여 『화엄경』, 『대집경』, 『열반경』, 『대보살장경』, 『세음경』을 필사하고 관정 깃발[灌頂幡], 도량 깃발[道場幡]과 함께 뿔 장식의 옻칠한 안석[着牙漆几], 구리 대접 그릇[銅鋺器], 버드나무 상자[柳箱] 등을 만들어 12월 7일부터 경기(京畿) 내의 여러 사찰에서 승려들을 청하여 재(齋)를 올리도록 하였다. 「법륭사가람자재장」의 기물들은 이와 무관하지 않을 것이다. 다만 백단목으로 만든 염주[白檀誦數]나 모전[氈] 등은 『속일본기』에 보이지 않는 물품이고, 아울러 울금향, 향부자, 계심 등 동남아시아산 향약과 함께 등장하고 있어 그 전래 경로가 의문이다. 특히 기물류 가운데 한궤(韓樻)가 보이거니와, 한궤는 신라와의 관련성을 시사한다. 물론 이들 향약류를 718년 일본의 견당사 다치비진인현수(多治比眞人縣守)가 가지고 온 물품으로 여길 수도 있을 것이다. 또한 천평 4년(732) 10월 정해에 백제계 관료로 보이는 전약두(典藥頭) 외종5위하 물부한국련광족(物部韓國連

廣足)과 관련될 수도 있다.

그러나 그 후로 신라와 일본간의 사신내왕이 빈번하고, 이들 물품 가운데 김태렴의「매신라물해」의 물품과 동일한 것들을 확인할 수 있어, 오히려 신라로부터 전래된 것으로 보는 것이 자연스럽지 않을까 한다. 718년의 견당사 이후 신라와 일본간에는 719년 2월 10일 일본의 견신라사가 신라에 다녀간 바 있고, 같은 해 5월 7일부터 윤 7월 17일까지 신라 공조사(貢調使) 급찬 김장언(金長言)이 일본에 조물(調物)과 노새[騾馬]·암숫소[牡牝] 등을 전한 바 있다. 같은 해 8월 8일에는 일본의 견신라사 백저사광성(白猪史廣成)이 신라에 파견되었고, 721년 12월에는 신라 공조사 김건안(金乾安)·김필(金弼) 등이 일본에 사신으로 파견되었으나 태상천황의 죽음으로 인하여 대재부에서 되돌아 왔다. 다시 722년 5월 29일에 견신라사 진사주치마려(津史主治麻呂) 등이 신라에 파견되어 12월 23일 일본에 귀환한 바,「법륭사가람자재장」의 향약 등은 신라와 일본간의 사신 내왕에 따라 전래된 것으로 보아야 할 듯하다.

현재 전하는 법륭사 백단향(법 112·113호)은, 천평 6년(734) 2월 황후궁이 천향, 정자향, 안식향, 훈육향, 감송향 등 다른 향료와 함께 헌납된 것이다. 이들 향료 등을 법륭사에 헌납한 것은, 천평 5년(733) 5월 26일 천황의 칙서에서 살필 수 있듯이, 당시에 황후의 병이 이미 1년 수 개월이 지나도록 차도가 없는 데서 부처의 가피를 바라고자 한 것으로 여겨진다.

사실 법륭사에 향약이 처음으로 입고된 것은 722년의 일이다. 722년에는 주로 약재가 헌납되었지만, 734년에는 향료로 소용되었다. 이들 향약의 원산지는 대체로 동남아시아산으로서, 그 가운데 백단향에 소그드 문자가 새겨진 것으로 보아 소그드인을 매개로 전래된 것임을 확인할 수 있다.

그런데 앞서 살폈듯이 이들 물품은 대체로 752년 '신라 사신' 김태렴이 가져간 신라물에 포함된 향약의 범주에 속한다. 법륭사에 백단향이 헌납된 734년 2월 이전 일본은, 천평 5년(733) 4월 3일 4척의 견당사선(遣唐使船)

이 난파진(難波津)으로부터 출발하였고, 천평 4년(732) 정월 22일에 신라사신 김장손(金長孫) 일행이 도착하여 5월에 여러 가지 재물과 함께 앵무(鸚鵡)·구관조(鴝鵒)·촉지방의 개[蜀狗]·사냥개[獵狗]·나귀[驢]·노새[騾] 등을 바치고 일본과의 사신 내왕 기간[來朝年期]에 대하여 협의하였다. 이들 신라사신이 도착하기 직전인 천평 4년(732) 정월 20일에 일본은 정4위상 영록왕(鈴鹿王)을 필두로 한 견신라사를 임명하여 사신을 신라에 보내고자 하였다. 일본이 매우 적극적으로 신라와 당나라에 사신을 보내고자 하였음을 알 수 있다.

이러한 이면에는 아무래도 733년 5월 26일자 칙서에 '황후의 침석이 편치 아니한 지 이미 1년 몇 개월이 지났다. 백방으로 치료하였으나 효험을 보지 못하였다'는 사실과 관련될 것이다. 732년 정월 신라에 사신을 보내고자 할 때에 이미 황후가 병이 들었고, 이에 신라사신이 도착하여 732년 5월 입경한 직후 처방이 있었을 것이나, 동 8월에 견당사를 구성하여 천평 5년(733) 4월 3일 견당사를 파견하였다. 신라사신이 입경한 이후 사신단에 포함되었을 신라 의사의 치료과정을 예상할 수 있고, 일본조정으로서는 직접 약재를 구하고자 하는 노력으로 견당사를 구성하여 파견하였을 것이다. 또 한편으로는 천평 6년(733) 2월에 황후궁이 직접 백단향 등을 법륭사에 헌납하면서 황후의 쾌차를 기도하였던 것으로 추측된다.

3. 신라 사신의 교역과 향료의 유통

전후 정황으로 미루어 보건대 법륭사의 현전 백단향(법 102·103호)은, 천평 4년(732)에 일본에 파견된 신라사신 김장손 일행이 5월에 입경하면서 바친 '여러 종류의 재물[種種財物]'에 포함된 물품으로 보아 좋을 것 같다. 당시에는 신라사신이 일본에 파견되면, 일본천황 뿐만 아니라 황후·황태자·대신 등에게 별도로 물품을 바치는 것이 일반적이었다. 따라서 김장손의 별헌품 중에는 이들 백단향과 향약류가 포함되었을 것으로 생각한다. 특히 김장손의 진헌품 가운데 앵무·구관조·촉지방의 개 등 남방산 동물류가 포함된 것으로 보아, 신라가 이들 물품을 중국으로부터 구한 것이 분명해 보인다. 그것은 아무래도 당나라로부터의 하사품이거나 신라의 견당사 일행이 구했다고 보는 것이 옳을 것이다. 성덕왕 32년(733) 당나라 사신 하행성何行成 일행 604명이 김사란과 함께 신라에 와서 현종의 하사품으로 흰 앵무새 한 쌍과 비단 등을 보낸 것에서도 그러한 사실을 짐작할 수 있다.

김장손의 일본 파견 전 해인 성덕왕 30년(731) 2월 당나라 현종(玄宗)은 730년 10월에 파견된 신라 견당사 일행을 돌려 보내면서 무늬 있는 비단과 여러 빛깔의 비단 500필[綾綵五百匹帛] 등을 사여한 바 있다. 또한 성덕왕 30년(731) 2월 당나라에 신년을 축하하러 간 신라사신 김지량(金志良) 등은, 신라 사신들의 당나라 사행 일정이 대체로 8개월여라는 점을 고려할 때에, 10월 경에 경주에 돌아왔을 것이다. 아마도 김지량이 중국으로부터 가져온 물품 가운데 일부는, 김장손의 일본 황실 진헌 물품 중에 포함되었을 것이다. 이로써 현전 법륭사 백단향 등이 당황제로부터 하사된 물품일 가능성을 상정할 수도 있으나, 대체로 당황제의 회사품은 앵무 등의 희귀 동물류, 외교적인 의례품과 아울러 직물류, 금속가공제품 및 문화 관련 물품에 한정되었다. 따라서 백단향 등의 향약류는 신라·당나라간의 사무역이나 견당사의 교역 과정에서 구매된 것으로 보아야 할 것이다.

8세기 초엽 당나라는 외국 사절단의 사적인 교역을 금지하였다. 다만 해당 주현의 허가 하에 반출 금지 품목 외의 물품 교역을 허락하고는 하였다. 713년 말갈 왕자의 교역, 716년 해국(奚國) 사신의 장안 동·서 양시에서의 교역, 717년 일본 견당사의 장안 양시와 주현에서의 물품 교역, 신라 견당사의 시문(詩文) 구매 등으로 미루어 볼 때, 동남아시아산 향약류도 이러한 사행 과정에 구매했을 것으로 짐작된다. 현전 법륭사 백단향에는 소그드 문자가 새겨져 있어, 그 교역 과정에 소그드인이 관여되었다고 하겠다.

백단향 자체가 동남아시아산이고 보면 중국 내에서의 교역은 아무래도 동남아시아와의 교역장이 개설된 광주(廣州)와 천주(泉州) 지역에서 찾아야 할 듯하다. 이들 향약을 포괄하는 '남해무역'은 이미 당 태종·고종 때에 성황을 이루어, 소부감(小府監)이 본도(本道)의 장사(長史)에게 위임한 형태로 이루어졌다. 남해무역을 상징하는 시박사(市舶司)는 『당회요(唐會要)』 권62, 어사대(御史臺) 하(下), 간쟁(諫諍)조에 개원 2년(714) '영남시박사(嶺南市舶司)'라고 하여 처음으로 등장한다.

중국 학자 왕걸(王杰)은 시박사(市舶使)를 전문적인 대외항해무역관리사무를 책임진 관리기구로서 광주(廣州)에만 설치되었던 것으로 보고, 개원 10년(722) 경에 상설화된 것이라 하였다. 송의 주거비(周去非, 1138~1189)가 찬술한 『영외대답(嶺外代答)』에 따르면, 8세기 전반에 당나라 광주와 천주, 옹주, 흠주 등지에 동남아시아를 연결하는 박역장이 설치되고, 당나라 동북 연안 지역까지를 연결하는 교역 루트가 형성되었다고 한다.

아무튼 법륭사 백단향에 소그드문자가 새겨졌다는 것으로 미루어 그 교역에는 소그드인이 관여했음이 분명하고, 그 교역 장소는 천주, 광주의 박역장에서 최초로 구매되었다고 여겨진다. 신라사신이 이 백단향을 구매하였다면 천주, 광주에서 구매된 것을 신라 사신의 사행로였을 양주 또는 장안에서 다시 구매하였을 것으로 추정된다. 양주와 장안, 광주, 천주 등지에는 이미 소그드인의 취락뿐만 아니라 저들의 상포까지 개설되었는데, 개원·천보 연간 이래로 당나라에 이들 소그드인의 의복과 모자, 신발, 음식, 음악, 무용 등이 널리 유행한 것은 소그드인들의 활발한 교역에서 비롯한 것이라 할 수 있다.

소그드인의 중국 내에서의 교역은 4세기 이래로 장안을 비롯하여 각 주현에 형성된 소그드인들의 자치적인 취락을 중심으로 운영되었다. 각 주

삼채 호선무 풍수호(三彩胡旋舞風首壺, 唐代, 서안 대당서시박물관)

현의 취락에 거주하는 소그드인은 주현에서 정기적으로 작성한 호구대장에 가구 단위로 편성되어 양인(良人)으로서 당나라 백성과 동등하게 처우받았다. 그들은 교역품에 관한 주변의 유통정보를 취득하고, 각지의 시장 내외에 안전한 교역활동을 위한 시전을 마련하였다. 특히 특정 고액상품에 대해서는 계약서를 작성하였는데, 그 서식에는 방인(旁人)·시인(時人)·시견[時見, 證人]·임좌[臨座, 立會人] 등을 명기하여 오늘날의 계약서에 증인과 입회인 등을 밝히는 것과 동일한 형식을 사용하였다. 그들은 이들 계약서를 작성하여 원거리 교역을 하는 소그드 상인인 홍호(興胡)들과 제휴하였다.

당나라는 공적인 외교 이외에는 국경의 출입을 엄금하면서도, 수공 원년(685)에 상호(商胡) 곧 소그드인 상인을 대상으로 국경 지역에서 서로간에 교역함과 아울러 당나라 내륙에서의 교역을 정식으로 인가하였다. 이로써 당나라 서북쪽 국경 이서 지역에 있는 제국의 교역상들의 왕래가 그치지 않았으나 천보 2년(743)에 이를 일체 중지하였다.

그럼에도 불구하고 당나라는 소그드 상인에 대해서는 당나라 내지의 행객[行客, 본관을 떠난 客·客戶]과 마찬가지로 대우하였다. 곧 그들을 간접 통치할 수 있는 기우주현(寄寓州縣)에 집단으로 거주하게 하여 세금을 내도록 하고, 그들이 국경 안으로 들어와 이동하는 것을 관사가 발급하는 과소(過所) 곧 일종의 통행증을 발급하여 허가하였다. 다만 이들이 당나라에 들어온 이후로는 원칙적으로 귀국이 허락되지 않았다. 이들 소그드인의 교역이나 당 내지에서의 상황은 일면 9세기 신라방이나 신라소의 신라인들을

연상케 하는데, 8세기 전반 신라사신의 향약 등 동남아시아산 물품의 구매
는 저들 소그드인과의 교역을 통하였을 것으로 짐작된다.

　당나라 관시령(關市令)에 따르면 각 시장의 점포[肆]에서는 표지[標]를
세워 점포의 이름[行名]을 내걸고 한 달에 세 번식 가격을 매겨 보고하도록
하였다. 또한 궁시(弓矢)나 장도(長刀), 여러 기물(器物)에는 이를 제작한 공
인의 성명과 제작 연월을 명기하여 팔도록 하였다. 백단향의 경우 광주 또
는 천주의 박역장에서 일반 호시와 마찬가지로 제거시박사의 관할 하에
가격을 매기고 교역함으로써 세금을 거둔 바, 백단향에 새겨진 소그드 인
(印)이나 소그드 문자는 그러한 과정에서 물건의 주인[荷主] 내지 본 백단
향을 매매한 지역 소그드상인의 일종 품질보증의 인각이 아닐까 생각
한다.

　광주 또는 천주에서 구매한 백단향은 각 주현에 있는 소그드인의 교역
망을 통하여 양주 또는 장안에서 거래되었을 것이다. 양주와 장안에는 대

소그드인(胡人) 토우
(張士貴墓 출토, 657년, 昭陵博物館)

낙타를 끄는 소그드인(胡人) 토우
(당나라, 昭陵博物館)

력 14년(778) 관시(官市)를 설치하기 이전부터 이미 왕공과 백관 및 천하의 관리들이 상점[邸肆]을 베풀어 일반 상인들과 이윤을 다투었다. 정원 14년(798)에는 백전(百錢)의 물품으로써 수천 전(數千錢)의 물품을 강제로 사들여 문호(門戶)에 납품하는 폐단이 벌어지기도 하였는데, 이를 궁시(宮市)라고 하였다.

일본의 경우 당나라에 파견된 사신이 돌아오면 평성궁(平城宮) 건례문(建禮門) 앞에 세 개의 천막을 세워 당물(唐物)을 벌여놓고 내장료관인(內藏寮官人)과 내시(內侍)들이 교역할 수 있게 하였는데, 이를 궁시(宮市)라고 일컬었다. 그리고 대재부에서는 외국 사신들의 물품을 교역하기 위하여 관시(官市)를 베풀어 관청에 필요한 물품을 매매하기도 하였다. 일본의 궁시나 관시와 같은 교역은 당나라에서도 베풀어졌을 것으로 여겨지는데, 신라사신들은 신라에서 가져간 물품으로써 허가된 경조부(京兆府)의 시장에서 필요한 물품을 조달하였을 것으로 믿어진다.

8세기 사신의 내왕에는 공적인 조공품과 사여품의 수수 이외에 사신들 각자의 사교역이 성행하였다. 『구당서』에는 대력 초(765) 곧 경덕왕의 조문

당나라 장안 서시 복원 모형도(중국 서안 대당서시박물관)

사절로 신라에 사신으로 파견된 귀숭경(歸崇敬)을 평가하면서 '당나라에서 신라에 사신으로 파견된 자들이 해동에 이르러 구하는 바가 많아 많은 비단을 가지고 가 신라의 물품을 무역하여 이익을 취하였으나, 귀숭경은 일체 그렇지 아니하였다'고 칭송하였다. 이는 8세기 당나라 사신들도 사행을 통하여 교역함으로써 많은 이득을 취하는 것이 일반적이었음을 보여주는데, 신라·발해·당·일본 등 동아시아 사신들의 일종 관행처럼 행해졌던 현상이었을 것으로 짐작된다.

『두양잡편(杜陽雜編)』에는 원화 5년(810) 장유칙(張惟則)이라는 당나라 사신이 신라에 왔다가 돌아가는 길에 신선으로부터 금거북 도장을 얻었다는 일화가 전한다.

원화 5년(810) 급사(給事) 장유칙(張惟則)이 신라의 사행을 마치고 돌아와서 말하였습니다. '바다 모래섬에 배를 대고 있는데 홀연히 닭과 개가 울고 짖는 소리가 들리고 연기와 불이 타는 것 같았습니다. 이에 달을 보며 한가로이 걷다가 대략 1~2리 정도에 이르러, 화목대전을 보았는데 금빛 대문에 은빛의 큰 집이었습니다. 그 가운데 몇 명의 공자가 장보관(章甫冠)을 쓰고 자주색 노을빛 옷[紫霞衣]를 입고서 노래하며 휘파람 불면서 노닐고 있었습니다. 유칙이 이를 이상하게 여겨 드디어 뵙기를 청하였습니다. 공자가 말하기를 '당신은 어디에서 왔습니까?'라고 하니, 유칙이 그 까닭을 갖추어 말하였습니다. 공자가, '당 황제는 나의 친구이다. 너는 돌아가거든 나의 말을 전해다오'라 말하고, 문득 한 청의에게 명하여 금거북이 도장을 받들어 (유칙에게) 주었다. 유칙이 이에 보함(寶函)에 넣어 두니, 다시 유칙에게 일러 말하기를 '뜻을 황제에게 이르도록 하라'고 하였다. 유칙이 이를 받들어 돌아오는 배중에서 옛 길을 돌이켜 생각하였는데 모두 그 종적을 살필 수 없었다. 금거북이 도장은 길이가 5촌으로 위에 황금옥으로 된 인장을 이고 있는 모양인데, 각 면이 1촌 8푼의 정사각형으로서 '鳳芝龍木 受命無疆[봉황과 지초의 용목은 천명을 받아 끝이 없다.'이라는 전서체 글씨가 씌여 있었다. 유칙이 장안에 돌아와서 그간의 일을 갖추어 아뢰니, 황제가 '짐이 전생에 어찌 선인이 아니었겠는가? 거북이 도장을 보건데, 정말 오래 되었음을 탄식하면서 다만 그 글을 깨우칠 수 없었을 뿐이었다'라고 말하였다. 이에 명하여 붉은빛 가루옥 자물쇠로 봉하여 휘장 안에 두도록 하였다. 그 위에는 가끔씩 오색 빛을 보였는데 그 빛의 길이가 수 척이나 되었다. 이 달에 황제 침전 앞 연리수 위에 영지(靈芝) 두 그루가 자라났는데, 꼭 용과 봉황같았다. 황제가 이로 인하여 탄식하기를, '봉황과 지초의 용목이란 정녕 이러한 징험이 아니겠는가?'라고 하였다. (『두양잡편』권 중, 원화 5년)

위 일화는 원화 5년(810) 장유칙이란 사신이 신라에 사행차 왔다가 돌아가는 길에 신선을 만나 금거북이 도장을 얻어 황제에게 바쳤는데, 그 도장으로 인한 신이가 있었다는 것으로 요약할 수 있다. 신선을 만났다든가 당시의 당나라 황제인 헌종이 신선이었다 든가 하는 이야기는, 당시 당나라에 유행하는 도교 사상과도 관련될 것이다.

다만 여기에서 주목하고자 하는 것은 사행 길에 위 설화와 같이 신이한 보물을 취하여 황제에게 진상하는 일이 적지 않았고, 당시 사신들이 교역 과정에서 이러한 진기한 보물을 수집하고자 하였다는 점이다. 곧 위 설화의 장유칙으로 상징되듯이 당시의 사신들은 각종 진귀한 보물까지도 수집하고자 하였고, 그것은 사행길에 수반하여 경제적 교역을 통한 이익과 함께 사신들이 추구하였던 또다른 욕구를 반영하는 것이라 할 것이다. 이러한 물품을 구입하여 황제에게 진상함으로써 황제의 환심을 얻는 것도 사신에게는 또다른 기쁨일 수도 있을 것이거니와, 어쩌면 위의 설화에 나오는 거북 인장도 신라의 공인들에 의해 제작되지 않았을까 한다. 사실 흥덕왕 교서에서 신라 시전에 외국의 진기한 물품이 넘쳐났다고 일컬은 것은, 신라의 사신이나 상인들도 당나라와 일본에 가서 외국의 각종 사치품이나

향료, 그리고 이와 같은 진기한 물품을 가져와 교역한 데서 나온 평가일 것
이다.

제3절 752년 김태렴의 신라물과 향료

1. 김태렴의 향료 교역

『속일본기』에는 752년 700여 명에 달하는 '신라왕자' 김태렴(金泰廉) 일행이 일본에 조공하였다는 기록을 전한다. 당시에 김태렴은 122여 가지에 달하는 다양한 물품을 교역하였는데, 김태렴이 가져간 물품을 당시 일본인들은 「신라물(新羅物)」이라 일컬었다. '신라물'이란 당나라에서 만든 물품을 뜻하는 당물(唐物)에 대하여 신라제 물품을 의미한다. 이에 일본 귀족들은 김태렴의 신라물을 구입하기 위한 신청서 「매신라물해(買新羅物解)」를 작성하여 이들 물품을 구매하고자 하였다. 이 신청서에는 구매자의 신분과 성명, 구매 물품, 구매 희망 가격, 신청 연월일을 기입하였다.

「매신라물해」에서는 각종 직물류, 금은동철 및 기물, 향약류 등을 살필 수 있다. 현재 밝혀진 30건의 「매신라물해」 가운데 17건의 문건에는 각각의 물품 구매가 총액을 명시하였다. 이들을 모두 합산하면 '면(綿) 6,110근, 면(綿) 200둔(屯), 실[絲] 695근, 깁가는 비단[絁] 73필, 깁가는 비단[絁] □□ 필'이다. 일본 관료들이 신라물을 구입하기 위한 대가를 면과 실, 깁가는 비단으로 치렀음을 알 수 있다. 이는 양로 원년(717) 태정관(太政官)의 주청으로 규정된 「정추견시장단광활지법(精麤絹絁長短廣闊之法)」 곧 '섬세하고 거친 견직과 깁가는 비단의 장단 및 넓이 등을 규정한 법'에 따른 것이다. 729년「공조수법(貢調輸法 : 조를 공납하여 나르는 법)」에 따르면 이들 교관가는 '면(綿) : 실[絲] : 깁가는 비단[絁] = 16근 : 4근 : 1필'이 되고, '면 8근은 미(米) 1석'의 교환가치를 지닌다.

이로써 계산할 때에 17개 문건에 보이는 평균 구매가는 면 604~688근(미가 76~86석)이고, 이를 30개 문건에 적용할 때에 총 매출액은 면 18,120~20,640근이 된다. 이를 둔(屯)으로 환산하면 72,480~82,560둔이다. 물론 이미 사라져 전하지 않은「매신라물해」가 있으리라 예상되지만, 이 총액은 신호경운 2년(768) 10월 갑자(24일)에 좌우대신 및 대납언 등에게 신라 교관물을 구입하도록 내린 70,000둔(17,500근)을 약간 상회하는 거의 유사한 수준으로서, 쌀로 환산하면 1,283.5~1,461.5석에 이른다.

김태렴의 신라물을 구매하기 위한 대가인 면·실·깁가는 비단은, 일본 조정이 지급하였을 가능성이 높다. 신호경운 2년(768) 천황이 신라교관물 구입을 위해 면을 사여한 것은, 천황이 신라 교관물에 대한 권익을 분여하는 형식을 취하는 일종 천황 주도의 물품 재분배를 상징하고, 일본 고급 관료들에게는 실질적인 물품의 권익을 취한 것으로 풀이된다.

그런데 김태렴의 교역에 대해서는 8세기 중엽 동아시아 국제관계와 관련하여 조공의 범주 안에서의 공무역(公貿易)으로 보는 견해와 상인을 중심으로 한 통상교역(通商交易)으로 보는 견해가 있다.

통상교역론자들은 이들 물품 가운데 소량이지만 고가인 남해, 서아시아산 향약 등의 사치품이 많다는 점에서 김태렴 일행의 교역을 중개와 전매를 주로 한 무역으로 보거나, 신라측이 무역을 목적으로 김태렴 일행을 자주적으로 파견한 것으로 이해한다. 따라서 이를 천무·지통조 이래의 조공무역을 계승한 것으로서, 9세기 신라상인에 의한 서해·동지나 무역활동의 선구를 이룬 것으로 평가한다.

한편으로는「매신라물해」의 약물·송자(松子)·대접[鋺]·접시[盤]·모전(毛氈) 등이 신라의 특산품임을 확인하고 정창원(正倉院)과 신라의 관계를 주목해야 한다는 견해가 제기되기도 하였다.

필자는, 김태렴일행이 국서(國書)를 지참하지 않고 조공사로 인정하지 않았으며 사적으로 교역물품을 준비하였다는 점에서, 국가간 공식 사절로 인정하기 어렵다고 생각한다. 사실 김태렴의 「매신라물해」의 물품 가운데 그릇, 직물류는 신라 진골귀족이나 일반 민간수공업장에서 생산된 것이었다. 이에 752년 700여 명에 이르는 대규모의 김태렴 일행을, 국가간 공식 외교사절이라기 보다는 교역을 목적으로 파견된 것으로 본다.

김태렴의 「매신라물해」에 보이는 향약류는, 그 명칭이나 산지 등에 있어서 각 사서나 본초류에 혼돈된 상태로 전한다. 그 용법에서도 향료나 안료·염료 등은 본래의 기능 외에도 많은 경우 약재로 사용되었다. 이로 인하여 「매신라물해」에도 동일한 물품을 다른 명칭으로 기록하거나, 동종의 물품명이 동일한 문건에 함께 기재되기도 하였다.

「매신라물해」의 물품 가운데 향약의 물품 종수는 18종으로서, 약재의 21종에 버금한다. 그럼에도 불구하고 「매신라물해」에서 향약 구매가 비율은 전체 물품 구매가에서 매우 적은 비율에 그치고 있다. 각 물품별 구매가와 향약 구매가의 비율을 비교할 수 있는 문건이 비록 두 건에 불과하지만, 다음과 같이 정리할 수 있다.

A문건에는 거울[鏡]과 뿔빗[牙梳], 뿔비녀[牙笄子] 등 주로 여자용품을 신청하였다. 또한 여자들의 관할 직무로 여겨지는 염색에 소용되는 소방이 총 구매가의 50%, 거울이 20%, 뿔빗과 뿔비녀가 5%로서, 여자와 관련된 물품이 75%에 이른다. 향약도 총 구매가의 23%를 점하고 있어 적지 않지만, 구강제로 여겨지는 정향(丁香)과 의복의 방향제인 훈의향(薰衣香)이 14%에 이른다. 말하자면 여자의 생활 용품이 75%, 귀족층의 일종 에티켓 용품이 14%에 이른다. 여기에서 순수한 향료로서의 훈육향과 청목향의 구매가는 9%선에 그치고 있다.

B문건에서는 매우 다양한 물품을 신청하였으나, 구매가의 비율로 보

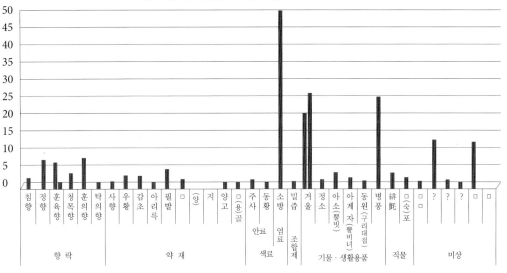

「매신라물해」의 물품별 구매가 비율 그래프

면 거울과 병풍 두 물품의 구매가 50.5%를 차지한다. 일명의 미상 물품 26.5%를 논외로 하고라도, 그릇과 생활용품인 기물류가 전체의 53.6%에 이르며, 약재 8.3%, 직물류 5.6%, 향약 2.6%, 색료 1.5%, 조합제 1%의 순으로 이어진다.

그런데 「매신라물해」 문건 A와 B의 물품 구매가 총액은 각각 면 100근과 면 987근으로서 심한 편차가 있다. 전자의 경우 여자용품과 염료 중심으로 구매한 까닭에 일반화하기 어려우나, 후자의 경우 구매 물품이 25종으로 매우 다양하고 다른 문건과 유사한 형태를 보이고 있어 대체적인 경향성을 살필 수 있다. 향약의 경우만 논한다면 A의 구매가 면 23근은 B의 구매가 26근과 거의 유사한 수준이다. 이 구매가는 다른 문건에 보이는 향약 구매량 15~20근 내외에 해당하는 가격으로 추측되는데, 「매신라물해」 각 문건의 일반적인 향약 구매 성향을 보여준다.

「매신라물해」의 물품별 구매가와 비율표

품목 \ 가격		향약					약재						색료 (안료·염료)			조합제	기물·생활용품				직물			미상			합
		침향	정향	훈육향	훈의향	탁의향	사향	우황	감초	아리륵	필발	고	주사	동황	소방	밀즙	빗및빗솔(櫛)	빗비녀줄(梳牙箆)	구리대접(銅鍮器)	평동롱	緋	毛(수)	布	□	?	□	계
A	편	7	□(6)	3	7	1	2	2	20	3	40	2		4	50	20	20	3	2								100(근)
A	%	23					2						50				25										100
B	편	20	5				(6)	2	20	3	10	1	(11)	4		10	120		15	60	35	20	5	□120(120)	1	5	면987(근) 487 / 125
B	실	2.0	0.5			0.1	0.6		2.0	0.3	1.0	0.1	1.1	0.4		1.0	26.3		1.5	24.3	3.6	2.0	0.51	12.2	1.0	0.5	30 / 12.2
B	%	2.6					8.3						1.5			1	53.6				5.6			26.5			100

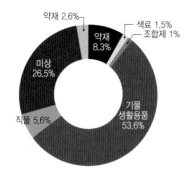

[A] 물품유형별 구매가비율

약재 2.6%
약재 8.3%
색료 1.5%
조합제 1%
미상 26.5%
기물 생활용품 53.6%
직물 5.6%

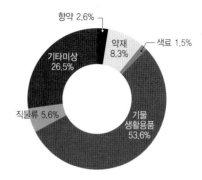

[B] 물품유형별 구매가비율

향약 2.6%
약재 8.3%
색료 1.5%
기타미상 26.5%
기물 생활용품 53.6%
직물류 5.6%

 B 문건 자체 내에서 향약과 약재의 구매 종수가 11대 10인데, 구매가 비율은 3.5대 8.3이다. 그런데 B 문건에서 향약의 구매가는 전체 물품 구매가 가운데 2.6%선에 그치고 있다. 또한 신라 귀족수공업장과 일반 민간수공업장에서 생산된 기물·직물류가 59.2%에 달하며, 문화용품인 병풍가만 24.3%로서 향약 구매가의 9.3배에 이른다. 거울[鏡]의 구매가는 26.3%로서 향약 구매가의 10배 가량이고, 약재의 구매가도 향약의 3.2배 수준이다.

 이와 같은 물품 유형별 구매가 비율은, 「안상사가람연기자재장安祥寺伽藍緣起資財帳」에서 9세기 전반 신라 대일교역의 주력 물품이 첩자(疊子)·오성완(五盛垸)·알가잔(閼伽盞)·타성도향반(打成塗香盤)·원시(円匙) 등이었고, 『제번지(諸蕃志)』에서 9세기 중후반 신라의 주요 대외교역물품으로 그릇류나 약재 등을 꼽았던 것에 상응한다. 이는 김태렴의 대일교역의 주력 물품이 동남아시아 원산의 향약이 아니라 신라 수공업장 제조의 그릇과 약재 등이었음을 시사한다.

 한편 이들 향약류의 원산지는 중국 본초서에서 조차도 매우 다양하여 일괄적으로 동남아시아산으로 간주하기 어렵다. 중국 본초서는 자국의 관점에서 서술한 것이고, 시대가 내려오면서 중국에서 이들 향약을 손쉽게 구하기 위하여 생산지를 조사·개발하거나 품종을 들여옴으로써, 그 생산지가 점차 확대되는 경향을 보인다는 점을 고려해야 한다. 따라서 그 원산지가 서역 또는 동남아시아산이라는 것과 이들 품종의 전파·재배와는 분명하게 구별되어야 한다.

신라에서도 일찍부터 중국 본초학을 수용하여 중국과 마찬가지로 자생 향약류를 개발·재배하고, 새로이 습득한 의학지식을 바탕으로 약재를 재배·조제하였다. 또한 신라에서 생산되지 않는 동남아시아산 향약류까지도 신라 내에서 폭넓게 유통되었다. 자초랑택(紫草娘宅)의 존재가 신라내에서 자초(紫草)의 개발·재배 사실을 보여주는 것이라면, 신라 궁중 수공업장으로서의 소방전(蘇芳典)의 존재는 동남아시아산 소방의 유통을 전제로 한다. 특히 김태렴의 물품 가운데 소방의 비중이 높게 나타나는 것은 대규모 유통을 상정하지 않으면 이해할 수 없다.

그 밖의 향약재로서 동남아시아산 물품으로 인정되는 향약의 구매량은 매우 적은 수준에 그치나, 김태렴이 가져간 물품을 '개인 자격으로 준비한 신라의 물품[私自所備國土微物]'이라 일컫고 일본관료들이 구매한 물품을 「매신라물해」에 '신라물(新羅物)'이라고 명시한 데서, 신라 국내에서 이들 향약류가 일반적으로 유통되었음을 짐작할 수 있다.

그러므로 김태렴의 교역을 '소량이지만 고가인 남해, 서아시아산 향약 등의 사치품이 많기 때문에 중개와 전매를 주로 한 무역'으로 평가한 것은, 향약이 고가의 동남아시아산이라는 선입견에서 출발한 추론에 불과하다고 본다. 8세기 중엽 김태렴의 「매신라물해」에서 살필 수 있듯이, 김태렴은 신라에서 생산한 그릇류와 생활용품 등 기물류를 주력 신라물로 교역하면서, 약재와 향료 등을 부수적으로 교역하였다. 이들 약재나 향료 또한 신라가 자체 생산하거나 가공하여 판매한 것으로서, 동아시아 바닷길을 통하여 대규모 유통에 참여한 때문에 가능한 것이었다. 이러한 때문에 김태렴의 교역의 성격을 '전매 또는 중개'로 볼 수 없으며, 그것은 신라의 생산 기술에 바탕하여 원료를 수입·가공하여 부가가치를 창출한 교역이라고 정의할 수 있다. 이는 오늘날 우리나라에 거의 생산되지 않는 원유나 철광석을 수입하여 정유·제련함으로써 다시 수출함으로써 석유와 철강 강국으로 손꼽히는 것에 견줄 수 있을 것이다.

2. 약재 및 의례용품으로서의 향료

「매신라물해」에서 살필 수 있거니와, 일본 귀족 관료들이 신라 원산의 사향과 인삼·태황, 그리고 중국 남방산의 계심·가리륵 등을 주로 구매하였다. 일본 관료들의 구매 약재 가운데 신라 토산 약재의 비중이 높았던 것은, 신라의 의약 지식이 일본에 널리 인정되었음을 보여준다. 이들 약재는 향약과 함께 상비약이나 구급약, 열병[온역]의 예방약, 기타 일부 치료제로서 기능하였던 것으로 보인다.

일본에서의 상비약이나 구급약, 온역 등 전염병 치료제에 대한 관심은, 앞서 살핀 천평 5년(733) 5월 무렵 황후의 병환이나 천평 9년(737)에 창궐한 전염병에 대한 경험 때문일 것이다. 천평 9년(737) 일본에 창궐한 전염병에 대하여 『속일본기』 천평 9년(737) 정월 신축(27일)조에는, 신라에 파견되었던 견신라부사(遣新羅副使) 대반숙녜삼중(大伴宿祢三中)이 염병(染病)으로 입경하지 못한 것으로 시작하여, 6월 갑진 초하루에는 조정 백관의 전염병(疫)으로 조회를 폐하는 등의 사태를 전하고, 그 해 봄부터 역창(疫瘡)이 축자(筑紫) 지방에서 크게 시작하여 가을까지 창궐함으로써 공경 이하 수많은 백성들이 잇달아 죽었다고 기록하였다. 『속일본기』에서는 당시에 유행한 전염병에 대하여 염병(染病), 역(疫), 역창(疫瘡)이라고 이름하고 있어 이들을 구분하여 사용하였음을 알 수 있다. 곧 역(疫)은 전염병을 지칭한 보통명사로서, 그리고 염병(染病)은 장티푸스, 역창(疫瘡)은 두창으로서 오늘날 천연두를 지칭한 것으로 풀이된다.

당초리사(唐招提寺) 소장 고문서에도 천평보자 3년(759) 8월 비시약작용료(非時藥作用料)를 별도로 충당하였다는 기록이 보인다. 이는 당시 일본 내에서 이러한 약재를 구입하여 비시약(非時藥) 곧 구급약을 제조하여 비치하였던 사회적 분위기를 보여준다.

「매신라물해」에 보이는 향료 가운데 일부 품목은 순수한 향료로서 기능하였지만, 약재로 사용된 경우가 많다. 또한 향유(香油)는 향료로서의 기능도 있지만, 향분(香粉) 곧 화장품 등의 조합제로 많이 사용되었는데, 구지(口脂)와 함께 향분제조의 보완제로서 기능하였다.

「매신라물해」의 향료 가운데 가장 많이 신청된 물품을 순서대로 배열하면, 정향류(丁香類, 10건), 침향(枕香, 沈香, 8건), 훈육향(薰陸香, 8건) 등으로 이어진다. 이들은 앞에서 살폈듯이 모두 밀향수(蜜香樹)라는 나무에서 취한다.

『산림경제(山林經濟)』에는 침향 가운데 캄보디아[眞臘]산을 상품, 인도네시아의 Champa[占城]산을 중품, 삼불제[三佛齊, 자바 서쪽의 나라]·도파[闍婆, 爪哇, 자바] 등을 하품으로 등급을 매겼다. 이익(李瀷)은 우리나라에는 본래 밀향수가 없으므로 침향을 만들 수 없다고 토로한 바 있다. 침향은 향료 뿐만 아니라 만경(慢驚)의 환자에게 웅황(雄黃)·몰향(沒香)·유향(乳香)·사향(麝香)과 함께 가루로 만들어 치료하는 약재이기도 하다.

한편 당나라『신수본초(新修本草)』(659)에서는 앞서 살폈듯이 7~9세기 무렵 정향류(丁香類)의 용도와 산지에 대하여 자세히 서술하였다. 또한 개원 연간의『본초습유(本草拾遺)』에는 계설향을 정향과 같은 종이라 하였다. 이순(李珣)의『해약본초(海藥本草)』에는 동해 및 곤륜국의 산물로서 작은 것을 정향(丁香), 파두(巴豆)와 같이 큰 것을 모정향(母丁香) 또는 정향모(丁香母)라 하고, 정향모는 계설향을 지칭한다고 하였다.『제번지(諸蕃志)』에는 조정의 낭관(郎官)들이 정향(鷄舌香)을 씹거나 입에 물고 있음으로써 입냄새를 피하였다고 한다.『동의보감』(1610)과『증도 본초비요(增圖 本草備要)』(1662~1722)에는 위(胃)를 따뜻하게 하고 콩팥의 기능을 도와주는 약재로 소개하였다.

「매신라물해」에는 정향(丁香), 정자(丁字), 정자향(丁子香), 계설향(鷄舌香)

등의 명칭이 보이는데, 정향은 정자(丁字)와 모습이 비슷하여 일컬은 것으로서, 정자향(丁字香) 또한 이에 비롯한 이름임에 분명하다. 그런데 어떤 문건의 경우 동일한 문건 안에서 정자(丁子), 정향(丁香), 계설향(鷄舌香)의 이름이 함께 보인다. 이처럼 동일 문건 안에 같은 종류의 향약을 중복하여 신청한 것은, 『성덕태자전력』과 같은 인식이 이미 형성되었을 가능성이 있으며, 이와 함께 이들 향약을 용도에 따라 명칭을 달리 사용한 때문이 아닐까 한다. 곧 향료와 구강재, 약물의 사용례에 따라 명칭을 달리하여 신청한 것이 아닌가 한다.

훈육향(薰陸香)은 8개 문건에서 신청한 향료이다. 훈육향은 유향(乳香)의 본래 이름으로서 유두향(乳頭香) 또는 마륵향(摩勒香)이라고도 한다. 1966년 경주 불국사 석가탑 2층 탑신 상면 방형 사리공 중의 공양품에서 '유향(乳香)'의 묵서와 향목이 발견된 바 있다. 이는 구급약으로서 해역(咳逆), 설사와 이질, 등창의 치료에 사용되며, 신성벽온단(神聖辟瘟丹)과 함께 복용하면 역병의 예방에 효능이 있다고 한다.

훈향(薰香)은 옷에 향기를 내거나 태워서 모기를 쫓는 방충향으로 사용되었는데, 훈의향(薰衣香)이라고도 한다. 의복에 향기를 내는 향료로서 훈향·훈의향 외에 의향(衣香), 읍의향(裛衣香) 등이 있다. 훈의향은 여러 향초(香草)와 잘 혼합하여 꿀을 섞어 만드는데, 교지[交阯, 安南]에서 나는 니향(泥香)과 같다고 한다. 읍의향은 천응 원년(781) 정창원에서 서책들을 보관하는 비단 포대[錦袋] 등에 함께 넣어 보관하였던 바 서책의 보관이나 의류 등에 사용하는 향료이다. 의향은 모향[茅香, 蜜炒]·백지(白芷)·침속향(沈束香)·백단향(白檀香)·영릉향(零陵香)·감송향(甘松香)·팔각향(八角香)·정향(丁香)·삼내자(三乃子)를 거칠게 가루내어 용뇌(龍腦) 가루와 고루 섞어 옷장에 넣는 일종 방습향이다. 이들 향료는 침향이나 안식향을 중심으로 여러 향을 섞어 만든 조합향(調合香)인 것이다.

안식향(安息香)은 『당본초』에는 서융(西戎)의 산물이라 하였다. 송지(松脂)

와 같이 황흑색(黃黑色)의 덩어리 모양인데, 여러 가지 향기를 내므로 사람들이 취하여 화향(和香)으로 삼는다고 하였다. 『유양잡조(酉陽雜俎)』에서는 안식향 나무는 파사국[波斯國, 페르시아]에서 나며 벽사수(辟邪樹)라 일컫는다고 하였다. 『제번지』에서는 2월에 나무 껍질을 벗겨 끈끈한 액이 엿과 같이 나오는데 6~7월에 굳어 응고된다고 하였다. 이를 채취하여 태우면 신명을 통하므로 여러 나쁜 기운[惡氣]을 내쫓는다고 한다. 『동의보감』에서는 본래 중국 남해산이지만 우리나라 제주도와 충청도에서도 산출된다 하고, 명치 밑의 나쁜 기운[惡氣], 고독, 온역, 곽란, 월경중단, 산후혈훈 등에 효능이 있다고 하였다. 『신증동국여지승람』에는 우리나라 전 지역의 산물로 나타난다.

그 밖에 화향(和香)의 재료로 사용되는 향료로서 청목향과 용뇌향, 감송향, 곽향을 들 수 있다. 청목향(青木香)에 대하여, 『제번지』에서는 이를 대식(大食)의 로마[囉抹國] 원산으로서 일명 목향(木香) 또는 밀향(蜜香)이라 하였다. 『당본초』에는 곤륜산(崑崙産)과 서호산(西胡産)이 있는데 곤륜산의 품질이 좋다고 하였다. 『약성본초(藥性本草)』에 인용된 『남주이물지(南州異物志)』에는 천축의 산물이라 하였고, 『도경본초(圖經本草)』에서는 오직 광주(廣州) 해상들이 가져오며 뿌리가 크고 자주빛 꽃을 피면 뿌리의 싹[根芽]을 채취하여 약재로 사용한다고 하였다. 『명의별록(名醫別錄)』에는 영창(永昌)의 산골짜기에서 나지만 공물을 바치지 않으므로 외국 해상들이 대진국[大秦國, 로마] 산을 들여오는데, 합향(合香)으로만 사용한다고도 하였다. 『동의보감』에는 기(氣)로 인한 흉통과 복통, 심통(心痛), 설사·곽란·이질 등의 치료제와 온역의 예방약이라고 하였다.

용뇌향(龍腦香)은 파리국[婆利國, 固不婆律]과 파사국(波斯國)의 용뇌향수(龍腦香樹)라는 나무에서 나는데, 마른 나무에서는 파율고향(波律膏香)이 있어 용뇌향을 내고, 살찐 것에서는 파율고(波律膏)를 낸다고 한다. 『당본초』에서는 용뇌향수 뿌리 가운데 마른 기름을 파율향(波律香), 뿌리 아래의 맑은 기름을 용뇌향이라고 하였다. 『양서(梁書)』에서는 파율향을 갈포라(羯布羅)라 하고, 『서역기(西域記)』 권 10, 말라구타(秣羅矩吒)조에서는 갈포라를 용뇌향이라고 하였으나, 갈포라는 붉은 빛이 나는 비상(砒礵)인 뇌자(腦子)로서 용뇌(龍腦)와 다르다고 한다. 향료의 조합이나 구강제·방충제 등으로 사용되는데, 『동의보감』에는 파율국(婆律國)의 삼나무 진으로서 눈의 장예와 치질의 치료, 명치 밑의 사기와 풍습, 적취를 치료한다고 하였다.

감송향(甘松香)은 인도 원산의 물품으로 보기도 한다. 그러나 북송 대관 2년(1108) 손적(孫覿)과 애성(艾晟)이 당신미(唐愼微)의 『경사증류비급본초(經史證類備急本草)』를 바탕으로 편찬한 『경사증류대관본초(經史證類大觀本草)』에는, 중국 고장[姑臧, 黔·蜀州]과 요주(遼州) 지방에서 생산되며, 잎이 가늘어 띠풀[茅草]과 같고 뿌리는 극히 무성하여 8월에 채취하여 사용한다고 한다. 이는 맛이 달고 따뜻하며 독이 없어 나쁜 기운[惡氣]과 갑자기 가슴이나 명치 밑이 아픈 졸심(卒心), 그리고 복통(腹痛) 등을 다스리며, 여러 향과 섞어 목욕물[湯浴]을 만들어 사용함으로써 몸에 향기를 나게 한다고 한다. 『동의보감』·『산림경제』에는 향부자(香附子)·대황(大黃)·삼내자(三乃子)·웅황(雄黃) 등과 함께 신성벽온단(神聖辟瘟丹)을 만들어 유행병[時疫]을 예방하거나 복통의 치료제, 조합향의 재료로 사용한다고 하였다.

곽향(藿香)은 꿀풀과에 속하는 방아풀과 광곽향(廣藿香)의 전초를 말린 것이다. 방아풀[배초향]은 산기슭과 산골짜기에서 자라고 광곽향은 아열대의 교지국[交趾國, 安南]에서 나는 것으로 알려졌다. 『증도본초비요(增圖本草備要)』에서는 중국 교주(交州)와 광주(廣州) 지역에서 산출된다 하고, 곽란(霍亂)이나 토사(吐瀉), 비위병으로 오는 구토와 구역질을 치료한다고 하였다. 조선 중종 말엽에 편찬된 『패관잡기』에는 곽향·유향 등을 조선에서 나지 않은 약재로서 중국으로부터 구입한다고 전한다.

한편 영릉향, 백단(향), 울금향 등이 보이는데, 영릉향(零陵香)은, 『본초강목』 권 34에 보이는 다가라[多伽羅, tagara]를 지칭한다. 『영외대답』에 따르면 요동(猺洞) 및 정강(靜江)·융주(融州)·상주(象州)에서 산출하며, 늦은 봄에 꽃을 피우고 씨를 맺는데, 쪼개어 연기불을 피면 향내가 나므로 상인들이 그늘진 곳에 말려 판매한다고 한다. 중국 영남(嶺南) 지방에서는 애호가들이 자리에 까는 침구나 좌욕(座褥), 누워 자는 깔개로 삼기 때문에 향으로 사르지 않는다고 한다. 그러나 영외(嶺外)에서는 향으로 사용하는데, 정강(靜江)이 옛날 영릉군(零陵郡)에 속했기 때문에 이로 인하여 영릉향(零陵香)이라 일컫는다고 한다. 『동의보감』에서는 나쁜 기운 등으로 인한 복통을 낫게 하며 몸에서 향기를 풍기게 하는데, 우리나라에는 오직 제주도에만 있으므로 얻기 어렵다고 하였다. 『신증동국여지승람』에도 제주·정의·대정에서 산출된다고 하였다.

백단향(白檀香)은 앞서 살폈듯이 불경에 보이는 전단향(栴檀香)으로서 일명 진단(眞檀)이라고도 한다. 『신증동국여지승람』에는 전라도 진도와 강원도 횡성·평창·영월·정선·삼척에서 자단향을, 강원도 영월에서 백단향을 각각 산출한다고 하였다. 백단향 곧 전단향은 광화(898~900) 말년에 낭공대

14세기 원나라 신안 해저선(우측 상단 보강 복원) 적재 자단목(좌측 아래 열)(국립해양유물전시관)

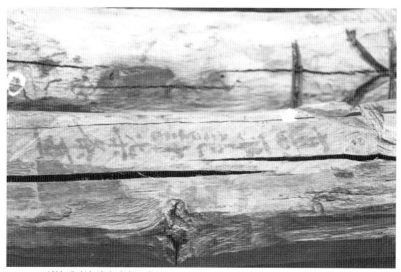

신안 해저선 선적 자단목 세부(자단목의 하주 등을 표시한 묵서와 음각으로 크기 등을 새긴 세부도)

사(朗空大師)가 재배하였다는 기록이 있어 신라에서 최소한 9세기 말엽에는 산출하였던 것으로 보인다. 「매신라물해」에도 그 이름이 보이고 있어 8세기 중엽까지도 소급될 가능이 있다. 『동의보감』에는 열로 부은 것을 삭이고 신기로 오는 복통을 낫게 하며, 명치 아래가 아픈 것, 곽란, 중악, 헛것에 들린 것을 낫게 하며 벌레를 죽인다고 한다.

울금향(鬱金香)은 황색 염료로도 사용되지만, 「매신라물해」에서는 대체로 약재로 구매되었던 것으로 여겨진다. 일명 초사향(草麝香)이라 하며 심황이라고도 일컫는다. 사향목(麝香木)은 점성·진랍에서 나는데, 나무가 늙어 넘어져 땅에 인멸되어 부패하여 물러져 벗겨진 것을 상품으로 여기며, 그 기운이 묽어져 사향노루[麝]와 비슷하므로 사향(麝香)이라 한다. 천주(泉州) 사람들이 많이 기용(器用)으로 사용한다고 한다. 『동의보감』에는 혈적(血積)을 낫게 하며, 기를 내리고 혈림과 피오줌, 그리고 쇠붙이에 다친 것, 혈기로 인한 심통(心痛) 등을 낫게 한다고 한다. 또한 기운이 가벼워 술 기운을 높은 데까지 이르게 하므로 신을 내려오게[降神]할 수 있다고 한다.

『신증동국여지승람』에는 전라도 동복·광양·곡성·임실·순창·전주 일원의 토산으로 소개하였다.

그런데 「매신라물해」에서는 4건의 문서에서 향로(香爐)를 구입한 것을 볼 수 있다. 이들 문건에서 공통으로 구입한 향료는 훈육향(薰陸香)이다. 따라서 훈육향은 사르는 향료가 아닌가 한다. 또한 향로를 구입한 4명 가운데 3명이 침향(沈香)을 구입하고 있어, 침향 또한 사르는 향으로 기능하였을 것으로 추정된다. 고려 때에 향료를 의례용품으로 사용한 사례로 미루어 볼 때, 용뇌, 전단(백단향) 등도 사르는 향료로 기능하였을 가능성이 있다. 안식향·울금향 등도 신명에 통한다는 효능이 있다고 하므로 모종의 의례나 불교행사 등에 사용하였을 것이다.

「매신라물해」의 물품 가운데 보이는 목환자(木槵子) 등은 일종 벽사용품(辟邪用品)이 아닐까 한다. 목환자는 무환자(無患子)라고도 일컫는데, 불교경전 『목환자경(木槵子經)』에는 목환자의 열매로 염주를 만들어 공덕을 빈다고 하였다. 「매신라물해」에서는 목환자의 수량을 '과(顆)'로 기재하고 있어 염주의 재료였을 것으로 추정된다. 이는 『신증동국여지승람』에 제주·정의·대정의 산물로 나타난다. 그밖에 여의(如意)·승불(蠅拂)·수(?)정념수(□精念數)·송수(誦數) 등도 불교용품으로서 일종 벽사용으로 분류할 수 있다.

훈육향(薰陸香)은 일명 유향(乳香)으로서 공양품의 향료나 설사와 이질, 역병 등의 약재로 사용되었다. 또한 침향, 청목향, 곽향, 안식향, 용뇌향, 감송향 등과 함께 조합향의 재료로 사용되었는데, 이들 물품을 구입한 「매신라물해」 문건 가운데 일부는 조합제를 함께 구매하고 있어 조합향으로도 기능하였을 것으로 보인다. 또한 정향류(丁香類)로서 정향(丁香), 정자향(丁字香), 정자향(丁子香), 계설향(鷄舌香)을 들 수 있는데, 향료와 구강재, 약재 등 쓰이는 용도에 따라 명칭을 달리 쓰지 않았을까 추정된다. 이들 정향류는 밀향수로부터 산출되고 있어, 침향과 계통을 같이 하는 향약이었다. 훈향(薰香)은 의향(衣香), 훈의향(薰衣香), 읍의향(裛衣香) 등과 함께 서책의 보관이나 의류에 쓰이는 조합향(調合香)이었다. 이들 훈향류는 훈의향과 읍의향을 함께 구매한 1건의 문건을 제외하고는 중복 신청을 한 사례가 보이지 않아 각각의 기호에 따라 선택하여 사용하는 상호 대체제로서의 성격을 띤 것으로 보인다. 아무튼 이들 향약은 훈향, 의향, 훈의향, 읍의향 등 서책의 방충제와 의류에 쓰이는 조합향을 제외하고는 대부분 약재로도 사용되었다.

이들 향약 가운데 침향, 정향, 훈육향[유향], 청목향, 곽향, 용뇌향 등은 이른바 동남아시아 지역의 특산으로 인정된다. 그런데 안식향, 백단향, 영릉향, 울금향 등은 『신증동국여지승람』에 우리나라에서 산출된다 하고, 백단향 곧 전단향의 경우 이미 9세기 후반 신라 지역에서 재배되었다. 이들 신라에서 생산되었을 가능성이 있는 향약은 각각 1~2명이 신청한 데 불과하였다. 이로 미루어 볼 때에 일본 관료들은 향약을 주로 약재나 구강제, 방충제, 의향으로 사용하였고, 동남아시아 원산의 향약을 선호하였으며, 비교적 손쉽게 구할 수 있는 신라산 향약에 대한 선호도는 낮았던 것으로 생각된다.

한편 약재로 사용한 향료 곧 향약과는 달리 순수 약재들을 살필 수 있다. 곧 연력 13년(791) 「태정관첩(太政官牒)」에는 인삼, 감초, 대황, 가리륵(阿梨勒) 등의 약재 이름을 살필 수 있다. 천장 3년(826) 9월 1일자 「정창원어물출납주문(正倉院御物出納注文)」에서도 여러 승려의 병을 치료하기 위한 약재로서 감초, 인삼, 태황, 계심, 육종용(肉縱容), 대일우여량(大一禹餘粮), 원지, 밀타승(蜜陁僧) 등을 살필 수 있다. 이들 가운데 인삼, 감초, 태황, 가(아)리륵, 계심, 육종용, 원지 등은 「매신라물해」에서 확인된다.

또한 『한원(翰苑)』에 인용된 「고려기(高麗記)」에는 인삼, 백부자, 방풍, 세신(細辛) 등이 고구려 마다산(馬多山)에서 많이 생산되었다고 한다. 아울러 9세기 중후반 무렵 당나라 강남·영남도의 사정을 보여주는 이븐 쿠르다지마(Ibn kuhrdadhibah, 820~912)의 『제도로(諸道路) 및 제왕국지(諸王國志)』와 남송 보경 원년(1225) 조여괄(趙汝适)이 편찬한『제번지(諸蕃志)』신라국조에서는, 신라의 대외교역물품으로 사향(麝香), 육계(肉桂), 인삼(人參), 송자(松子), 진자(榛子), 석결명(石決明), 송탑자(松塔子), 방풍(防風), 백부자(白附子), 복령(茯苓) 등을 꼽았다. 이들 약재 가운데 육계를 제외하고 인삼·백부자·방풍을 비롯하여 복령·송자·진자·석결명 등이 9세기 중엽 신라에서 생산된 바,「매신라물해」의 사향, 인삼, 송자는 신라 토산의 약재라고 할 수 있다.

이들 약재류는 전통적으로 식물성 초목부(草木部)와 동물성 수부(獸部), 광물성 금석부(金石部) 등으로 구분된다.

초목류 약재로서 인삼은 신라의 당나라 조공물품으로 자주 등장하는 약재이다.『신증동국여지승람』에는 우리나라 각지에서 생산한다고 하였다.

송자는『본초강목』에서 신라송자(新羅松子)라고 일컬었던 해송자(海松子)를 지칭한다.『고려도경』에도 고려의 토산으로서 오엽송(五葉松)에서만 취할 수 있다 하고,『지봉유설(芝峰類說)』의 옥각향(玉角香)이나 용아자(龍牙子)는 이를 가리킨다.『동의보감』에는 골절풍(骨節風)과 풍비증(風痺症), 어지럼증 등의 치료와 함께 오장 및 허약체질의 개선에 효능이 있다고 하였다.

육종용(宋縱容)은 명나라 가정 44년(1565)에 편찬된『본초몽전(本草蒙筌)』에 마분(馬糞)이 떨어진 땅에서 자라나는 더부사리과의 다년생 기생풀로서, 중국 섬서지방에서 산출된다고 하였다.『동의보감』에는 음력 3월에 뿌리를 캐어 그늘에서 말려 사용하는데, 오로(五勞) 칠상(七傷), 남자의 음위증, 여자의 불임증에 효능이 있다고 한다.『홍재전서(弘齋全書)』에는 신침법(神枕法)의 약재로도 소개하였다.

감초(甘草)는 위를 보하고 속을 편안하게 하므로 격렬한 약물의 성질을 완화하거나 약물의 작용을 조절하는 데 사용한다. 특히 뇌배종(腦背腫) 등의 치료제로서『신증동국여지승람』에는 경상도 영산과 창녕, 전라도 무안, 해남의 산물로 나타난다.

태황(太[大]黃)은 회이(回夷)와 서양인이 즐겨 마시던 양제근(羊蹄根)을 지칭한다. 우리나라 북부 고산지대에 흔히 나는 대왕풀로서, 2월과 8월에 뿌리를 캐어 검은 껍질을 제거하고 불로 말려서 술에 섞어 볶거나 씻어 생으로 사용한다. 어혈(瘀血) 등에 쓰이며, 계심(桂心)과 함께 역병의 예방이나 반안(反眼) · 장창(杖瘡) · 란창(爛瘡) · 뇌배종(腦背腫) · 고독(蠱毒) · 해독(蟹毒) · 제수육독(諸獸肉毒) 등에 효능이 있고, 소합원(蘇合元)이나 비급환(備急丸)의 제조에 사용된다고 한다. 「매신라물해」 4개의 문건에서 계심과 함께 대황을 신청한 바, 역병의 예방을 위한 약재로 사용되지 않았을까 짐작된다.

계심(桂心)은 계피(桂皮)의 겉껍질을 벗긴 속껍질로서 교지(交趾)에서 산출된다. 이는 객오(客忤), 산통(疝痛), 실음(失音), 제과독(諸果毒) 등에 쓰이는 구급약으로서, 도소음(屠蘇飮) 등을 만들어 먹으면 역병을 예방할 수 있다고 한다.

자근(紫根)은 자초(紫草)의 뿌리로서 천연두[痘瘡]에 효능이 있으며, 짙은 녹색 껍질은 물감으로 쓰인다. 따라서 「매신라물해」의 자근은 염료로서의 자초와 달리 천연두[痘瘡] 등의 치료제로서 구매된 것이라 할 수 있다. 일본 정창원(正倉院)에 소장된 자주색 화전(花氈)에는 일종 물품표인 첩포기가 덧붙여 있는데, 이 「정창원색모전첩포기(正倉院色毛氈貼布記)」에는 자초랑택(紫草娘宅)의 이름이 보인다. 이로써 신라 귀족으로 여겨지는 자초랑택에서 자초를 재배하여 약재로서의 뿌리를 공급하는 한편으로 직물류에 직접 물감을 들여 색모전 등을 생산·판매하였음을 확인할 수 있다. 사실 자초는 만주·일본·중국·아무르 지방에 분포하며, 『신증동국여지승람』에 우리나라 각지의 산물로서 전한다.

원지(遠志)는 산속에 나는 애기풀 뿌리로서, 잎은 소초(小草)라고 한다. 우리나라 곳곳에 나는 고채(苦菜) 곧 씀바귀[徐音朴塊]이다. 4월과 9월에 뿌리와 잎을 채취하여 볕에 말리고, 감초를 달인 물에 씻어서 뼈를 제거한 뒤에 생강즙을 섞어 볶아서 사용한다. 『동의보감』에는 귀와 눈을 밝게 하며 심기(心氣)를 진정시키고 경계(驚悸)를 멎게 하며 건망증, 중풍 등에 처방한다고 하였다. 또한 원지환(遠志丸)과 원지주(遠志酒)를 만들어 놀랐을 때나 옹저 등에 치료한다. 원지를 신청한 문건에는 감초와 함께 환(丸)의 제조에 쓰이는 밀즙(蜜汁)을 신청하였는데, 원지로써 약이나 환 등을 제조하였던 것으로 보이며 백동화로도 이러한 약의 제조와 관련되지 않을까 추측된다.

인심(人心)은 중국의 남방에서 재배하는 교목이다. 열매는 익었을 때 따서 햇볕에 말려 위완통(胃脘痛)에 쓰이며, 수피는 봄에 벗겨서 햇볕에 말려 약재로 사용하는데 급성 장위염(腸胃炎), 편도선염(扁桃腺炎)에 효능이 있다.

필발(畢拔)은 「매신라물해」에 밀발(密拔)·화발(華撥)·필발(畢拔)·한발(旱撥) 등으로 기재되었는데, 천응 원년(781) 8월 16일자 정창원의 「잡물출입계문(雜物出入繼文)」에는 계심·인삼·가리륵 등과 함께 약물로 분류되어 있다. 필발은 호초(胡椒)를 지칭하는 범어 pippali를 음사한 것으로 보기도 하는데,『유양잡조(酉陽雜俎)』의 매리지[昧履支, morica]와 같은 것이라고 한다. 그런데 연력 6년(787) 「정창원어물목록(正倉院御物目錄)」에는 호초와 함께 필발근(蓽撥根)을 기재하고 있어, 호초를 필발과 동일한 약재로 보기 어렵다.『유양잡조』권 18에서도 필발(蓽撥)을 호초와 구분하여 서술하였다. 필발(蓽撥)은 마가타국(摩伽陁國)에서 필발리(蓽撥梨)로, 불림국(拂林國)에서는 아리가타(阿梨訶咃)로 부르는데, 8월에 채취한다고 한다.『심전고(心田稿)』에는 섬라[暹羅, 태국]의 산물로 전한다.『동의보감』에는 곽란 냉기와 혈기로 인한 흉통을 치료한다고 하였다.

14세기 원나라 신안 해저선의 후추[胡椒](목포 국립 해양유물전시관)

아리륵(阿莉勒)은 가리륵[阿梨勒, 可梨勒, 迦梨勒]으로 나타나는데, 동일한 명칭을 음사하면서 여러 글자로 기재된 것으로 보인다. 교주(交州)·애주(愛州)·광주(廣州) 등에서 나는데 목완(木梡)과 비슷하며, 열매의 씨를 빼고 껍질을 약재로 사용하며 육질이 두터운 것을 좋은 것으로 한다 대체로 폐기(肺氣)나 화상으로 인한 화기를 내리는 데 효능이 있으며,『본초강목』에는 정향·가자피·반하·생강·구감초·초두구·청피 등을 섞어 가슴 속에 기(氣)와 담(痰)이 뭉친 데 치료하는 탕약재를 제조한다고 하였다. 정창원 문서에는 그 단위가 매(枚) 또는 환(丸), 과(顆)로 나타나는 바, 환은 향유와 꿀물 등에 개어 환약으로 구매하였던 사실을 반영한 단위명으로 생각된다.

청태(青胎)는 침향·훈육향 등과 함께 기재되어 있고,『석창역대시선(石倉歷代詩選)』권 464, 명시차집(明詩次集) 98에 실린 주륜(周倫)의 「역주유본정작(易州有本亭作)」이란 시문에 '청태와 작약을 받들어 붉은 부리를 토하니[捧青胎芍藥吐紅嘴]'라고 하여 복통의 약재인 작약과 함께 서술되어 있어 식물성 약재로 여겨진다.

동물성 약재로서 사향은 「정창원어물목록(正倉院御物目錄)」 등에서도 살필 수 있고, 우황은 신라의 당나라 조공물품으로 자주 등장하는 약재이다. 이들은『신증동국여지승람』에도 우리나라 전국 각지의 산물로 나타난다.

서각(犀角)은 섬라 등지에서 산출된다. 연력 6년 6월 26일자 「정창원어물목록」과 연력 12년 6월 11일자 「동대사사해(東大寺使解)」의 「폭량목록(曝凉目錄)」에는 '서각(犀角) 3개(箇), 서각 1대(袋), 서각기(犀角器) 1매(枚)'와 '서각 1구(具)', '서각초도자(犀角鞘刀子)', '서각배(犀角杯)' '서각 1초(鞘)[納小刀子]' 등으로 그 용도에 따라 단위를 달리 표기하고 있다. 문건에는 '서각 4구(具)'가 계심·사향·우황·대황·감초 등 약재와 함께 기재되어 있어 약재로 구매한 것으로 보인다.『동의보감』에 따르면, 서각은 청심진간약(清心鎭肝藥)이나 옹저(癰疽)·창종(瘡腫)의 치료, 꿩고기를 먹고 토할 때, 고독(蠱毒)의 판별, 호박서각고(琥珀犀角膏)의 제조 등에 사용한다고 한다. 또한 주사(朱砂)·사향 등과 함께 귀격(鬼擊)의 구급약으로도 조제되었다.

양고(羊膏)는 신라의 영양(羚羊) 사육과 관련된 것으로서 짐승의 살코기를 구울 때 사용되는 향신료이기도 하다. 조선시대에는 불제(祓除)를 행하는 데 사용되기도 하였지만, 음허로 생긴 허로증(虛勞證)을 치료하기 위한 호잠환(虎潛丸)의 제조, 또는 양고기를 끓인 국물로 반죽한 다음 용호환(龍虎丸)이란 알약을 제조하는 일종 보양제였다.

「매신라물해」 문건 가운데 '□지(□脂)'는 '양지(羊脂)'일 가능성이 높은데, 천평승보 8년(756) 6월 21일자 정창원의 헌물(獻物)로서 신라양지(新羅羊脂)가 보이기 시작하여, 연력 6년(787) 6월 26일자 「정창원어물목록」과 연력 12년(793) 6월 11일자 및 홍인 2년(811)의 「동대사사해」 등에 신라양지가 보인다. 양지는 『동의보감』에서는 유풍(遊風)과 주근깨의 치료제라고 하였다.

또다른 문건에 보이는 '□골(□骨)'은, 침향·계설향과 함께 밀향수로부터 채취한 계골향(鷄骨香)일 가능성도 있으나, 용골(龍骨)이 「정창원약장(正倉院藥帳) 20」(北 제64호)으로 현존하고 「매신라물해」에 '향(香)'이란 별도의 글자가 보이지 않아 용골(龍骨)일 가능성이 높다. 1685년 일본에서 편찬된 『도해본초(圖解本草)』에는 용골은 맛이 달고 성질이 평온하여 독이 없는데, 몽설(夢泄)이나 부인들의 하혈, 설사 등의 치료제로 사용한다고 한다.

광물성 약재로서 황단(黃丹)은 연분(鉛粉)을 만들면서 그 찌꺼기를 초석(硝石)과 여석(礜石)을 사용하여 볶아 만든다. 『동의보감』에서는 백반과 섞어 알약을 만들어 반위증의 치료에 쓰거나, 염창산(斂瘡散)·도화산(桃花散)·홍옥산(紅玉散) 등 염증과 부스럼, 살이 헌 데를 치료한다고 한다.

망소(芒消)는 망초(芒硝)의 다른 이름이라고도 하나, 정창원의 망소(芒消)는 오늘날의 초석[硝石, 芒硝]과는 다르다. 일명 소석(消石) 또는 석비(石脾)라고도 한다. 노지(鹵地) 등에서 만든 박소(朴消)를 나복(蘿蔔)과 함께 그릇에 넣고 달여 하룻밤 지나서 흰 결정체인 백소(白消)를 얻는데, 윗면에 가는 털끝과 같아 칼끝처럼 생성된 것이 망소(芒消)이고, 모서리 뿔처럼 이빨형

고대의 약재(국립중앙박물관 : 「고대문자전」 2011.10. 전시품) 왼쪽부터 아교, 황련, 박소, 대황, 승마, 청대, 청목향, 감초

상을 한 것을 마아소(馬牙消)라고 한다. 물에 닿으면 녹고 또 능히 여러 물건을 약하게 하므로 '소(消)'라고 일컫는데, 우마(牛馬)의 가죽을 다루어 무르게 하므로 피초(皮硝)라고도 이른다. 이는 망소를 가죽제품 가공제로서 구매하였을 가능성을 시사하지만, 천웅 원년 8월 16일자 「잡물출입계문(雜物出入繼文)」에는 '약(藥)'으로 분류하고 있어 대체로 눈에 열이 쌓이거나 붉은 장예(障瞖)가 끼는 것을 치료하는 데 사용된 것으로 보인다.

한편 종래에 금속제로 분류하였던 철정(鐵精)은 일명 철화(鐵花)라고 하는데, 구매량이 1근에 불과하여 약재로 사용되었던 듯하다.『명의별록(名醫別錄)』에 따르면 철정은 강철을 단련할 때에 단조(鍛竈)에서 나오는 진자색(塵紫色)을 띠는 가볍고 고운 미지근한 미립자를 지칭한다. 놀라 가슴이 두근거리거나 간질·대하증·탈장 등의 치료에 쓰인다고 한다.

이상에서 「매신라물해」의 약재 가운데 인심(人心)은 중국의 남방, 계심(桂心)은 교지국, 그리고 서각(犀角)은 섬라 등지에서 나는 것으로 인정되었다. 21종의 약재 가운데 인삼, 송자, 육종용, 감초, 태황, 자근의 초목류 약재, 사향, 우황, 양고, 양지 등의 동물성 약재는 신라의 토산 약재라고 할 수 있다. 그리고 신라에서 침(針)을 제조하여 당나라에 조공하고, 효소왕 원년(692) 의학(醫學)을 설치하여 『본초경(本草經)』을 가르쳐 약재에 대한 지식을 습득하게 한 사실로부터, 의향(衣香) 등 조합향이나 광물성 약재인 황단

(黃丹)·망소(芒消)·철정(鐵精) 등도 신라에서 제조하였을 가능성이 있다. 그렇다면 21종의 약재 가운데 10종이 신라 토산 약재이며, 광물성 약재 3종도 신라에서 제조되었을 가능성이 높다고 할 수 있다. 담헌(湛軒) 홍대용(洪大容, 1731~1783)이 그의 『담헌서(湛軒書)』 외집 권 3, 항전척독(杭傳尺牘) 건정동필담 속(乾淨衕筆談續)에서 조선의 약재 가운데 토산을 6~7/10 정도라고 인식하였던 것은, 이미 신라시대부터 이와 같이 약재를 생산·조제하여 온데서 비롯한 것이 아닐까 한다.

「매신라물해」에는 신라 원산의 사향과 인삼·태황, 그리고 중국 남방산의 계심·가리륵 등을 주로 구매하였다. 일본 관료들의 구매 약재 가운데 신라 토산 약재의 비중이 높았던 것은, 신라의 의약 지식이 일본에 널리 인정되었음을 시사한다. 이미 앞에서 서술하였듯이 일본의 의학은 신라의학으로부터 상당한 영향을 받았거니와, 김태렴의 신라물에 약재로서의 향료와 순수 약재의 명칭이 많이 보이는 것은, 신라의 발전된 의학과 폭넓은 약재의 유통에 바탕한 것이었다.

3. 안료와 염료, 향분[화장품]으로서의 향료

김태렴의 신라물 가운데는 안료와 염료, 그리고 향분[화장품]에 소용되는 향료의 이름이 보인다. 이들은 순수하게 안료나 염료 등으로 사용되기도 하였지만, 약재로도 사용되었다. 또한 다른 향료와 조합하여 향분 곧 오늘날 여성들의 화장품으로 사용되기도 하였다. 이들 가운데 일본 관료들은 염료인 소방(蘇芳)을 가장 많이 신청하였고, 안료인 주사(朱沙), 동황(同黃, 銅黃), 연자(烟子, 烟紫) 등의 순서로 구입하였다.

김태렴의 신라물에 보이는 안료로는 주사, 동황, 금청(金靑)과 철청(鐵靑), 증청(曾靑), 백청(白靑), 연자(烟紫), 호분(胡粉), 자황, 칠자(漆子) 등을 들 수 있다.

주사(朱沙, 朱砂)는 짙은 홍색의 광택이 있는 덩어리 모양의 광물로서, 안료 뿐만 아니라 염료, 수은과 단약의 제조 등에 사용되었다. 진(秦)나라 때에 파촉(巴蜀)의 단혈(丹穴)로부터 중국에 처음 들어왔는데, 그후 천촉(川蜀), 교파[咬吧, 자카르타] 등지의 주사가 유명하였다. 『동의보감』에는 우리나라 선천에서도 산출된다고 하였다.

주사는 무엇보다도 안료로서 일컬어진다. 곧 주사를 가루로 만들어 아교를 달인 물과 맑은 물을 함께 사기 그릇에 넣고 흔들어서, 맨 위의 주표(朱標)는 옷에 물들이는 물감으로, 중간의 홍색은 단풍나무 잎이나 난간(欄干)·사관(寺觀)을 그리는 물감으로, 그리고 가장 아래의 색채가 거친 부분은 인물화를 그리는 데 사용하였다. 또한 주사로 그린 그림에는 먹을 사용하지 않는다고 한다.

동황(同黃)은 도황(桃黃)이라고도 하는데, 삼록(三碌) 곧 희고 약간 푸른빛을 띤 도료 중에서 약간 누른빛을 띤 안료이다. 금청(金靑)과 철청(鐵靑), 증청(曾靑), 백청(白靑)은 푸른색 계통의 안료로서, 이들을 신청한 관료들은 모두 동황을 신청하였다. 특히 증청은 공청(空靑)과 유사한 것으로 산색(山色)을 띠는데, 안료 뿐만 아니라 통증을 그치고 관절(關節)·간담(肝膽)·두풍(頭風) 등의 치료제로도 사용하였다. 점필제 김종직(1431~1492)은 그의 문집 『점필제집(佔畢齋集)』 권 1, 「이국이를 수도에 나아가도록 보내는 서문(送李國耳赴京師序)」에서 동황이 '본래 남월(南越)에서만 생산되었다는 것은 이미 오래 전의 이야기'라고 한 것과 그 이름이 「매신라물해」에 보이는 것으로 미루어 볼 때에, 동황이 이미 신라에서 생산되었을 가능성이 있다. 또한 증청은 단사(丹砂)·웅황(雄黃)·백반석(白礬石)·자석(磁石) 등과 조합하여 도사의 장생불사 약인 오석산(五石散)의 재료로도 사용된다고도 한다. 금청(金靑)은 옥(玉)으로 제조한 안료로서 이해한다. 대체로 중국과 조선에서는 글자의 자획을 메꾸는 채료로서 사용되었다. 요컨대 「매신라물해」에서 동황·금청·철청·증청·백청 등을 함께 신청하였다는 것은, 이를 신청한 관료들이 이들 물품을 안료로 사용하였음을 반영한다.

연자(烟紫)는 연자(烟子)와 동일한 물품이다. 「매신라물해」에서 주사와 동황을 신청한 이들은 모두 연자를 구입하고 있어, 안료인 연지(臙脂)를 지칭한 명칭으로 판단된다. 연지는 달리 홍람(紅藍)이라고도 일컫는데 복건성(福建省)의 것이 유명하였다. 이를 다른 빛깔의 안료와 섞어 붉은 색 계통의 각종 빛깔을 만든다고 한다.

호분(胡粉)은 은주(殷周) 시대 이래로 연분을 칠하고 일컬었던 이름이지만, 호(胡)와는 전혀 관계가 없다. 호분은 자황과 상반되는 성질을 가지고 있어서, 양자를 혼합하여 검은색을 내는데 사용하였다. 이는 약재로도 사용되었는데, 『동의보감』에는 버짐을 치료하는 호분산(胡粉散), 풍선(風癬)과 습창을 치료하는 연분산(連粉散)의 제조, 염창·월식창(月蝕瘡)의 치료, 소아의 뱃가죽이 검푸르게 변해 위독한 경우 술로 개어 배에 발라주는 단방약으로 사용된다고 하였다.

자황은 달리 석자황(石紫黃)이라고도 일컫는다. 산의 양지 쪽에서 캔 것을 석웅황(石雄黃), 음지 쪽에서 캔 것을 자황(雌黃)이라고 한다. 유황과 비소의 화합물로 빛깔이 누렇고 고와 안료로 사용하는데, 『동의보감』에는 불에 달구어 식은 다음 부드럽게 가루내어 악창, 옴, 문둥병의 치료제로도 사용한다고 하였다. 『신증동국여지승람』에는 석자황을 전라도 진산(珍山)의 산물로 소개하였다.

안료로서 특이한 것은 내장두(內匠頭) 지변왕(池邊王)이 유일하게 칠자(漆子) 곧 칡의 씨앗을 신청하였다는 것이다. 『계림지(鷄林志)』에는 백제 때부터 강진(康津) 가리포도(加里浦島, 완도)에서 황칠의 나무를 생산하며, 6월에 즙을 채취해서 기물에 칠하면 마치 황금과 같이 사람들의 눈을 부시게 한다 하였는데, 중국 절강(浙江) 사람들이 신라칠(新羅漆)이라 일컬었다고 전한다. 『고려도경』에도 나주도(羅州道)의 황칠을 일컬은 바, 「매신라물해」의 칠자(漆子)는 이와 관련될 것이다. 옻은 약재로도 사용되는데, 『동의보감』

안압지 출토 단청용 그릇(경주국립박물관)　　　당나라 삼채분합(三彩粉盒)(長安 大唐西市博物館)

에는 마른 옻[乾漆]은 소장을 잘 통하게 하고 회충을 없애며 혈훈을 낫게 하며, 생옻[生漆]은 회충을 죽이는데 오래 먹으면 몸이 가벼워지며 늙지 않게 된다고 한다.

칠자(漆子)를 구입한 지변왕(池邊王)은 천평 9년(737) 내장두에 보임되어 김태렴이 일본에 갈 당시에도 그 직임에 있었다. 그는 각종 향약류 뿐만 아니라 금청, 주사, 동황, 연자, 호분, 철청, 증청 등의 안료를 구매하였다. 이는 안료에 대한 그의 관심을 뜻하며 칠자도 그러한 관심에서 비롯한 것으로 여겨진다. 따라서 칠자의 구입은 약재로서보다는 안료를 확보하기 위한 것이라 할 수 있으며, 혹 왜칠(倭漆)의 전통이 지변왕의 신라산 칠자의 구매와 관련되지 않을까 추측해 볼 수 있다.

이들 안료 가운데 연지, 호분은 다른 향료와 혼합하여 향분(香粉) 곧 오늘날의 화장품의 원료로 사용되기도 하였다. 예컨대 호분(胡粉, 鉛粉)은 연지와 합쳐 도화분(桃花粉)을 만들었다. 또한 일정한 연분에 청목향·마황근(麻黃根)·백부자·감송·곽향·영릉향을 각각 똑같이 나누어 가늘게 갈아 가는 체로 걸러 합쳐서 향분(香粉)을 만들어 사용하였다. 도화분(桃花粉)이 얼굴에 도화 빛을 더하는 화장품이었다면, 향분은 여성 특유의 아름다움을 살리기 위하여 여러 향기를 내는 화장품이었으리라 짐작된다.

향분의 조합제로서 향유(香油)와 구지(口脂), 약재의 조합제로서 밀즙(蜜

汁)과 석뇌(石腦), 그리고 색의 고착제로서 납밀(臘蜜)을 들 수 있다.

향유(香油)는 고려 문종 34년 송나라 조공물품 가운데도 보이며, 꿀물 등과 함께 난창(爛瘡) 등을 치료할 때에 대황 가루나 탄가루[炭末]를 개이거나, 합향(合香) 및 환단(丸丹)의 제조에 사용되었다. 구지(口脂)는 진랍(眞臘)의 특산으로 갑향(甲香)에 약재 및 미과화향(美果花香)을 밀초[蠟]로 섞어 만든 일종의 화향(和香)이라 할 수 있는데, 그 자세한 내용이나 용법은 알 수 없다. 다만 『수헌집(睡軒集)』 권 1, 관동록(關東錄)의 「납일서회(臘日書懷)」에서 '구지면약(口脂面藥)'이란 구절을 살필 수 있어 향료뿐만 아니라 일종 약재, 또는 여성들의 향분 등을 조합할 때 사용되었을 것으로 생각된다.

밀즙(蜜汁)은 봉밀(蜂蜜)로서 발해 사신이 일본에 보낸 물품 중에도 보인다. 특히 꿀 종류는 「매신라물해」에 밀즙 외에도 밀(蜜), 납밀(臘蜜) 등을 살필 수 있다. 대체로 밀즙·밀은 『동의보감』 등 각종 의서에 보이듯이 약재 가루를 반죽하여 환약을 제조하는 조합제로 사용되었고, 납밀은 주로 그림을 그리거나 건물 등에 색칠한 뒤에 채료의 고착, 금동불상 및 동종의 주조 등에 사용되었다. 『신증동국여지승람』에는 청밀(淸蜜)·석청밀(石淸蜜)·백랍(白蠟)·봉밀(蜂蜜) 등을 전국 각지의 산물이라 하였다.

석뇌(石腦)는 석뇌(石腦)로서 석지(石芝), 태일여량(太一餘糧)이라고도 한다. 이는 앞서 살핀 천장 3년(826) 9월 1일자 「정창원어물출납주문」의 대일우여량(大一禹餘粮)을 지칭한다. 석뇌유(石腦油)는 일명 유황유(硫黃油)라고도 하며, 중국 운남이나 광동지방의 산물이다. 『오주연문장전산고(五洲衍文長箋散稿)』 경사편(經史篇) 4의 「물리외기 변증설(物理外紀辨證說)」에는 고려에서도 화유(火油)·석유(石油)가 산출되었다고 한다. 불꽃을 그릇에 넣어 금창(金瘡) 등의 지혈에 사용하거나 급경(急驚)·경계(驚悸)·풍허(風虛)·정허(精虛) 등에 치료하며, 주로 환약 등의 제조시 조합제로 사용한다.

「매신라물해」에 보이는 일본 귀족 관료 가운데는 도화분과 향분을 만들 수 있는 훈육향·침향·청목향·곽향·안식향·용뇌향·감송향 등의 향료와 함께 호분 등을 신청한 경우도 있다. 아마도 그는 그의 여주인을 위하여 향분 제조에 필요한 물품을 두루 구입한 것이 아닌가 한다. 이들 향분 재료만을 구입한 것으로 보아 일본 내에 이들 재료로써 향분을 제조하는 것이 보편화되었던 것으로 보인다.

한편 김태렴의 신라물 가운데 직물이나 종이 등에 물을 들이는 염료로서 소방(蘇芳)과 자초(紫草) 등을 살필 수 있다.

소방(蘇芳)은 속칭 와목(窊木) 또는 단목(丹木)이라고도 하며, 채취하여 껍질을 벗기고 햇빛에 말리면 그 색이 홍적색(紅赤色)이 되어 붉은 빛과 자주빛 색[緋紫色]을 물들이는 데 사용한다. 『성호사설(星湖僿說)』과 『신증동국여지승람』에는 해도(海島) 소방국(蘇方國)의 산물로, 『당본초』에는 소방목(蘇妨木)을 남해 곤륜으로부터 전래하여 교주·애주에서 생산된다고 하였다. 따라서 신라 내성 산하의 소방전(蘇芳典)은, 소방을 수입하여 궁중이나 대외 조공품에 충당하는 옷감에 홍색 물을 들였던 궁중수공업장이었을 것으로 생각된다. 이는 약재로도 사용된 바, 『동의보감』에는 부인의 혈기병(血氣病), 아이를 낳은 후의 혈창(血脹), 월경 중단, 옹종·어혈 등에 효능이 있다고 한다.

「매신라물해」에 보이는 소방은 30개의 문건 가운데 13개 문건에서 신청한 물품이다. 특히 거울을 구입한 15명의 관료 가운데 3명을 제외하고는 모두 소방을 구입한 바, 주로 여자들이 주도한 옷감 염색의 재료로 기능하였던 것으로 여겨진다. 2건의 문건은 글자의 결락으로 분명하지 않지만, 거울을 구입하지 않고 다른 안료나 염료가 보이지 않는 1건의 문건에 있어서는 약재로 사용하였을 것으로 추측된다.

소방은 일본 고문서에 수방(茱芳)이라고도 일컬었던 듯하다. 앞서 살핀 『법륭사가람연기병유기자재장(法隆寺伽藍緣起幷流記資財帳)』(747)에는 천평(天平) 10년(738) 무인 정월 17일 평성궁(平城宮) 어우천황(御宇天皇)이 법륭사에 헌납한 잡물(雜物) 가운데 주방장(朱芳帳)이 보이고 이와 함께 주방(朱

芳)이 등장한다. 주(朱)는 주(朱)를 잘못 기입한 것으로 보이는데, 주방장(朱芳帳)이 주방(朱芳)으로 염색한 휘장이나 천막을 지칭하는 것으로 판단되기 때문이다. 따라서 소방(蘇芳)과 주방(朱芳), 수방(茱芳)은 그 음가와 글자 모양이 서로 비슷하기 때문에 소방(蘇芳)의 다른 이름으로 보아 좋을 듯하다.

소방은 「매신라물해」 가운데 가장 많은 문건에 보이는 물품이고, 같은 문건 안에서 그 구매량을 비교할 수 있는 경우 다른 물품의 구매량에 비해 4~16배에 이른다. 이는 일본 내에 소방에 대한 수요량이 대단히 많았음을 의미한다.

자초(紫草)는 그 뿌리를 천연두의 약재로 사용한 데 대해, 그 껍질은 염료로 사용되었다.

이들 색료 가운데 주사·호분·소방·자근·칠 등은 약재로도 사용되었으며, 호분(胡粉)·연자(烟子)는 그 용도에 따라 가공하여 안료로, 주사(朱沙)는 안료와 염료로 사용되었다. 소방(蘇芳)과 자초(紫草)는 약재와 함께 염료로, 칠(漆)은 약재와 안료로 기능하였고, 그 밖에 자황과 금청·백청·증청 등은 안료로서 구매되었다. 또한 주사와 동황은 단약으로도 사용되었을 가능성이 있다.

「매신라물해」에는 일본 귀족 관료들이 안료와 염료 가운데 소방(13명)을 가장 많이 구매하였다. 그리고 주사(10명), 동황(9명), 연자(8명)가 그 뒤를 이었다. 특히 염료와 안료를 구매한 관료들 가운데, 소방을 구매한 13명 중 1명을 제외하고는 모두 거울[鏡]을 구입하였고, 주사와 연자·동황을 구매한 11명도 모두 거울을 구입하였다. 이는 소방과 주사·연자·동황이 여자의 용품으로 기능하였음을 보여주며, 소방은 주로 여자들의 옷감 염료로서, 그리고 주사·연자·동황은 주로 여자들의 향분 곧 화장품의 원료로서 사용되었음을 시사한다.

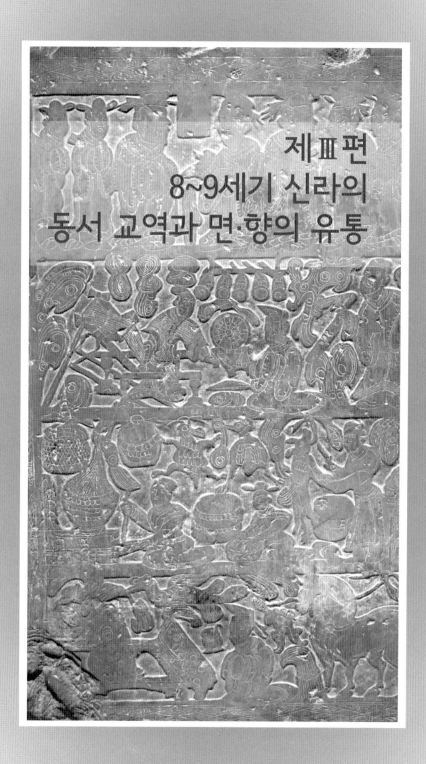

제Ⅲ편
8~9세기 신라의
동서 교역과 면·향의 유통

제1장 장보고의 바닷길과 동아시아 교역

제1절 8~9세기 신라-일본간의 외교적 갈등과 신라 귀족의 사무역

8~9세기 신라와 당나라, 일본과의 교역에 대한 연구는 일본학자들에 의해 시작되었다. 그들은 일본의 해양사를 밝히기 위한 전제로서 원인(圓仁)의 『입당구법순례행기(入唐求法巡禮行記)』를 연구하는 과정에서 신라와 일본과의 관계에 주목하였다. 우리 학계에서도 1985년 완도문화원과 국사편찬위원회 공동으로 『장보고의 신연구』가 행해지고, 1999년 해상왕장보고 기념사업회가 출범함으로써 8~9세기 동아시아 무역과 장보고의 탄생으로부터 몰락에 이르기까지의 과정, 재당신라인의 활동 등에 관한 다양한 연구 결과물이 쏟아졌다.

그러나 지금까지의 연구는 장보고를 지나치게 영웅주의로 미화함으로써 당시 동아시아사 내지 한일관계사의 역사적 맥락을 설명하지 못한 점이 있었다. 곧 8~9세기 동아시아 관계를 살핌에 있어서 해상무역에 대해 남다른 비전을 지녔던 장보고의 해상왕국을 강조함으로써 그 역사적 의의나 성격을 개인주의로 윤색하였던 것이다. 이러한 데는 8~9세기 신라와 일본간의 교역을 정치적인 문제에 한정하여 살핀 데서 찾을 수 있다. 또한 『일본서기』와 『속일본기』의 기사를 사료비판 없이 지나치게 신빙함으써, 상대적으로 기사가 소략한 『삼국사기』 기사를 소홀히 한 데 있었다.

아직까지도 일본학자들은 일본의 역사서를 바탕으로 하여 신라가 일본에게 조공하였던 것을 기정사실화하고 있다. 이에 우리 학자들은 당시에 신라가 일본과 교섭할 필요성이 없었다고 간주함으로써 『삼국사기』 기록을 중심으로 양국간의 국교정상화는 애장왕대에 이르러서야 가능하였다는 입장을 보여 왔다. 또 한편으로 이를 절충하여 신라와 일본 양국이 서로를 조공국으로 여김으로써 외교적 갈등을 빚었고, 결국 일본이 759~763년 무렵 신라공격계획을 수립하자, 764년 이후 양국간에는 국가간의 외교관계를 대신하여 집사성과 대재부(大宰府)간의 실무외교 방식으로 전환하였다고 이해하기도 한다.

그런데 일본측 기록에서도 일본이 신라의 물품 뿐만 아니라 유학생이나 승려를 보내어 신라의 문물을 받아들였음을 확인할 수 있다. 일본이 신라로부터 받아들인 물품은 직물류와 피혁류, 그릇류, 약품, 불상과 병풍과 같은 선진 제품이었던 데 대하여, 일본이 신라에 전한 것은 면과 포, 일반 비단류로서 직물 원자재로서의 성격을 띤 것이었다. 또한 689년 신라에 온 일본 유학승 명총(明聰)과 관지(觀智)에게 불상을 보낸 것이나, 692년 산전사어형무광사(山田史御形務廣肆)가 승려로서 신라에서 학문을 배운 것 등에서, 신라가 일본 유학생과 승려에게 문화를 전수하였던 사실을 확인할 수 있다.

고대 동아시아 외교관계를 특징짓는 조공체계에서는 엄격한 외교의례가 시행되었다. 곧 조공국이 피조공국에게 국서로서의 표문과 조공품을 올리면, 피조공국은 칙서와 함께 하사품을 내렸다. 그러나 일본측 기록에 '신라 사신'으로 기술된 사신들은 일본측의 끈질긴 요구에도 불구하고 국서와 표문을 갖추지 않고, 구두로써 신라왕의 뜻을 전하였다. 이는 경덕왕 11년(752) '신라왕자' 김태렴(金泰廉) 일행이 별도의 국서(표문) 없이 구두로써 일관하여 신라 국왕의 뜻을 전하면서, '개인 자격으로 준비한 신라의 물품'을 일본 국왕에게 전하였던 데서도 확인된다. 이와 같은 '신라사신'의 일본 조정에 대한 태도는, 신라가 당나라에 국왕의 표문과 조공물품을 드리고 당나라가 칙문과 답례품을 내렸던 것과는 분명하게 차이가 있다.

더욱이 『속일본기』 779년 4월조에는 일본조정이 당나라 사신을 영접하는 의식에 대하여 질의하면서, 752년 김태렴 일행의 영접에 대한 다음과 같은 기록을 살필 수 있다.

> 4월 신묘 영당객사(領唐客使) 등이, '당나라 사신의 행렬이 좌우로 기(旗)를 세우고, 또한 대장(帶仗)이 있으며 행렬의 관리들이 기를 세운 전후에 서는데, 신들이 옛 사례를 살펴보았으나 이러한 의례를 살피지 못하였습니다. 이를 금지하라는 지(旨)가 없으니 엎드려 처분을 바랍니다'라고 아뢰었다. (이에) '오직 대장(帶仗)을 허락하되 기(旗)를 세우지는 못하도록 하라'고 하였다. 또 '지난번 견당사 속전조신진인(粟田朝臣眞人) 등이 초주(楚州)로부터 출발하여 장락역(長樂驛)에 이르자 5품 사인(舍人)이 칙(勅)을 전하여 위로하였는데, 이때 절하며 사례하는 예는 보지 못하였습니다. 또한 신라 조공사 왕자 태렴(泰廉)이 서울로 들어오던 날 관(官)의 사신이 명(命)을 선포하고 맞이하는 말을 내려 주었는데, 사신의 무리들은 고삐를 거두고 말 위에서 답례하였습니다. 다만 발해국의 사신만이 모두 말에서 내려 두 번 절하고 춤추며 답례하는 의식[舞蹈]을 하였습니다. 이제 당나라 사신을 인솔하는 데 어떤 사례에 준거하여야 하겠습니까'라고 아뢰니, '진퇴(進退)의 의례와 행렬(行列)의 순서는 모두 별식에 갖추어져 있으니, 이제 사신의 처소에 내려 마땅이 이 별식에 근거하여 어긋나지 않도록 하라'고 하였다.(『속일본기』권 35, 보구 10년(779) 4월 신묘)

위의 기사에서 당나라 사신이 행렬의 좌우로 기(旗)를 세우고 대장(帶仗)을 하였음을 살필 수 있는데, 이는 개성 연간(836~840) 서역에 파견된 당나라 사신들이 정절(旌節)을 세우고 행렬한 것과 동일한 형상으로서, 당나라 황제의 칙사로서의 위의를 보이는 것이라 할 수 있다. 그런데 752년 김태렴 등 '신라사신'은 번국 사신으로서의 의례나 발해국사가 말에서 내려 재배무도(再拜舞踏)하는 것과는 다르게, 말 위에서 일본 천황 칙사의 '칙명으로 사행의 길을 위로하여 질의하는 의식[宣勅勞問]'에 답하는 모습을 보이고 있다. 김태렴의 태도는 조공사의 그것이라기보다는, 신라가 교린(交隣)에 바탕한 외교 의례를 행하였고 일본이 이를 인정하였던 사실을 보여주는 것이라 할 수 있다.

아무튼 일본조정이 '신라사신'에게 국서와 조공물품을 요구한 태도는 일본이 신라에 파견한 사신에게도 살필 수 있지만, 신라는 일본사신의 태도가 오만하고 무례하다 하여 왕이 보지 않고 돌려보내곤 한 데서 엿볼 수 있다. 이와 같은 신라, 일본 양국 조정의 태도는 양국이 서로 상대국에 조공을 강요하는 것으로 보일 수도 있으며, 이로써 더이상 국가간 외교 관계가 성립되지 않았던 것으로 여겨질 수도 있다.

그러나 8세기 무렵 신라와 일본의 관계는 오히려 '신라사신'의 수가 기왕에 30여 명을 보낸 데 대하여 8세기 전반에는 700여 명의 수준까지 증가하였다. 또한 '신라사신'이 국서나 조공물품을 가져가지 않음으로써 '사행'을 수행하지 않았음에도 불구하고, '신라사신'이 가져간 신라물품은 일본 신료들의 요구에 따라 교역되었다. 여기에서 국서나 조공물품을 가져가지 않은 '신라사신'을 정상적인 국가간 외교관계의 사신으로 일컬을 수 있겠는가 하는 의문이 있다.

그럼에도 불구하고 8세기 전반 신라사신의 왕성국(王城國) 발언 이후 일본에 파견된 신라 관료들은 『속일본기』에 모두 조공사로서 기술되어 있다. 여기에서 왕성국 발언이란 8세기 중엽 신라와 일본간에 외교적 갈등의 불씨가 된 사건을 가리킨다. 곧 735년 신라사신 김상정(金相貞) 등이 일본 황제의 사신 위로 연회에서 신라를 '왕성국(王城國)'이라 일컬음으로써 일본 조정의 반감을 사 돌려보내진 사건을 말한다. 신라사신이 신라를 왕성국이라 일컬은 것에 대하여는, '신라를 종주국으로 하여 주변제국을 번국으로 하는 중화사상의 구체적 발현자였던 신라왕이 거주하는 도성이 있는 나라'로 풀이하거나, 신라가 일본을 일방적으로 번국으로 응대하였거나 아니면 상대국의 사신을 번국의 사신으로 접대하였던 종래의 일본측 관례를 깨뜨리려고 하는 의도에서 표현한 것, 신라의 일본에 대한 자존의식을 드러낸 외교적 언사로서 풀이하기도 한다. 이에 대해 필자는 당나라에 대해서는 유교적 이념의 군자국(君子國)으로, 그리고 일본에 대해서는 불교 교화의 중심지인 왕사성의 나라 곧 왕성국(王城國)으로서 신라가 부처님의 나라와 같음을 과시하였던 것으로 이해한 바 있다.

아무튼 일본에 파견된 이른바 '신라사신'은 조공사라면 으레 갖추어야 할 국서를 지참하지 않았고, 스스로도 조공사로 일컫기를 거부하였다. 또한 수행원의 수에 있어서도 신라와 일본간의 정식 국교가 있었던 7세기 후반부터 8세기 전반의 30여 명에 비하여, 700여 명으로 놀랄 만큼 증가하였다. 이러한 수행원의 수적 증가는 당시 신라와 일본간의 외교적 갈등이 점철된 시기였다는 점에서 매우 이례적인 현상이었다.

『속일본기』에 따르면 김태렴은 '신라 왕자'로서 천평승보(天平勝宝) 4년(752) 윤 3월 22일 일본 축자(筑紫)에 도착하여, 동대사 대불 개안식에 참여하는 한편 일본 국왕의 융숭한 향연을 받고, 7월 24일 난파관을 출발하여 귀국하였다. 또한 동 시기에 작성된 「매신라물해」에서 그가 일본에 체류하는 동안에 신라의 물품을 교역하였음을 확인할 수 있다.

김태렴이 『속일본기』의 기록대로 '신라왕자'였는가에 대해서는 한일 역사학계 모두 '왕자가 아니었다(假王子)'는 설이 유력하다. 신라 왕자가 일본에 파견된 기록은 모두 네 건이 보이지만, 『삼국사기』에서 이에 상응하는 기사를 확인할 수 없다. 김태렴의 경우에도 경덕왕 17년(758)에 경덕왕이 첫 왕자를 낳았음을 확인할 수 있기 때문이다. 사실 애장왕 3년(803) 애장왕은 숙부 균정(均貞)을 가왕자(假王子)로 삼아 일본(倭國)에 보내려 했던 사례가 있거니와, 김태렴 또한 균정과 같이 일종 가왕자의 신분으로 파견되었다고 여겨진다.

김태렴은 일본에 가져간 신라물품을 '개인 자격으로 준비한 신라의 물품(私自所備 國土微物)'이라고 하였다. 김태렴이 가져간 물품은 매우 다양하여 무려 122종에 달한다. 이들 김태렴의 신라물은 이른바 신라와 일본간의 갈등이 일어나기 이전의 물품과 비교하였을 때에 몇 가지 차이가 있다.

첫째, 김태렴의 신라물에는 7세기 중후반으로부터 8세기 전반에 걸쳐 전해준 동물류(鳥類와 犬類, 馬類, 水牛, 駱駝)의 명칭이 전혀 보이지 않는다. 이들 희귀 동물은 국가 또는 왕실의 위세품으로 기능하는데 이러한 물품을 김태렴의 물품에서는 볼 수 없다는 점이다.

둘째, 직물류의 경우 직견(直絹), 면(綿), 주사면(朱沙綿), 숙포(熟布)와 천면(韆面) 등으로서 이전 시기의 화려하고 섬세한 비단류(錦絹·細布之類, 霞錦·綾羅·絹布, 彩絹·彩色·綵帛錦綾)에 비하여 옷감의 질이 떨어진다는 점이다. 특히 김태렴이 가져간 물품은 신라에서는 6두품이 사용하는 물품이 주종을 이룬다. 이는 이전시기의 물품이 궁중수공업장에서 생산되어 국왕과 왕실, 외교적 교역품으로 기능하였던 그것과는 차이가 있다.

셋째, 가죽·모피류는 늑추(勒鞦, 말의 배에 채우는 배띠와 말굴레의 턱밑 가죽)와 모피류(靴氈, 緋氈, 花氈, ㅁ裁氈) 등으로 나타나는데, 이는 이전 시기의 사슴가죽(鹿皮), 표범가죽(豹皮), 말 안장(鞍皮)과 차이가 있다. 곧 김태렴의 물품은 6두품이나 진골귀족의 수공업장에서 생산되거나 6두품의 신발로서 사용되는 물품이었던 데 대하여, 이전시기의 사슴가죽은 국왕의 신발 재료로 사용되는 것이었다.

넷째, 그릇류는 대체로 구리·잡라(迊羅)·백동·유석(鍮石) 등으로 제작된 것으로서 신라에서도 진골귀족이나 5, 6두품이 사용할 수 있는 물품이었지만, 이전 시기의 물품은 금은제와 누금(鏤金)한 그릇(金銀鐵鼎·金銀刀旗之類, 金銀銅鐵, 鏤金器·金銀·金器, 金銀, 銅鐵之類)으로서 신라에서는 진골도 사용이 금제된 물품이었다.

그밖의 약재와 향료의 경우 7세기에는 단순히 약물류라고 하였는데「매신라물해」에서는 구체적인 명칭을 보이고 있다는 점에서 차이가 있다. 그러나 대체로 7세기에도 동일한 약재가 일본에 전해졌던 것으로 믿어진다. 이들 약재와 향료 가운데 신라 토산품인 우황·인삼을 비롯하여, 신라에서 자체 생산한 전단향(栴檀香) 등을 확인할 수 있다. 특히 신라가 침향(沈香)을 비롯한 여러 향료를 수입하여 조합향(調合香)을 만들어 일본에 전했을 가능성이 높다.

결국 김태렴 일행이 가져간 신라물품은 이전 시기의 물품과는 차이가 있었다. 이전 시기의 물품이 국왕의 위세품이나 왕실의 궁중수공업장에서 생산되는 물품이 주종을 이루고, 김태렴이 가져간 신라물이 진골귀족이나 6두품 관인의 일반 수공업장에서 생산되는 물품이 중심이었다는 것은, 김태렴을 신라 조정에서 공식으로 파견한 외교사절로서 인정하기 어렵게 한다. 이는 김태렴 스스로가 그가 가져간 물품을 '개인적으로 마련한 신라 토산물'이라 일컬으며, 조공사로 인정하기를 거부한 그의 태도와 부합한다. 만일 김태렴이 신라 왕자의 신분으로서 일본에 공식 파견된 사신이었다면, 그가 가져간 물품 또한 이전 시기의 공식 사신과 마찬가지로 궁중수공업장에서 가져간 우수한 물품이어야 했을 것이다.

따라서 김태렴을 수행한 700여 명의 인원과 그가 가져간 신라물품의 성격, 이들 물품의 주요 수요층이 일본의 귀족 관료층이었다는 점에서, 752년 김태렴 일행의 일본 파견은 진골귀족층이 주도한 사무역의 한 형태로 볼 수 있다. 이러한 경험의 축적을 바탕으로 9세기 전반 장보고의 활동이 가능하였던 것으로 여겨진다.

제2절 애장왕대 신라-일본간의 교빙 결호

『삼국사기』에는 통일 이후 신라와 일본의 외교 관련 기록이 전혀 보이지 않다가, 효소왕 9년(698) 일본국사(日本國使)가 처음으로 신라에 왔던 것으로 기록되어 있다. 그후 몇 차례 일본 사신이 신라에 온 기사가 보이다가, 일반적으로 신라와 일본간의 국교가 단절된 것으로 보는 779년 이후인 애장왕대(800~809)에 일본과 교빙(交聘)을 맺었다는 기사를 포함하여 사신 내왕에 관한 기록이 보인다. 또한 『삼국사기』에는 외교형식에 있어서도 일본 사신이 온 데 대하여 '일본국사가 이르렀다(日本國使至)' 또는 '일본 국왕이 사신을 보내어 …을 올렸다(日本國王遣使 進…)'라고 하여, 당나라 사신에 대한 기록 곧 '대당이 사신을 보내어 칙서를 내렸다(大唐遣使…勅…)' '황제가 신라왕에게 …을 내렸다(帝賜王…)' '당나라가 사신을 보내어 책봉하였다(唐遣使册[命]…)'는 것과 차이가 있다.

이에 대해 애장왕대에 이르러 신라와 일본간에 교빙(交聘)을 맺었다는 『삼국사기』의 기사는, 8세기 무렵 일본에 '신라사신'이 내왕하였다는 『속일본기』의 기록과 차이가 있다. 이러한 「삼국사기」의 기록은 이 때에 이르러 신라와 일본간의 외교관계에 어떤 변화가 있었음을 시사한다.

그러면 애장왕 4년(803) 신라와 일본간의 '교빙결호(交聘結好)'란 어떠한 의미이며, 그것은 어떠한 배경에서 가능하였던 것일까. 일본측 기록에 따르면 성덕왕 34년(735) 일본에 파견된 신라사신의 왕성국(王城國) 발언 이후, 신라와 일본간에 표문과 토모(土毛)와 관련한 논쟁이 이었다고 한다.

표문과 관련 한 신라-일본간 외교적 갈등은 752년 김태렴이 일본 국왕을 알현할 때에 비롯한다. 당시에 김태렴은 구두로서 신라 국왕의 명을 전하였다. 이에 대해 일본 국왕은, '국왕이 친히 온다면 구두로 주청하는 것이 가능하지만, 다른 사신의 경우 반드시 표문을 가지고 올 것'을 요청하였다. 또한 780년 김란손이 구두로 아뢰어 사행의 뜻을 밝혔으나, 일본은 이후로 반드시 표함이 있어야만 외교사절로서 대우할 것임을 밝혔다. 잘 알다시피 전근대 외교 관계에서의 '표(表)'란 조공국의 왕이 상국에 올리는 국서를 일컫는다. 이와 같이 신라-일본간의 외교관계에서 표문이 문제된 것은, 신라가 일본에 대하여 구두로 일본에 사행의 뜻을 밝혀 전하였을 뿐 정상적인 외교 관계에 필요한 국서를 지참하지 않은 데 비롯한다.

또한 '토모(土毛)'란 당시에 중국, 신라, 일본 모두 '해당 지역 또는 그 나라의 특산물'이란 뜻으로 사용되었다. 이는 일견 '방물(方物)'이라는 의미와도 서로 통한다. 곧 방물은 중국 주변국이 중국에 바친 공진물의 명칭으로서 토의(土宜)·토물(土物)·토모(土毛)와 같은 뜻의 말이다. 이와 같은 토모가 신라-일본간에 외교적 문제로 갈등을 빚은 것은, 경덕왕 2년(743) 4월 신라 사신이 조(調)를 토모(土毛)라고 이름을 고치고, 그 물품 목록인 서(書)에 물건의 숫자만 기록한 데서 비롯한다. 이러한 신라측 문서 형식에 대하여 일본측이 외교적 상례에 어긋난다고 하고 신라사신을 돌려보내면서부터 양국간의 토모논쟁이 있게 된다. 그후 752년 김태렴이 '자신이 스스로 마련한 신라의 미미한 물품'을 일본 국왕에게 준 바 있다. 또한 770년 3월에는 김초정(金初正)이, 그리고 774년 3월에는 김삼현(金三玄)이 일본 국왕에게 토모를 올린 바 있어, 이에 대한 일본 조정과의 갈등이 있었다.

3월 정묘 일찍이 신라 사신에게 내조한 까닭을 묻던 날에 김초정 등은, "당에 있는 대사 등원하청(藤原河淸)과 학생(學生) 조형(朝衡) 등이, 숙위왕자 김은거(金隱居)가 본국으로 돌아가는 편에, 고향의 부모에게 보내는 서신을 부쳐 보냈습니다. 이 때문에 국왕이 김초정 등을 뽑아 등원하청 등의 서신을 보내게 하였습니다. 또한 사신이 나아가는 편에 토모(土毛)를 바쳤습니다"라 말하였다. 다시 묻기를 "신라가 조(調)를 바치는 것은 그 유래가 오래되었다. 그런데 '토모'라고 고쳐 칭하는 것은 그 뜻이 어디에 있는가"라 하니, "문득 부수적으로 바치는 것이므로 '조(調)'라고 칭하지 않았습니다"라고 대답하였다. … (『속일본기』 권 30, 보구 원년[770] 3월 정묘)

3월 계묘(4일) 이 날 신라국 사신 예부경 사찬 김삼현(金三玄) 이하 235인이 대재부에 도착하였다. 하내수(河內守) 종5위상 기조신광순(紀朝臣廣純) … 등을 보내어 내조한 까닭을 물었다. 삼현은 "우리나라 왕의 교를 받들어 옛날의 우호를 닦고 서로의 사신방문을 청하기 위함이다. 아울러 우리나라의 신물(信物)과 재당대사 등원하청의 글을 가지고 내조하였다"라 말하였다. (그러자) "대저 옛날의 우호를 닦고 서로의 사신방문을 청하는 일은 대등한 이웃이어야만 하며 직공(職貢)을 바치는 나라로서는 옳지 않다. 또한 공조(貢調)를 국신(國信)이라고 고쳐 칭한 것도 옛 것을 바꾸고 상례를 고친 것이니 그 뜻이 무엇인가"하고 물었다. 대답하기를 " … 또한 삼현은 본래 조(調)를 바치는 사신이 아닌데, 본국에서 문득 임시로 파견되어 오로지 토모를 올리게 되었을 뿐이다. 그러므로 어조(御調)라 칭하지 않고 감히 편의대로 진술한 것이며, 나머지는 알지 못한다"라고 말하였다. … (『속일본기』 권 33, 보구 5년[774] 3월 계묘)

위와 같이 신라와 일본간에 토모 논쟁이 지속된 데 대하여는 여러 가지 견해가 있었다. 일본학계에서는 신라가 '토모(土毛)' 등으로 명칭을 고친 일면에는 무역을 우선하는 의도가 있었던 것으로 풀이하기도 한다. 또한 토모란 조(調)와 달리 동등한 지위, 동등한 신분의 사람이 상호 교환하는 증여품을 지칭한 것으로서, 신라가 토모로 이름을 바꾸어 일컬은 것은, 조(調)를 매개로 한 상하관계를 부정하였기 때문으로 보기도 한다.

이에 대해 우리 학계에서는 신라가 조공국의 조(調)가 아님을 공식적으로 표명한 것으로 풀이하거나, 신라가 일본측의 공조(貢調) 의식을 외교적으로 양해하였거나 신라사신이 스스로 이를 조(調)라 표현하여 왔던 데서 비롯하였을 것이라고 이해하면서 토모란 상하관계의 의미가 없는 것으로 이해하기도 한다. 아울러 토모라는 용어를 굳이 정치적으로 해석할 필요 없이 종래의 상세한 품목과 수량 등을 알리는 형식이 결여됨으로써 외교형식상의 문제가 된 것으로 이해하기도 한다.

그런데 토모란 일본측 기록에 일본이 번국에게 내리는 증여물이었다. 또한 신라의 입장에서는 신라에서 생산된 물품을 일컫는 것으로서, 이를 외교적 증여물로 기능할 때에 '조(調)' 또는 '국신물(國信物)'로 일컬었다. 그런데 신라-일본간에 토모의 명칭이 외교적으로 문제가 된 것은, 외교형식 곧 실제적인 외교관계를 바랬던 일본조정의 입장에서 토모, 신물 등의 용어를 사용하면서 외교사절이라면 마땅히 갖추어야 할 외교문서인 국서 등을 갖추지 않은 '신라사신'을 국가간 공식적인 외교사절로 용납하기 어려웠기 때문이었을 것이다.

사실 8세기 동아시아 외교 의례상에 토물이란 번국왕이나 사신이 황제의 사신에게 답례하는 물품이었다. 곧 토모 곧 토물(土物)이란 황제의 영로 의식에서 황제가 사신을 객관에 보내어 예물[幣]을 내리면, 번국의 왕 또는 사신이 황제의 사신에게 답례하는 물품을 지칭하는 것이었다. 8세기 동아시아 세계에서 외교의례는 동아시아 국가간의 지위를 서열화하는 형식이었던 바, 일본의 시정 요구에도 불구하고 신라는 이와 같은 외교 형식을 드러냄으로써 문물전달자로서의 지위를 밝히고자 한 데서 신라-일본간의 토모논쟁이 있었다고 하겠다.

신라-일본간의 토모논쟁이 진행되면서 일본의 신라 정벌 계획이 비등

하였다. 연력(延曆) 18년(799) 일본이 견신라사(遣新羅使) 파견을 정지한 이후로 신라와는 이렇다 할 갈등이 보이지 않는다. 오히려 신라인의 귀화나 표착 관련 기사, 그리고 장보고의 활동과 관련됨직한 신라 상인 관련 내용이 보인다.

또한 애장왕 4년(803) 일본과 교빙 관계를 맺은 이듬해와 희강왕 1년(836)에 일본이 신라에 보낸 태정관첩(太政官牒)에서 '일본이 견당사를 보내면서 일본 태정관이 신라 집사성에 통고한다', 그리고 '견당사 배가 표착하면 물자를 주어 돌려보내든지 아니면 당나라에 가도록 도와준다', '만일 표착하지 않은 실종된 배의 경우 신라가 사신을 당나라에 파견하여 그 소식을 물어 일본에 알려준다'는 내용을 살필 수 있다.

이로 미루어 볼 때, 9세기 초 신라와 일본 사이에 모종의 협약이 있었던 것이 아닌가 여겨진다. 특히 일본에 대한 신라의 집사성첩에서는 정관(貞觀) 연간(632) 당나라 사신 고표인(高表仁)이 일본에 갈 때에 신라송사(新羅送使)를 보내어 도왔던 사례를 들어 입술과 이가 서로 필요한 것과 같이 여긴 지가 오래되었다는 것을 강조하고 있다. 양국간의 이러한 협조관계는 혜공왕 15년(779) 사찬 김난손(金蘭蓀) 등이 일본의 견당판관(遣唐判官) 해상삼수(海上三狩) 등을 두루 찾아 일본 파견시에 데려간 경험에서도 드러난다. 이에 정관연간에 당나라 사신을 보내던 그러한 정신을 이어, 신라의 집사성과 일본의 태정관 간에 상호 첩문을 주고 받으며 서로의 협조관계를 맺는 협약이 이루어졌고, 마침내 애장왕 4년(803) 양국간의 '교빙결호(交聘結好)'로 결실을 맺은 것이라 풀이된다.

이와 같은 양국의 '교빙결호'의 배경에는 일본의 지속적인 당나라 문물(唐文物)을 수용하고자 하는 욕구와 신라 진골귀족들의 대일교역에 대한 욕구를 충족시키고자 하는 정책적인 측면이 있었던 것으로 여겨진다. 곧 일본은 바닷길을 통하여 중국으로의 사행을 몇 차례 성공한 바 있지만 실패와 고행의 연속이었다. 발해를 통하여 당나라에 이르는 육로를 모색하는 것도 발해와의 표문의 문제로 쉽지 않았다.

이러한 현실적 문제로 인하여 일본은 당으로 통하는 안전한 해상루트를 확보하기 위해 이미 우수한 신라배와 동북아시아 해상루트를 장악하고 있는 신라와 타협할 필요가 있었다. 또한 신라의 대일외교 정책의 기조는 교린에 있었지만, 8세기 전반 김순정의 사망과 왜인의 신라 동변습격사건 이후에도 신라 진골 귀족들은 일본과의 교역을 통하여 막대한 무역의 이익을 취할 수 있었다. 7세기 후반부터 8세기 전반에 신라 진골귀족들이 주도한 일본 파견 '사행인'의 숫자가 700여 명으로 증가한 것, 진골귀족들이 일반 수공업장에서 생산된 물품을 '개인적으로 마련'하여 일본 귀족 관료층의 수용에 응한 것 등은, 신라 진골 귀족들의 일본과의 교역에 대한 경제적 욕구를 반영한다.

결국 8세기 신라 진골귀족이 주도한 교역사로서의 역할은 803년 양국간의 교빙결호 이후에 일본 견당사의 해로의 안전보장과 실종된 견당사를 찾아 연락해주는 일로 집중되었다. 이전에 신라 귀족들이 주도한 일본과의 교역은 9세기 전반 신라상인들에 의해 계승되었다. 이에 집사성이 직접 신라와 일본간의 무역에 관여하기보다는 강주나 청해진에 이러한 역할을 위임하는 형태로 진행되었다.

828년 청해진을 설치한 것은 산발적이던 신라상인의 활동을 한 데 결집하고자 하는 신라의 정책적 결정이었다. 장보고(張保皐)를 청해진대사로 임명한 것은 기존의 진골귀족들에 의한 교역을 포괄하며, 민간 상인들의 교역을 관리 조정함으로써 효과적인 동아시아 교역 정책을 수행하고자 한 것으로 평가된다. 곧 장보고를 전격적으로 청해진 대사에 임명한 것은 기존 진골귀족 중심의 교역 체계에서 일종 '사무역 관리시스템으로의 전환'을 꾀한 신라의 정책적 결정이라고 할 것이다.

제3절 장보고의 등장과 동아시아 해역

신라 흥덕왕 3년(828) 4월 장보고의 주청에 따른 청해진의 설치는 신라와 당나라, 일본의 교역에 있어서 획기를 긋는 사건이었다. 청해진은 중국 해적들이 신라인을 약탈하여 매매하는 문제를 해결하고자 설치된 것이라고 한다. 그러나 장보고가 9세기 초엽 신라의 정치사회적 소용돌이와 기근 속에서 당나라에 건너가 무령군(武寧軍) 군중소장(軍中小將)에까지 출세한 이후 재당 신라인을 하나의 교역망으로 편제한 것이나 청해진을 설치하게 된 배경에 대해서는 여전히 의문이다.

장보고는 서주(徐州)절도사의 주력부대인 무령군에 복무하여, 819년 산동반도 전역을 장악하고 있던 평로치청절도사 이정기(李正己) 일가 이사도(李師道)의 군대를 괴멸시킴으로써, 군중소장에 승차하였던 것으로 짐작된다. 이후 그의 행적에 대해서는 824년 일본에 갔다가 돌아오는 길에 축전국(筑前國) 태수 수정궁(須井宮)이 돌보던 신라인 환속승 이신혜(李信惠)를 데리고 와 그가 세운 등주 적산법화원에 머물게 하였던 것으로 전한다.

산동반도 일원을 장악하던 이사도의 군대가 궤멸된 이후, 장보고는 번진의 군인들에게 관직을 주어 제대시킨 대열에 합류했던 것으로 보인다. 이 때에 장보고가 무령군 군중소관으로서 받을 수 있는 관직으로는 부십장(副十將) 또는 동십장(同十將)이었다. 이는 원인(圓仁)이 당나라를 순례할 때에, 신라인 장영(張詠)이 구당신라소압아를 맡으면서 신라통사압아, 등주제군사압아, 구당신라사압아, 평로군절도 동십장 겸 등주제군사압아, 구당신라사 동십장 등의 직함을 지녔던 데에 견주어 볼 수 있다.

장영은 문등현의 신라인을 관할하면서 새로운 여행객의 출입과 동태를 조사·보고하고, 여행객에게 필요한 공문서를 직접 문등현에 주고 받는 역할을 하였다. 또한 평로군절도사의 휘하로서 등주자사와 문등현령의 지휘를 받고, 신라사신의 접대를 비롯하여 통역 및 해안 경비 책임까지도 맡았다. 이러한 장영의 이력이나 구당신라압아의 직임, 그리고 적산(赤山) 법화원의 위치 등으로 미루어 볼 때, 장보고는 무령군 군중소장직을 그만 둔 이후 장영과 마찬가지로 평로군절도동십장 겸 등주제군사압아 등의 직함을 받고 등주지역에서 신라인의 집락지인 신라방을 관할하는 신라소를 책임 맡았던 것으로 생각된다.

한편 당나라 조정으로서는 820년을 전후한 시기에 신라인 노비매매 사건을 해결하기 위한 노력을 기울이고 있었다. 신라는 헌덕왕 9년(817) 숙위왕자 김장렴(金張廉)을 보내 신라인의 노비화 금지를 요청하였다. 그 이듬해 3월 평로군절도사 설평은 해적들이 신라 양민을 자신의 관할구역인 등주·래주 및 연해제도에 매매하여 노비로 삼는 폐해를 지적하며 금지시켰다. 그후 헌덕왕 17년(823) 견당사 김주필(金柱弼)이 신라인 노비 방환을 요청하였다. 산동반도 지역에는 장보고가 일본에 다녀오는 824년 직전 신라인 노비 문제가 평로군절도사와 신라 조정 쌍방간에 해결해야 할 현안이었던 것이다.

특히 평로군절도사 설평(薛平)은 이사도를 평정한 819년 신라·발해의 외교 교섭 및 교역을 관장하는 압신라·발해양번사를 겸임하여 825년까지 이 지역을 총괄하면서, 신라인 노비화 금령을 위하여 노력하였다. 따라서 설평은 신라인 노비매매 문제를 해결하기 위해 자연스럽게 신라출신이면서 이사도 토벌에 참여했을 장보고와 같은 이를 필요로 하였을 것이다. 이

장보고진영(중국 산동성 적산 장보고기념관)　　　「흥덕왕릉비편」의 '貿易之人間'

에 설평은 장보고를 중용하여 평로군절도사 휘하의 주자사와 현령의 지휘
하에 신라소의 관할과 신라·발해·일본사신들의 영접 및 통역 등의 실무
를 맡겼던 것으로 짐작된다.

　장보고는 이로써 산동반도 등주 지역 신라인 사회를 이끌 수 있는 바탕
을 마련하였다. 그는 산동지역의 지정학적 이점을 최대한 활용하여 중국
내에서 활동하던 신라 상인들의 교역망을 구축하고, 일본과의 교역에 나
아갈 수 있었다. 이러한 배경에서 장보고는 당연히 일본과의 내왕로에 위
치한 신라와의 교역망을 기획하였을 것이다. 그는 일본과의 교역 과정에
서 청주(菁州, 지금 진주)에 정박하여 신라의 물품을 구입하면서 자연스럽게
신라의 정치적 상황을 살피고 신라 관원들과 교유하였을 것이다. 후일 장
보고가 해적 소탕을 위해 청해진 설치를 주청하였다면 바로 청주를 통하
여 집사성에 상주하고, 집사성은 이를 국왕에게 올렸을 가능성이 크다.

　장보고가 청해진 설치를 주청한 데는, 그가 평로군절도사 휘하에서 신
라사신을 영접하는 임무를 맡았던 것과 평로군절도사의 적극적인 후원,
그리고 신라의 대외무역 정책에 힘입은 바가 아니었겠는가 생각한다. 곧

청해진을 설치한 828년을 전후하여 양국의 사신이 빈번하게 오고갔던 것이나, 특히 신라가 흥덕왕 3년(828) 2월 당나라에 조공사를 파견한 직후인 4월에 장보고를 청해대사(淸海大使)에 임명하고 10,000명의 군졸로써 청해진을 지키게 하였다는 것은, 아무래도 당과 신라간의 신라노비에 대한 구체적인 대책을 논의한 뒤의 조치로 생각한다. 또한 「흥덕왕릉비」의 '무역의 인간[貿易之人間]'으로 상징되는 흥덕왕의 적극적인 무역진흥정책과도 흐름을 같이 하는 것이라 하겠다.

신라는 흥덕왕 3년(828) 4월 장보고의 청에 따라 청해진을 설치하였다. 이는, 중국 해적들이 신라인을 약탈하여 매매하는 문제를 해결하기 위한 것이었다. 그런데 『속일본후기』에는 840년 12월 장보고가 사신을 보내어 일본 조정에 '신라토산물품(方物)'을 바치고자 하였고, 일본의 입당구법승 엔닌의 일기인 『입당구법순례행기』에는 장보고의 무역선(交關船)이 중국 산동반도 등주 일원에서 활약하였다는 기록을 전한다. 이로 미루어 일찍이 최남선이나 라이샤워는 장보고를 9세기 전반 동아시아 해역을 장악한 해상 무역왕으로 일컬었다. 장보고의 교역을 개인 자격으로 이루어진 것으로 평가한 것이다. 그러나 청해진의 설치가 신라 조정의 승인하에 이루어졌고, 「흥덕왕릉비」에서 '무역의 인간[貿易之人間]'을 일컬은 것으로 보아, 장보고의 교역은 당시 흥덕왕의 적극적인 무역진흥정책과 관계된 것으로 보인다.

8세기 중반 이후 신라와 당나라간의 교역은 조공관계에 바탕하였다. 또한 신라와 일본은 서로 교린정책을 강행함으로써 상호간의 갈등이 깊은 상황이었다. 이러한 시기에 장보고가 해상왕으로 등장하였다는 것은 매우 이례적인 일이라 할 수 있다. 더욱이 그가 신라의 국가적 지원하에 활동하였다면, 그 이면에는 어떠한 역사적 계기가 있었다고 보는 것이 자연스러울 것이다.

장보고가 등장하기 이전 가장 융성하게 대외 교역활동을 벌인 이로는

752년 일본과 교역한 김태렴을 들 수 있다. 그는 『속일본기』에 '신라왕자'로 등장하는데, 실제로는 신라의 귀족으로서 700여 명의 사절단을 이끌고 일본과 교역하였다. 김태렴 일행이 일본에 가져간 교역물품의 종류는 당시 일본 관료들의 신라물품 구매신청서인 30여 건의 「매신라물해(買新羅物解)」에 전하고 있다. 일본 학자들은 이들 물품 가운데 소량이지만 고가인 동남아시아, 서아시아산 향약 등의 사치품이 많다는 점에서, 김태렴 일행이 중국으로부터 이들 남방산 물품을 구매하여 일본에 중계무역함으로써 높은 이윤을 추구하였을 것으로 풀이한다. 이처럼 신라가 교역을 목적으로 김태렴 일행을 파견한 것은 장보고의 교역과 매우 흡사한 것으로서, 9세기 신라상인에 의한 황해·동지나 무역활동의 선구를 이룬 것으로 평가된다.

김태렴의 교역 물품의 종류는 확인되는 것만 하더라도 향약, 약재, 색료, 조합제, 그릇·생활용품, 직물류 등 총 122여 점에 달한다. 일본 관료들은 이들 물품을 구입하기 위하여 면(綿) 72,480둔(屯)(18,120근)~82,560둔(屯)(20,640근)을 지불하였는데, 이는 쌀(米) 1,284~1,462석에 해당하는 가치로서 일본 조정의 지원하에 가능한 것이었다.

이들 물품 가운데에는 분명히 동남아시아 산물인 훈육향·침향·안식향 등 많은 종류의 향료가 포함되어 있었다. 그러나 이들 향료는 사치품으로 보다는 오히려 약재로서, 그리고 일종 군신간의 에티켓 용품인 구강제로서의 정향류와 의향·방충제로서의 조합향이 많은 비중을 차지하였다. 또한 향약 구매가도 소방·지초 등의 염료나 수지·그릇·마구·병풍 등의 생활용품·그릇류·문화용품의 1/23 수준에 그쳤다. 이는, 일본 조정 대신들의 신라물 구매가 주로 생활용품 등 문화적 수요에 집중되었음을 의미한다.

김태렴은 자신이 가져간 물품을 '개인 자격으로 준비한 신라의 물품(私自所備 國土微物)'이라 일컬었다. 이들 물품을 일본 관료들도 신라물이라 칭하였다. 그릇류나 생활용품은 신라 귀족들이나 일반 민간수공업장에서 제작된 것이었다. 향약의 경우 그 원산지가 비록 동남아시아라고 하더라도 전단향과 같이 신라에서 이미 재배되었을 물품도 포함되었다. 약재의 경우 신라에서는 이미 중국 본초학을 받아들여 이들을 개발·재배하고 있었다. 일본에 전래한 21종의 약재 가운데 인삼·잣·육종용·감초·우황 등을 비롯하여 13여 종이 신라 토산 약재였던 것으로 여겨진다. 따라서 김태렴의 교역은 신라의 수공업생산과 의약기술의 발전에 바탕한 것이었다. 동남아시아 원산의 물품도 소방(蘇芳)과 같이 신라에서 광범하게 유통되어 쉽게 구입할 수 있었던 만큼, 김태렴이 개인적으로 이들 물품을 준비하여 일본과의 교역에 충당할 수 있었던 것으로 보인다.

　김태렴 이후에 보이는 '신라사신'들은 직접 교역에 임하면서 조공사임을 거부하였다. 이들 신라 귀족들의 대일교역은 애장왕 4년(803) 신라와 일본간의 외교 협약[交聘結好]으로 이어져 신라 민간 상인들의 대일교역을 촉발시켰다. 그후 828년 장보고의 주청에 따라 청해진을 설치함으로써, 신라는 '신라-당-일본'을 잇는 새로운 교역망을 운영하는 시스템으로 전환하였다. 장보고가 동아시아 교역망을 구축할 수 있었던 계기는 752년 김태렴에 의한 대규모의 대일교역의 전통으로부터 찾아야 하지 않을까 생각한다.

　장보고와 동시대에 살았던 당나라의 두목(杜牧, 803~852)은 장보고를 어질고 의로운 사람으로 평가한 바 있다. 곧 장보고와 함께 무령군 소장이 되어 항상 경쟁하고 대립하였던 정년이 생활고로 인하여 청해진의 장보고를 찾아갔을 때 선뜻 그를 받아들이고, 희강왕이 시해당하는 정변을 맞자 정년에게 그의 군사 절반인 5,000명을 나누어 주며 이를 진압토록 한 결단을 높이 평가한 것이다. 『신당서』를 편찬한 북송의 송기(宋祁, 998~1061)는 "원한으로써 서로 질투하지 않고 나라의 우환을 앞세운 경우로는 진(晉)나라에 기해(祁奚)가 있었고, 당나라에 곽분양(郭汾陽)과 장보고가 있었다. 누가 동이[신라]에 사람이 없다고 할 것인가"라고 장보고를 칭송한 바 있다.

장보고는 당나라 해적의 신라인 노비매매를 저지하고자 청해진 설치를 흥덕왕에게 주청하였다고 한다. 이 또한 어질고 의로운 그의 면모를 드러내고자 한 역사가의 서술이라고 이해된다. 또한 현대의 역사가 라이샤워는 장보고를 '해상왕'으로 표현한 바 있는데, 이는 그의 품성과는 별개로 동아시아 해상교역상의 업적을 평가한 것이다.

장보고가 당-신라-일본간의 교역활동을 적극적으로 벌이기 이전 동북아시아의 국가간 교역은 사신왕래에 수반한 공무역을 중심으로 한 것이었다. 곧 신라와 당나라, 그리고 신라를 매개로 한 당나라와 일본의 사신 내왕이 있었다고 하지만, 신라와 일본간에는 공식적인 사신내왕이 끊어지고 신라 진골귀족이 주도하는 대일교역, 그리고 장보고·왕청 등 재당신라인에 의한 당과 일본의 교역이 단편적으로 진행되었을 뿐이었다.

장보고는 이러한 국제간의 사정을 충분히 잘 알고 있었던 것으로 보인다. 당시 동북아시아 교역에 있어서 가장 긴요한 문제는 당-신라-일본을 하나의 네트워크로 묶는 것이었고, 이를 위해서는 당나라 해적의 소탕과 일종 중간 거점을 신라 요충지에 마련하는 것이었다. 장보고의 이러한 인식은 청해진의 설치와 신라-당-일본간의 해상 네트워크 구성으로 현실화되었다.

흥덕왕 3년(828) 4월 장보고의 주청에 따라 청해진이 설치되었다. 이때의 장보고는 나이 48세 무렵으로, 이 시기를 전후하여 당나라와 신라 양국 사신이 빈번하게 내왕하였음을 주목할 수 있다. 곧 흥덕왕 즉위 이듬해(827) 당 문종은 헌덕왕의 조문과 새로 즉위한 흥덕왕의 책봉을 위해 원숙(源寂)을 파견하였고, 흥덕왕은 동왕 3년(828), 5년(830) 6년(831)에 걸쳐 당나라에 조공사를 파견하였다. 그런데 신라가 흥덕왕 3년(828) 2월 당나라에 조공사를 파견한 직후 4월에 청해대사 장보고에게 10,000명의 군졸로써 청해를 진수케 한 것은, 아무래도 당과 신라간의 신라노비에 대한 구체적인 대책을 논의한 뒤의 조치였을 것으로 짐작된다. 청해진은 '청해진대사-병마사-경졸·기병' 등 군사적 조직으로 구성되어 마치 당나라 절도사의 조직과 닮아 있다. 이와 같은 청해진의 조직은 중국 해적들의 신라인 매매를 근절시키고자 설치한 데서 비롯한다고 하겠다.

이 무렵 신라와 당나라 양국간의 사신내왕과 청해진 설치의 이면에는 산동반도 일원을 관장하고 있던 평로군절도사가 일정하게 관여한 것이 아닌가 짐작된다. 839년 신무왕 책봉을 위한 청주병마사 오자진(嗚子陳)의 사행이 있었고, 840년 2월에는 보조선사가 평로사 일행의 선박을 이용하여 신라에 귀국하였다. 특히 840년의 평로사 일행은 아마도 신무왕의 조문사였을 것으로 추정된다. 그런데 신무왕은 장보고의 군사력에 힘입어 즉위하였던 바, 그의 즉위와 조문에 모두 평로군절도사의 사행이 신라에 오고간 점은 평로군절도사와 장보고의 관계에서 비롯한 것이라 할 수 있다. 곧 청해진의 설치는, 신라와 당나라의 사신내왕을 관장하던 평로군절도사가 장보고를 적극적으로 지원한 결과라고 할 것이다.

장보고가 동아시아 무역의 거점으로서 굳이 청해를 택한 데에는, 장보고 선단의 기동성과 황해의 해상권 장악을 위한 '산동반도 ↔ 경기만 ↔ 청해진'을 잇는 연근해항로와 함께 '산동반도 또는 회하유역 ↔ 한반도 남단'의 사단항로가 가능한 지역으로서 최적점이 청해진이기 때문이었다. 청해진을 설치함에 따라 기왕의 신라·당·일본간의 단편적인 항로는 '(대재부→) 양주 → 강회지역 → 등주 → 강화 → 당성진 → 회진 → 흑산도 → 청해진 → 청주(강주) → 대마도 → 일기도 → 대재부'라는 하나의 네트워크로 재편되었다.

이는 당시 동북아시아에 있어서 어느 누구도 생각하거나 실현가능한 것으로 여기기 어려운 거의 코페르니쿠스적인 발상이었다. 「흥덕왕릉비」에서 '무역지인(貿易之人)'을 일컬은 것은 동아시아 해상왕국 건설의 비전을 제시하고 이를 실천한 장보고에 대한 동시대인의 당연한 평가임과 동시에

현재 복원된 적산 법화원

흥덕왕이 청해진을 설치하여 지원하였던 상황을 증명한다. 사실 장보고가 갖춘 어질고 의로운 성품, 그리고 코페르니쿠스적인 거대한 비전과 추진력은 '해상왕'으로 칭송받아 마땅한 품격이라 할 것이다.

장보고는 청해진과 당나라 등주지역을 거점으로 당과 신라, 일본을 연계하는 교역망을 운영하였다. 839년 청해진 병마사 최훈이 장보고의 대당 매물사로서 교관선을 타고 당나라 초주와 사주 연수향 지역을 왕래하였고, 초주 신라인들이 9척의 신라선으로 일본의 견당사를 귀국시킨 것은, 장보고 시대 후반기 장보고의 교역망 운영상을 보여주는 대표적인 사례이나.

그는 등주 적산 법화원을 중심으로 신라소 압아 등을 통괄하면서, 신라·발해·일본 사신의 영접 뿐만 아니라 당나라 사신의 신라 내왕을 도왔던 것으로 보인다. 이곳은 당나라의 수도 장안에 들어가는 관문으로서 신라와 발해사신이 머무는 신라관과 발해관이 있었던 만큼, 이들 사신의 안내나 통역 등의 업무는 바로 구당신라사의 직임이었다. 또한 장영이 관장하던 적산 법화원에는 839년 일본 견당사 율전녹사(栗田錄事)와 신라통사 도현(道玄)이 숙식한 바 있으며, 일본 견당사에게 지급하기 위한 쌀 70석을 운반해 온 등주의 관리 4명이 체재한 바 있다. 839년 신무왕 책봉을 위한 평로사의 사절 오자진 일행은 법화원에 머무른 바 있고, 840년 2월 보조선사가 편승하여 신라에 들어간 평로사 일행들도 등주 신라소와 법화원을 이용하였을 것으로 보인다. 840년의 평로사 일행은 신무왕의 조문사였던 것으로 추정된다.

장보고 교관선 복원도(중국 산동 적산 장보고기념관)

신안 해저 발견 원나라(14세기) 무역선 물품 선적 단면 복원 모형(목포 국립해양유물전시관)

신무왕은 장보고의 군사력을 배경으로 왕위에 올랐던 바, 신무왕의 즉위와 조문에 모두 평로군절도사의 사절단이 신라에 내왕한 점은 평로군절도사와 장보고의 관계로 말미암은 것으로 생각된다. 사실 당나라 출입을 위한 공문서는 장보고의 서찰이나 문건의 발급으로부터 비롯하였다. 그가 교관선에 발급한 서찰이나 문건을 재당 신라소가 접수하고, 이를 등주 자사나 평로군 절도사에게 상신하여 당나라 입국 문서를 취득하였다. 따라서 장보고의 등주 지역에서의 위상과 역할은 일종 재당 신라 무역출장소와 같은 것으로서 평가할 수 있다.

이와 같은 배경에서 장보고는 중국 연안에서 활동하는 많은 신라상인들을 결집할 수 있었다. 839년 원인(圓仁)이 양주에서 만난 왕청(王請)은 이미 819년에 일본 출주국(出州國)에 다녀온 상인이었다. 또한 장보고 휘하에 있다가 결국 장보고를 암살한 염장(閻長)의 휘하에 들어간 이소정(李少貞)

은 신라계 당인으로서 820년에 대일무역에 종사하였다. 이들은 일본 입당 구법승 혜운(惠運)의 언급처럼 833년에서 842년 무렵 박다(博多)에 '신라상 객'으로서 빈번하게 왕래하였고, 그 가운데는 왕초(王超)·흠량휘(欽良暉)· 이처인(李處人) 등과 같이 당나라 강남도 명주, 복주 등지에서 활동하는 신 라 상인들도 있었다.

흥덕왕 3년(828) 4월 청해진 설치 이후 신라-당-일본을 잇는 장보고의 동아시아 교역활동은 눈부신 바 있었다. 그는 당나라에 대해서는 「대(견)당 매물사(大[遣]唐賣物使)」, 일본에 대해서는 「회역사(廻易使)」라는 이름 아래 교역사절단을 파견하고 그의 무역선을 「교관선(交關船)」이라 일컬었다.

장보고 선단이 발해의 조공선을 「교관선」이라 일컫던 것과 동일한 명칭 을 사용하였고, 「대당매물사」·「회역사」 등의 명칭을 사용한 점으로 미루 어 볼 때, 아무래도 장보고의 교역활동은 신라 정부로부터 공식적인 승인 을 받았던 것으로 보인다. 「견당매물사」라는 이름은 당나라에 대해서는 물 품을 판다는 의미가 강한 바, 양주 지방 현지 신라상인들을 통하여 각종 신 라의 수공업물품을 파는 한편으로 아라비아 등 희귀 사치품과 선진문물 을 사들이고, 이를 다시 신라와 일본 귀족들에게 파는 방식이었을 것이 다. 또한 일본의 면포류 등의 원료나 아라비아 원료물품을 신라 수공업 장에 제공하고 이를 가공하여 중국과 일본으로 되파는 방식이었던 것으 로 판단된다.

장보고의 동아시아 교역에 대해서는 다각도의 연구가 진행되었지만, 그 의 경제력이 어느 정도였는지에 대해서는 알려진 바가 없다. 나만 장보고 의 경제력을 일컬을 때면 적산 법화원에 연간 500석의 소출을 내는 장전 이 있었음을 지적한다. 그런데 진성왕 10년(896) 최치원의 「숭복사비」로 부터 답(畓) 1결의 소출은 도(稻) 10석(苫)으로서 150두(斗)임을 알 수 있 다. 이에 따라 법화원의 연간 소출 500석은 답 50결에서의 소출량이 된다. 500석은 성덕왕 때의 1인당 하루 최소 식량 3승으로 계산하면 46명분의 1

년 식량이다. 따라서 장보고의 법화원 장전은 법화원의 승려와 제반 경비를 위한 것으로 추정할 수 있다. 이를 강수(强首)가 사찬으로서 연봉이라 할 수 있는 세조 200석을 지급받았던 사실에 비교한다면, 법화원에 소속된 연간 500석 소출의 장전은 장보고가 법화원 운영을 위해 기진한 정도의 규모로 생각되며, 그가 무령군 군중소장직을 떠나 상인으로 탈바꿈한 초기 단계에 지녔던 경제력을 보여주는 것이라 하겠다.

842년 일본 대재대이(大宰大貳) 등원조신위상(藤原朝臣衛上)이 인명천황(仁明天皇)에게 올린 4조목의 건의문에서 '신라의 조공방식이 옛날처럼 공물을 바치지 않고 장사하는 일에 기대고 있음'을 지적한 데서, 장보고의 회역사가 예전에 신라와 일본간에 이루어졌던 국가간 교역을 대신하였음을 짐작할 수 있다. 곧 장보고는 신무왕 옹립 후 진해장군으로서 일본 조정과 직접 교역을 시도하였던 바, 신하된 자로서의 일종 조공물품인 '방물(方物)'을 올리는 것은 동아시아 조공체계하에서는 상상할 수 없는 일이었다. 그럼에도 불구하고 그 이듬해에 태정관은 대재부에 명을 내려 조공은 불가하되, 전례에 따라 가지고 온 물건은 민간에 맡겨 교역할 수 있게 조처하였다. 특히 태정관이 '백성들로 하여금 물건을 구매하는 값을 어기고 앞다투어 가산을 기울이지 않도록 하라'고 지시한 데서 장보고의 회역사가 가지고 간 물건의 구매력을 인정할 수 있을 듯하다.

이처럼 장보고의 일본과의 교역이 신라 조정을 대신한 것이었다면, 그 교역의 규모 또한 일본 조정의 요구를 충족시켜야 할 것이고, 예전 신라와 일본간의 국가간 무역의 수준에 버금하였을 것으로 짐작된다. 사실 일본 조정은 일찍이 신라의 교역물을 구매하기 위하여 상당한 자금을 준비한 적이 있었다. 768년에는 신라와 일본 사이의 공식적인 외교가 단절되고, 진골귀족이 주도한 신라 집사성과 일본 대재부간의 실무외교 방식에 따른 교역이 진행되었다. 장보고의 교역은 이를 승계한 것으로서, 839년 일본 궁성 건례문(建禮門) 앞에서 당물(唐物)을 벌여놓고 일본 내장료관인(內藏寮

官人)과 내시(內侍)들과 교역하는 이른바 궁시(宮市)가 세워진 적이 있었다. 이 때의 당물은 장보고의 교관선에 의한 것일 가능성이 매우 크다.

839년 교역의 규모가 어느 정도인지에 대해서는 관련 기록이 없는 만큼, 비록 시기적인 차이가 인정되지만 그 형태가 유사한 768년도의 물품 대가를 통해 추정할 수밖에 없을 듯하다. 768년 당시 각 대신에게 신라물품을 구매하기 위해 내린 대재부 면은 모두 70,000둔(屯)[약 15톤]이었다. 그런데 838년에 제정된 「대재부관내 지자교역법(大宰府管內 地子交易法)」에는 면(綿) 1둔(屯)을 직도(直稻) 8속으로 규정하였다. 이로써 본다면 70,000둔의 면은 직도 560,000속에 해당한다. 직도 560,000속은 3,920,000승의 쌀에 해당하므로, 신라물품을 구입하기 위한 70,000둔의 면은 '쌀 26,133.3석'의 가치를 지닌다. 이는 물론 당물을 가져온 상인의 매출액 대비가 되겠지만 적산 법화원 장전 1년 소출 500석의 약 52.3배에 해당한다. 물론 이 액수는 장보고가 활동하기 훨씬 전이라는 시기적 차이가 있기 때문에, 장보고의 교관선이 가져온 당물의 교역가는 768년의 그것을 훨씬 상회했을 것이다. 또한 그 액수가 1회에 한정된 것이었다는 점을 생각하고, 원인(圓仁)과 같은 일본 구법승이나 견당사의 수송, 신라에서의 교역, 그리고 중국 양주와 산동반도 지역의 운수 등에 따른 수익을 합한다면 그 규모는 상상하기 어려운 규모였다고 생각된다.

이러한 장보고의 경제력은, 신라 중대 초 최고의 귀족이라 할 수 있는 김유신의 미망인에게 세조 1,000석을 지급한 것이나, 성덕왕이 성정왕후(成貞王后)를 출궁하면서 내린 전 200결 및 조 10,000석, 원성왕이 전비 구족왕후(具足王后)를 외궁으로 내보내면서 내린 조 34,000석에 비교할 수 있다. 곧 장보고의 1회 대일 교역물품의 매출액 26,000여 石은 왕후의 세조에 비하여도 결코 적은 액수가 아니었으며, 그의 민군적 성격의 청해진 군졸 10,000명은 9세기 초엽 재상가의 '노동(奴僮) 3,000명'을 오히려 능가하는 것이었으니, 이러한 민군의 양성 배경에는 그의 경제력이 뒷받침하고 있었다고 보아야 할 것이다. 기실 청해진과 당성진 등 동아시아 삼국을 엮는 무역 루트의 안정을 위한 정책을 추진한 흥덕왕이 그의 능비에 '무역지인(貿易之人)' 운운 한 것은, 바로 장보고가 무역을 통해 지녔던 경제력을 잘 알고 있었기 때문일 것이다.

장보고의 구체적인 교역물품은 자세하지 않다. 다만 그가 840년 말안장 등 신라의 물품을 가지고 일본조정에 조공을 드리고자 하였으나, 신라의 신하가 일본 조정과 조공하는 것은 이치에 맞지 않는다는 이유로 거절당한 데서 단편적으로 드러난다. 그런데 일본 입당 구법승 혜운(惠運)이 833년에서 842년 무렵 대재부 안상사(安祥寺)의 비품을 일본에 내왕하던 신라상인들로부터 구매하였다. 『안상사 가람연기 자재장』에 전하는 이들 물품 품목 가운데 신라물품으로 명확히 기재된 것은 각종 그릇류(疊子·五盛坑·閼伽盞·閼伽盞·打成塗香盤)와 수저 등이었다. 이들 물품은 주로 신라의 귀족들과 민간 수공업장에서 생산된 것인데, 이들 외에도 839년 초주 신라상인들이 일본에서 교역한 주요 약재 등을 포괄하였을 것으로 여겨진다. 따라서 9세기 전반 장보고를 비롯한 신라상인들의 교역물품은 각종 그릇류, 불구류, 향약(香藥)으로 구성된 752년 김태렴의 대일교역물품인 신라물과 크게 차이가 있어 보이지 않는다.

제2장 재당 신라상인과
면·향의 동서 교역

제1절 재당신라상인의 교역과 바닷길

장보고의 동아시아 해상 왕국은 문성왕 3년(841) 그의 피살로 새로운 전환점에 서게 되었다. 『삼국사기』에는 장보고가 반란을 일으키자, 무주인 염장(閻長)이 문성왕 8년(846)에 장보고를 살해한 것으로 기록되었다. 그러나 『속일본후기』에는 장보고의 피살을 841년(문성왕 3) 11월의 일로 기록하였고, 『입당구법순례행기』에는 회창 5년(845) 7월 9일 당시에 전청해진병마사 최훈(崔暈)이 국난을 당하여 중국 초주(楚州) 연수현(漣水縣) 신라방(新羅坊)에서 망명생활을 하고 있었다고 하였다. 따라서 학계에서는 장보고의 피살을 841년 11월의 일로 보고 있다.

장보고가 피살된 지 6년여가 지난 847년 원인(圓仁)의 귀국 항로는, 839년 일본 견당사의 귀국 항로와 표면상 전혀 다른 점을 살필 수 없다. 그러나 장보고가 피살된 이후 신라 무주 일원의 정세에는 많은 변화가 있었다. 염장은 장보고를 살해한 이듬해에 다시 그에 반발한 이창진(李昌珍) 등을 진압하였다. 또한 이전에 장보고의 휘하였던 이소정(李少貞)을 대재부(大宰府)에 파견하여 장보고의 부하 이충(李忠)과 양원(揚圓) 및 교관물의 반환을 요청하였다.

그러나 일본측이 염장의 요구를 거절함으로써 신라와 일본간의 직접적인 교역은 경색 국면에 들어갔다. 이러한 과정에서 완도인 어려계(於呂系)가 일본에 귀화하였고, 이충 등은 본인의 의사에 따라 신라로 돌아갔다. 이충의 귀국은 이소정의 회유 내지 일본과의 교역에 따른 항로상의 안전 보장과 같은 약속이 있었던 때문으로 여겨진다. 장보고 피살 이후에도 재당 신라상인이 청해진 해역을 자유롭게 왕래할 수 있었던 것은 이러한 배경에서 이해할 수 있다.

중국에 있어서도 장보고가 피살된 이후 일정 기간까지 초주와 사주 지역은 주로 일본 사신이나 승려들의 입·출항하는 기항지로서의 기능을 유지하였다. 회창 2년(842) 일본 혜악(惠萼) 화상 일행이 오대산 순례를 위해 초주에 도착하였고, 또한 이들의 귀국을 위해 선박과 뱃사람을 구하여 놓았다는 신라인 유신언(劉愼言)의 서신은 그러한 사실을 보여준다. 그리고 회창 3년(843) 초주에서 신라인 장공정(張公靖)의 배를 구해 원인과 함께 입당하여 천태산에 머물렀던 원재(圓載)의 제자 인호(仁好)·순창(順昌)을 귀국시켰다는 것, 초주로 가서 배를 타고 귀국하는 것이 본래의 계획이라는 원인의 언급, 그리고 입당한 승려들을 위하여 일본에서 온 서신이나 물품 보관 등의 일을 초주 신라방에서 관장하였던 것은, 이 지역 신라인 사회가 일본과의 교류에서 중요한 거점이었음을 보여준다.

그러나 원인이 회창 2년(842) 5월 혜악 화상이 천태산에 머물게 됨으로써 초주에서의 귀국을 포기하고 결국 명주에서 귀국하게 된 것이나, 회창 7년(847) 윤3월 원인이 귀국선편을 구하지 못하여 명주까지 가서 귀국하려 했다는 점, 그리고 회창 7년(847) 6월 원인이 소주에서 출발한 김진(金珍)의 배를 타게 됨으로써 귀국하게 된 것은, 장보고 사후에 당나라 교역의 중심이 명주·소주 등 강남도·영남도 지역으로 옮겨가고 있음을 의미한다.

9세기 중엽 당나라 강남 일원에서 활동한 재당 신라상인으로『입당구법순례행기』에 보이는 김자백·김진·흠량휘를 비롯하여 왕초를 확인할 수 있으며, 이처인·장우신·원정 등도 강남도 지역의 재당 신라인일 가능성이 있다. 사실 영파시 일원의 상산 신라오촌, 황암 신라방, 선거 신라촌, 그리고 신라초, 신라산, 신라묘 등의 유적은 절동지역에서 활동하던 신라상인들의 정황을 보여준다. 이들은 중국 강남도 지역을 중심으로 각종 기물류를 비롯하여 인삼, 수은, 사향, 송자, 진자, 석결명, 송탑자, 방풍, 백부자, 복령, 대소포, 모시포, 동경, 자기, 초석, 서모필, 신라금 등 신라물품을 당나라에 가지고 가 매매하고, 구매한 당물과 함께 다시 일본에 판매하였다. 이들이 일본에 가져간 물품에 대해 일본 왕족과 귀족을 비롯하여, 관리와 백성들은 사사로이 물가를 정해 다투어 샀다고 하는 바, 이들 재당신라 상인들은 사금으로 교역가의 기준을 삼아 거래함으로써 대재부가 능히 조사하거나 물리칠 수 없을 정도의 교역의 왕성함을 보였던 것이다.

제2절 당나라 강남도의 신라물과 동서 교역

『삼국사기』잡지 색복·거기조에는 신라의 외래 사치품으로서 에머랄드(瑟瑟)·양탄자로 만든 구유(毬毹)와 탑등(毾㲪), 그리고 비취 빛깔의 털(翡翠毛)·거북 등껍질의 대모(玳瑁), 자단향(紫檀香)·침향(沈香) 등의 이름이 보인다. 이들 물품은 일찍이 이슬람상인들과의 직간접 교류를 통하여 신라에 전래된 것으로 이해하여 왔다.

그런데 아라비아 지리학자 이븐 쿠르다지마의 『제도로 및 제왕국지』에서 신라의 지리적 위치와 황금 산출, 그리고 이슬람 상인들이 교역한 신라 물품을 언급한 바 있다. 『제도로 및 제왕국지』는 이슬람 상인의 신라 물품 수입에 관한 첫 기록인 셈이다.

또한 남송대에 복건(福建)에서 무역 담당자인 제거시박(提擧市舶)을 역임한 조여괄(趙汝适)은 보경 원년(1225)에 『제번지』를 편찬하면서 신라국의 물산에 대하여 간략하게 설명한 바 있다. 『제번지』는 당나라 단성식(段成式, 803?~863)의 『유양잡조(酉陽雜俎)』와 주거비(周去非, 1138~1189)의 『영외대답(嶺外代答)』의 해외 여러 나라 기사를 토대로 송나라와 교역하던 주변 여러 나라의 풍토 물산을 정리한 것이다. 조여괄이 『제번지』에 신라국조를 편명으로 설정한 것은, 그가 신라 관련 사료를 수집하고 송나라 초엽 조공 등의 자료를 바탕으로 편찬한 때문이라 할 수 있다. 이는 이븐 쿠르다지마의

『제도로 및 제왕국지』와 마찬가지로 9세기 중엽~말엽의 사정을 보여주는 것으로 판단된다.

> 중국의 동해에 있는 이 나라(신라)로부터 가져오는 물품은 조단(調段, 비단), 검, 키민카우(kiminkhau), 사향, 침향[蘆薈], 말 안장(馬鞍), 담비 가죽[貂皮], 도기, 범포(帆布), 육계(肉桂), 쿠란잔(khulanjan)이다.(이븐 쿠르다지마, 『제도로 및 제왕국지』 ; 무함마드 깐수(정수일), 1992, 『新羅·西域交流史』, 단국대출판부, 228쪽)

> 신라에는 인삼, 수은, 사향, 송자(松子), 진자(榛子), 석결명(石決明), 송탑자(松塔子), 방풍(防風), 백부자(白附子), 복령(茯苓), 대소포(大小布), 모시포(毛施布), 동경(銅磬), 자기(瓷器), 초석(草蓆), 서모필(鼠毛筆) 등이 나는데, 상박(商舶)들이 오색으로 염직한 비단[纈絹]에 문자를 세워 무역을 한다.(조여괄, 『제번지』 권상, 신라국)

신라가 향료 등을 아라비아나 일본 등지에 수출하였다는 『제도로 및 제왕국지』의 기록으로 보아, 침향 등이 서역에서 신라로 전래되어 자생하거나 재배되었을 뿐만 아니라, 아라비아를 비롯한 외국에 재수출되었을 것이라는 견해가 있었다. 곧 일찍이 이용범은 위의 기사에 대한 유럽 학자 율(H. Yule)과 코디어(H. Cordier)의 견해를 인용하면서 신라의 수출품을 '고라이브(ghoraib), 수용성(水溶性) 수교(樹膠), 노회(蘆薈), 장뇌(樟腦), 범포, 말안장, 자기, 조단, 육계, 고량강(高良薑)' 등으로 이해하고, 고라이브를 인삼으로 풀이한 바 있다. 그후 정수일은 원전에 고라이브나 장뇌 등에 대한 언급이 없음을 지적하고, 신라의 아라비아 수출품으로 비단[調段], 검, 키민카우, 사향, 침향(蘆薈), 말안장, 초피, 도기, 범포, 육계, 쿠란잔 등을 꼽았다. 이에 따른다면 9세기 무렵 신라는 동남아시아산으로 이해하여 온 침향(蘆薈)을 아라비아 상인들에게 수출하였던 것이 된다. 따라서 이러한 침향(노회)을 아라비아 지역에 수출하였다는 것은 이븐 쿠르다지마의 부정확한 지식에 근거한 잘못된 기록으로 여길 수도 있을 것이다.

그런데 비단[調段]은 각 시기별로 여러 가지 명칭으로 수출된 신라의 주요한 대당 조공품이었다. 이들 비단은 당시 궁중수공업 관사였던 금전(錦典)에서 제작되었을 것이나, 이들에 대한 중국의 선호도가 높아지자 경덕왕 18년(759) 무렵 별도의 관사로서 조하방(朝霞房)을 새로이 설치함으로써 조하금·조하주 등의 전담 생산 체계를 갖추었다. 800년 무렵에 일본에 전래된 곤륜산 면을 교역의 대가로 수입하여, 신라의 우수한 직조공법으로써 섬세한 고급의 40승백첩포를 생산할 수 있었으며, 이들 신라 비단은 신라 진골귀족들의 수공업장에서도 생산되었다.

신라검(新羅劍)은 679년 신라사신의 대일조공품 가운데 보이는 '금은도기류(金銀刀旗類)', 원인(圓仁)이 회창 5년(845) 7월 5일 초주 신라역어 유신언(劉愼言)에게 선물 받은 9자루의 신라도(新羅刀), 그리고 천복 7년(940) 민(閩)의 왕에게 헌상한 신라보검(新羅寶劍) 등에서 그 존재를 확인할 수 있다.

말 안장[馬鞍] 관련 물품으로는 686년 대일교역품 중의 안피(鞍皮)와 김태렴의 「매신라물해」(752)에 보이는 흑작안구(黑作鞍具)·천면(韉面)·늑추(勒鞦), 그리고 840년 장보고가 일본에 교관한 말 안장[馬鞍]이 있다.

담비 가죽[貂皮]은 일찍이 부여의 특산물로 알려졌는데, 『이원(異苑)』과 『본초강목(本草綱目)』에도 고구려·발해의 특산물로서 소개되었다. 고려시대에도 담비는 주로 동여진과 서여진의 공물로서 등장하며 담비가죽옷[貂裘] 등의 재료로 사용되었다. 따라서 9세기 중엽에 일컬은 담비 가죽은 발해의 특산으로 보는 것이 옳다. 다만 이를 신라의 특산으로 소개한 것은, 당시에 재당 신라상인과 발해상인이 함께 교역에 종사하였기 때문일 것이다. 곧 일본 입당구법승 원진(圓珍)의 귀국을 도운 신라상인 왕초(王超)는 발해상인 이연효(李延孝)·영각(英覺)과 함께 원진의 순례길을 돕고, 858년에 다시 원진을 귀국시킨 바 있다. 따라서 발해산 담비가죽[貂皮]을 신라물

장도 출토 해무리굽 청자

품으로 서술된 것은, 이들 신라·발해 상인이 동업하여 함께 교역함으로써 담비 가죽을 신라물로 인식하게 된 때문일 것이다.

범포(帆布)는 8~9세기 당–신라–일본 해역을 장악하던 신라선의 우수성과 관련될 것이다. 9세기 중엽의 신라선은 "바람과 파도를 능히 감당할 수 있는" 또는 "능히 파도를 헤치고 갈 수 있는" 우수한 선박이었다. 이는 갑판 위에 선실을 두고 돛대를 두 개 이상 장비한 평저형(平底型)의 다외선(多桅船)으로서 역풍을 이용하였다고 한다. 신라선의 우수성은 신라 범포의 뛰어난 품질과 관련될 것이며, 범선을 타고 중국까지 오가는 서역 상인들의 주요 관심 물품 가운데 하나였을 것이다.

도기(陶器)는 9세기 중후반 월주요(越州窯) 계통의 초기 청자로 전환하기 직전의 전통적인 신라 도기와 관련될 것이다. 이는 김태렴의 교역물품 가운데 보이는 발(鉢)·대소반(大小盤) 등이나 천장 10년(833)에서 승화 9년(842) 사이에 태재부강사(太宰府講師) 겸 축전국 강사(筑前國講師) 혜운(惠蓮)이 신라상인을 통하여 구입하였다는 첩자(疊子)·알가잔(閼伽盞) 등의 그릇류와 관련될 것이다. 사실 평성경(平城京)과 대재부에서 발견된 8세기 말부터 9세기 중엽 이전 시기의 월주요 세동의 초기 도사는, 완도의 장도(將島)에서 발견된 도기 및 초기 청자와 관련되며, 이들 도기류는 신라 상인들에 의해 교역되었던 것이라 할 수 있다.

사향(麝香)은 김태렴의 「매신라물해」와 「정창원어물목록」 등에서도 살필 수 있는데, 『신증동국여지승람』에 우리나라 전국 각 도에서 생산된다고 하였다.

그런데 『제도로 및 제왕
국지』에는 신라의 대외수
출품으로서 침향(沉香)과 육
계(肉桂)가 보인다. 침향을
노회(蘆薈)와 동일한 것으
로 풀이하기도 하나, 『제도
로 및 제왕국지』의 역주자
들이 이들을 동일하다고 본

14세기 원나라 신안 해저선의 계피(목포 국립해양유물전시관)

것은 분명한 잘못이다. 곧 침향은 밀향수라는 나무에서 나는 향료인데 대
해, 노회는 대식(大食)의 노발국산(奴發國産)의 초속[草屬]의 향료로서 차이
가 있기 때문이다. 노회는 참게 꼬리[鱉尾] 모양의 알로에를 지칭하는 것으
로서, 페르시아어로 alwā, 아라비아어로는 alua, 그리이스어로는 aloe라
고 하며, 『본초습유(本草拾遺)』에는 납회(納會)라고 하였는데, 본래 필리핀[非
洲]이나 아라비아 연안에서 나며, 당나라 때에 인도 남해를 거쳐 중국에 수
입·판매되었다고 한다.

육계(肉桂)는 살이 많은 계피로서 온후한 기운을 지니는 바, 두텁고 맛이
향기로우며 기운을 북돋우며 몸에 퍼지게 하기 위한 약용으로 많이 사용
된다. 계피나무[桂木]는 중국의 흠주(欽州)·빈주(賓州), 그리고 섬라[暹羅, 赤
眉遺種國, 태국] 등지에서 생산된다. 김태렴의 「매신라물해」에는 계심(桂心)
곧 계피의 겉껍질을 벗겨낸 속껍질의 명칭이 보이지만, 조선시대 『담헌서
(湛軒書)』에서는 교지(交趾) 지방의 계피 나무[桂]를 중국에서 사들여 우피
고(牛皮膏)와 청심환(淸心丸)을 만드는 데 사용했다고 한다. 조선시대까지
계피는 수입품이었던 바, 아무래도 이들 육계(肉桂)와 계심(桂心) 등은 중국
에서 구입한 것으로 보아야 할 듯하다.

요컨대 이븐 쿠르다지마가 언급한 신라상인들의 교역물품 가운데 비단
[調段], 검, 사향, 말안장[馬鞍], 도기, 범포 등은 9세기 중엽 신라에서 생산된

것으로 인정된다. 담비 가죽[貂皮]은 발해의 특산물이었지만 신라 물품으로 소개된 것은, 9세기 중엽 신라 상인과 발해 상인이 강남도 지역에서 함께 활동하였기 때문일 것이다. 또한 이븐 쿠르다지마의 침향과 육계 관련 서술은, 9세기 중후반 당나라 양주·천주·광주 등지에서 활동한 서역계의 상인들이 신라상인들의 교역물품을 모두 신라산으로 인식한 때문이 아닌가 한다. 이미 752년 김태렴의 「매신라물해」에서 향약류 등 서역·동남아시아 물품을 살필 수 있는데, 이로써 신라상인들은 향약류에 대해 높은 관심을 가졌고, 이들 향약류를 확보하고자 힘을 쏟았을 것으로 생각된다. 자연히 신라상인들은 동서문물의 교차점이면서 서역·동남아시아·당나라 상인들의 집결지인 천주·광주 등지에서 이들 향약류의 유통에 참여하였을 것이다. 이러한 정황을 전해 들은 이븐 쿠르다지마는 침향·육계 등을 신라의 물품으로 인식하여 서술하였던 바, 마치 인도 원산의 후추를 페르시아 상인들이 유통함으로써 중국에서 후추를 페르시아산으로 인식하였던 것에 비교할 수 있다.

　그런데『제도로 및 제왕국지』와『제번지』에는 9세기 중후반 당나라 강남·영남도 일원에서 교역된 신라의 물품을 보여준다. 두 자료에서 신라 물품명은 상호 보완 관계 내지 명칭간의 중복과 변화를 살필 수 있다.『제번지』신라국조에는『제도로 및 제왕국지』의 침향(沉香)과 육계(肉桂)의 명칭은 보이지 않는다. 다만 두 종의 자료에서 사향은 서로 중복되며,『제도로 및 제왕국지』의 범포(帆布)와 도기(陶器)는『제번지』의 대소포(大小布)와 자기(瓷器)에 상응한다. 도기에서 자기로의 명칭 변화는 9세기 중후반 부렵 자기 생산기술의 도입과 발전에 따른 것이라 할 수 있다. 곧『제도로 및 제왕국지』가 도기류를 생산 유통하였던 9세기 중엽까지의 사정을 반영하는 것이라면,『제번지』는 9세기 중후반 무렵부터 월주요의 영향을 받아 신라의 자기 생산이 이루어진 상황을 보여주는 것으로 풀이된다.

　그밖에『제번지』에 보이는 신라 교역품 가운데 특징적인 것으로서 인삼,

우황 등 신라의 토산 약재가 교역되었다는 점이다. 이는 효소왕 원년(692)에 의학(醫學)을 설치한 이후 의학이 발달하여 다양한 약재를 개발, 생산함으로써 9세기 중엽에는 당나라 강남·영남도 일원에서 교역할 정도가 되었던 사정을 보여준다. 특히 「정창원어물목록」에 이들 일부 약재의 이름이 보이는 것으로 미루어, 8~9세기 일본에도 신라의 약재류가 광범위하게 유통되었고 그것이 재당 신라 상인에 의해 일본에까지 유통되었을 것으로 보인다. 이와 같이 왕성한 재당 신라상인들의 중국 강남도에서의 활동은 고려 전기에 서역상인들과 송나라 상인들이 개경을 오갈 수 있는 기반을 마련한 것이었다.

『제번지』신라국조의 인삼(人蔘)은 신라의 중국에 대한 조공물품으로서 우황(牛黃)과 함께 자주 등장하는 약재이고, 이미 신라시대부터 잘 알려진 특산물이었다.

수은(水銀)은 「해인사 운양대 길상탑기(海印寺 雲陽臺 吉祥塔記)」(895)의 명문에 처음으로 보이는데, 신라시대 각종 불상이나 금속 공예품의 금아말감법에 의한 금 도금 등에 사용되었다. 다만 고려시대에는 일본·서역·송나라 상인들이 들여온 교역물품으로서 『고려사』에 자주 나타나지만, 『조선왕조실록』세종 12년 경술(1430) 10월 18일(을유)조에 공조가 '수은과 심중청(深重靑) 등의 물건은 지방에서 산출되는 것이 상당히 많다'고 한 데서 그 생산 사실을 확인할 수 있다. 조선시대 수은은 대체로 유황토를 끓이는 방식으로 생산되었다고 한다.

송자(松子)는, 『본초강목(本草綱目)』에서 신라송자(新羅松子)라고 일컬었던 해송자(海松子)를 지칭한다. 해송자란 이름은 중국 이외에서 나는 것에 모두 '해(海)'자를 붙인 데서 연유한다. 이는 오립송(五粒松), 옥각향(玉角香), 용아자(龍牙子)라고도 일컬으며, 「매신라물해」(752)의 송탑자(松塔子)는 겨울에 채취한 솔방울 씨를 지칭한다. 앞서 살폈듯이 골절풍(骨節風)과 풍비증(風痺症), 어지럼증 등을 치료하며, 피부를 윤기나게 하고 오장을 좋게 하며

14세기 원나라 신안 해저선의 약초(목포 국립해양유물전시관)

허약하고 여위어 기운이 없는 것을 보하는 약재이다.

복령(茯苓)은 구멍장이버섯과[多孔菌科] 진균으로서 소나무 속 식물의 뿌리 부근에서 기생하며, 중국과 한반도 전 지역에 두루 분포한다. 『선화봉사고려도경』에는 고려 양주(楊州)·광주(廣州)·영주(永州)·나주도(羅州道) 등지에 서식하는 큰 소나무에 복령이 기생한다고 하였다. 입맛을 돋구고 구역을 멈추며, 수종(水腫)과 임병(淋病)으로 오줌이 막힌 것을 잘 나가게 하고 소갈을 멈추게 하거나 건망증을 낫게 하는 데 효능이 있다고 한다.

신라의 진자[榛子, 개암]는 우리 나라 어느 곳에서 생산되는 약재이다. 『제가본초(諸家本草)』에는 통통하고 흰 것이 가장 좋고, 씨는 허기를 없애 주며 속을 편안하게 하여 식욕을 증진시키는 데 효험이 있다고 한다.

석결명(石決明)은 패각류인 전복과 콩과식물이 있는데, 『제번지』에서 일컬은 것은 전복과를 지칭한 것으로 여겨진다. 『신증동국여지승람』에는 제주(濟州)·정의(旌義)·대정(大靜)의 산물로서 소개하였는데, 『동의보감』에는 풍열로 인하여 눈에 장예가 생긴 것을 치료한다고 하였다.

방풍(防風)은 산형과(傘形科) 다년생 식물로서, 싹은 나물을 만들어 먹을 수 있으며 입맛이 상쾌하고 풍질(風疾)을 없애준다고 한다. 『신증동국여지승람』에는 제천(堤川)·울산(蔚山)·영일(迎日)·장기(長鬐)·기장(機張)·강진(康津)·흥양(興陽)의 산물로서, 『만기요람』에는 황해도 황주(黃州) 백사정(白沙汀)에 해방풍(海防風)이 서식한다 하고 산후병·풍증·허증(虛症)의 치료제로서 소개하였다.

백부자(白附子)는 천남성과(天南星科)의 다년생 식물로서 『약보(藥譜)』의

'신라백육(新羅白肉)'을 지칭한다. 『제가본초(諸家本草)』에는 독이 없어서 약에 넣어 구워서 복용하며 신라에서 나는 것이 좋다고 하였다. 『선화봉사고려도경』에는 나주도(羅州道), 그리고 『신증동국여지승람』에는 평양(平壤)의 산물로서 소개하였다.

요컨대 『제번지』 신라국조의 복령, 송자, 진자, 석결명, 방풍, 백부자 등은 신라의 토산 약재류이다. 담헌(湛軒) 홍대용(洪大容)이 조선의 약재 가운데 토산을 6~7/10 정도라고 인식하였던 것은, 이미 신라시대부터 이와 같은 약재를 생산하여 온 데서 비롯한 것이 아닐까 한다.

대소포(大小布)는 신라의 베짜는 기술과 품질의 우수성을 보여준다. 특히 신라와 아라비아 상선의 경우 이미 포(布)로써 돛을 만들었던 만큼, 이는 이븐 쿠르다지마가 일컬은 범포(帆布)에 상응하는 것으로 보아 무방할 것이다.

모시포(毛施布)는 모직물로서 8세기 무렵 신라의 당나라 조공물품인 오색구유(五色氍毹)와 대일교역품인 화전(花氈) · 색모전(色毛氈) 등과 관련될 것이다. 구유(氍毹)란 양모(羊毛)를 주성분으로 하여 직조[濕織]한 것이며, 전(氈)은 서역 또는 남방 원산의 모직물로 여겨져 왔다.

그런데 화전 · 색모전은 752년 「매신라물해」에 보이는 화전(靴氈), 비전(緋氈), 화전(花氈), □재전(□裁氈) 등에 상응한다. 당시 신라에는 이미 내성(內省) 산하에 모전(毛典)이 있었고, 이를 경덕왕 18년(759)에 취취방(聚毳房)으로 개명하였던 바, 8세기 중엽 이전에 전류(氈類)를 생산하였음을 확인할 수 있다. 『영외대답』에 따르면 전(氈)은 삭방(朔方)의 호양(胡羊)과 옹주(邕州) 계동(溪峒) 및 제만국(諸蠻國)에서 나는 면양(綿羊)의 털로 만든다고 한다. 특히 서남 오랑캐 땅(蠻地)에는 면양이 많다고 한다. 면양은 털이 누에고치[繭繢]와 같아 털을 깎아 전(氈)을 만드는데 삭방에서 나는 것보다 더욱 뛰어나고, 만왕(蠻王)으로부터 아래로 소만(小蠻)에 이르기까지 전(氈)을 입지 않은 이가 없었다고 한다.

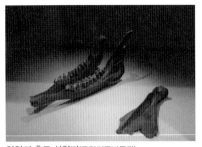
안압지 출토 산양뼈(국립경주박물관)

『신당서』권 220, 열전 145, 동이 신라조에는 신라에는 양(羊)이 없다고 하였다. 그러나 『삼국사기』에는 5두품 신분까지도 '요[褥子]는 오로지 전(氈)으로 만드는데 포(布)와 같이 사용할 정도'였고, 진골 이상의 신분자들은 구유(氍毹)·탑등(毾氈)을 탑(榻)·상(床)·좌석(坐席)에 까는 좌구로서 사용하였다고 한다. 이처럼 양(羊)의 생산과 관련하여 『신당서』와 『삼국사기』의 내용이 서로 어긋나지만, 752년 「매신라물해」에 양고(羊膏)가 보이고 천평승보 8년(756) 6월 21일 「정창원재물실록장(正倉院財物實錄帳)」에서부터 신라양지(新羅羊脂)가 보이기 시작하는 바, 이러한 일본 고문서의 기록으로부터 신라에서 직접 양(羊)을 사육한 사실을 확인할 수 있다.

안압지에서도 여러 짐승 뼈와 함께 산양뼈가 출토되었거니와, 홍인 11년(820) 5월 갑진에 신라인 이장행(李長行) 등이 고력양(羖䍽羊) 2두, 백양(白羊) 4두, 산양(山羊) 1두를 바쳤다는 것, 고려가 우양(牛羊)의 축산에 좋다는 『선화봉사고려도경』의 기록, 충렬왕 34년 4월 영양(羚羊)이 행성(行省)에 들어왔다는 기사, 『신증동국여지승람』 산물조에 전라도를 제외한 8도 전역 산간지역에서 영양(羚羊), 영양각(羚羊角)의 산출을 보고한 것은, 이미 신라시대부터 산양의 일종으로서 영양을 사육하고 이에 따라 각종 전류(氈類)와 양지(羊脂), 양고(羊膏)를 생산하였음을 보여준다.

신라의 전류(氈類)는 양모(羊毛) 뿐만 아니라 우모(牛毛)로도 제작되었던 것으로 여겨진다. 『책부원구(冊府元龜)』 외신부(外臣部)에는 개성 원년(836)에 제번(諸蕃)과의 호시(互市)를 금지하는 물품으로서 이우미(犛牛尾)를 볼 수 있으며, 『만기요람(萬機要覽)』에서도 '우모전(牛毛氈)'을 살필 수 있다. 『신당서』 신라전에는 신라의 해도에서 소를 대규모로 사육하였다고 하며, 『신증동국여지승람』에도 우모를 울산지역을 비롯하여 전라도 영암·강진, 제주지역, 강원도 고성 등지의 특산으로 꼽고 있다. 따라서 신라의 전(氈)은 양(羊)뿐만 아니라 소[牛]의 사육을 바탕으로 하여 생산된 것이라 하겠다.

또한 신라의 양지(羊脂)는 향신료로서, 그리고 양고(羊膏)는 조선시대에 불제(祓除)를 행하는 데 사용하기도 하였는데, 앞서 살폈듯이 모두 허로증(虛勞證) 등의 치료를 위한 약재로 사용하였다.

동경(銅磬)은 스님들이 쓰는 작은 종을 일컫는다. 8~9세기 신라 주종기술(鑄鐘技術)은 '한국종'의 대표적인 양식으로 꼽히는 상원사동종(上院寺銅鐘)과 성덕대왕신종(聖德大王神鐘)으로 상징된다. 이들은 중국종과 일본종에 비하여 화학적 조성이 거의 일정하고 기포도 없어 당시의 합금과 응용기술이 매우 뛰어났음을 보여준다. 이러한 동종(銅鐘)과 동경(銅磬)의 기술적 바탕에는, 개성 원년(836) 당나라 치청절도사가 신라·발해의 숙동(熟銅)의 교관을 금하지 말 것을 주청한 데서 알 수 있듯이, 당시 신라·발해에서 생산되는 숙동의 품질이 매우 뛰어났음을 알 수 있다. 천평보자 7년(763)에 건립된 일본 다도신궁사(多度神宮寺)의 「가람연기자재장(伽藍緣起資財帳)」(801)에 보이는 동경은 동 문서에 실린 악구(樂具)·고려견(高麗犬)·고려모자(高麗冒子)와 함께 신라 또는 발해와 관련된 것으로 추정되는데, 동경이 당시 신라의 주요 교역물품 가운데 하나였을 것으로 헤아려진다.

초석(草蓆)은 짚으로 짠 자리로서, 서긍(徐兢)의 『선화봉사고려도경』에 보이는 문석(文蓆)과 관련될 것이다. 고려 때의 문석은 곱고 거친 정도가 일정하지 않으며, 정교한 것은 침상과 평상에 깔고, 거친 것은 땅에 까는 데 사용한다고 한다. 자리를 짠 풀은 부드러워서 접거나 굽혀도 망가지지 않고, 흑색과 백색 두 색이 서로 섞여서 무늬를 이루는데, 청색과 자색으로 단을 둘렀으나, 본디 일정한 방식은 없다고 한다. 『원씨액정기(元氏掖庭記)』에도 고려의 섬에서 '성질이 부드러워서 꺾어도 손상되지 않으며 광택이 있어 아주 아름다운데, 그 지방 사람들이 이것으로 짜서 만든' 만화석초(滿花席草)의 기사를 전하며, 한치윤(韓致奫)의 『해동역사(海東繹史)』에 인용된 『조선부주(朝鮮賦注)』에도 조선의 만화석이 소주(蘇州)에서 생산되는 것보다 뛰어나다고 평가한 바 있다. 9세기 초엽 일본의 입당구법승 최징(最澄)이 당나라에 있으면서 편조 아도리(遍照 阿闍梨)에게 증정한 자연초좌(紫縏草座)·단초좌(單草座)·상야석(上野席) 등도 이와 관련될 것으로 생각된다.

서모필(鼠毛筆)은 족제비[黃鼠] 일명 서랑(鼠狼)의 털로 만든 모필(毛筆)이다. 『송사』권 487, 외국열전 246, 고려 대중상부 8년(1015)조에는 고려에서 '서낭미필(鼠狼尾筆)'이 생산된다 하였고, 『삼재조이(三才藻異)』에는 '조선에서는 여우 꼬리털[狼尾]로 붓을 만드는데, 붓끝이 잘 서고 뾰족해서 좋다'는 기사를 전한다. 『성경통지(盛京通志)』에도 족제비는 고려에서 나는데 세청황서낭(黃鼠狼) 또는 소서(騷鼠)라고 부르며 그 꼬리로 붓을 만든다고 하였다. 조선 중기의 장유(張維, 1587~1638)도 필설(筆說)에서 평안도·함경도 지방에 서식하는 족제비의 꼬리털로 황모필을 만드는데, 이 붓보다 더 좋은 것은 이 세상에서 찾아볼 수가 없다고 평한 바 있다.

『제도로 및 제왕국지』의 키민카우와 쿠란잔에 대해서는 분명하지 않다. 다만 『제번지』의 물품명과 비교할 때에 인삼 또는 우황, 사향류가 아닐까 생각되며, Ibn Batutah의 서(書)에서 침향(沉香)을 kakula, kamara 등으로 일컬었다고 하므로 khulanjan은 침향과 관련된 명칭이 아닐까 추측된다.

요컨대 『제번지』 신라조에서 일컬은 신라의 물품은 대체로 신라산으로 인정할 수 있다. 이들 물품이 동남아시아 및 서역 물산과 함께 서술된 것은 아무래도 9세기 중후반 강남·영남도 일원의 재당 신라상인의 활동과 관련될 것이다. 조여괄은 『제번지』 신라국조에서 신라가 천주(泉州)와 바다 건너 마주보는 지역에 있지만, 신라인들이 교역에 있어서 음양가(陰陽家)의 자오(子午)의 설을 꺼려하여 반드시 먼저 사주(泗州)와 명주(明州)에 이른 뒤에 다시 출발한다 하고, 일설을 소개하면서 천주의 수세(水勢)가 점점 낮아지므로 신라선은 반드시 사주와 명주를 거친다고 하였다. 이는 신라 상인들이 천주 등지를 거점으로 활동하였던 사실을 보여준다.

그런데 주거비의『영외대답』에는 당나라 때에 광주와 천주에 제거시박사(提擧市舶司)를 설치하였고, 내륙에도 옹주(邕州) 횡산채(横山寨)·영평채(永平寨)와 흠주(欽州)에 박역장(博易場)을 설치하여 번상(蕃商)들과 교역케 하였는데, 번상들은 급하고 어려운 일이 있을 때면 반드시 제거사(提擧司)에게 나아가 해결하였다고 한다. 제거시박사는 매년 10월에 번상들의 교역의 장을 베풀었으므로, 번상들은 여름에 도착하여 상세(商稅)를 내고 제거사의 보호하에 명향(名香)·서상(犀象)·금은 등을 가져와 무늬 있는 비단[綾]·면(綿)·새그물 비단[羅]·포(布)나 지(紙)·필(筆)·미(米)·포(布) 등과 교역하였다고 한다. 따라서 이들 지역에서 활동한 신라상인들은 자연스럽게 동남아시아 향료와 신라물품을 상호 교역하였을 것이다.『제도로 및 제왕국지』와『제번지』의 신라 관련기사는 바로 이러한 배경에서 서술된 것으로서, 당시 광주·천주 등 당나라 강남도 지역에서 활동하던 신라 상인들이 동서교역의 일환으로 범포·약재·그릇 등의 신라물과 동남아시아산 향료를 상호 교역하였던 사실을 보여준다. 여기에서 교역된 물품은 서해 중부 횡단항로나 서해 남부 사단항로를 거쳐 신라로부터 온 것이 분명하며, 향료 등 동남아시아산 물품은 다시 신라나 일본에까지 전래되어 불교 공양품이나 약재, 향신료, 향분의 재료로서 기능하였던 것이다.

고대 동아시아 세계의 교역과 교관

■ 한국 고대의 교역사 연구에 있어서 개념의 문제

지난해 제15회 한국고대사학회 하계세미나 「한국고대 교역사 연구의
과제」(공주박물관, 2013. 7. 19. ~ 7. 20)에서는 교역과 무역, 유통의 개념을 어떻
게 정의할 것인가 하는 문제가 주요 쟁점으로 떠올랐다. 이러한 논의가 있
게 된 데는 한국 고대 교역사 연구에 있어서 1980년대 고대국가 형성 이론
의 도입과 장보고에 대한 연구가 활발해지고, 지금까지 연구성과가 어느
정도 축적된 때문이라 할 수 있다.

우리 학계에 교역사 관련 개념의 문제가 제기된 것은 고대국가 형성
이론이 도입되면서부터였다. 이 때에 교역과 무역을 어떻게 구분할 것
인가 하는 문제가 부상(浮上)되었다. 곧 Karl Polanyi는 trade를 '호혜성
(reciprocity)-재분배(redistribution)-교환(exchange)'의 단계로 나누고, 군장사회
(chiefdom) 단계를 재분배경제 단계, 고대국가의 단계를 시장을 통한 교역
단계라고 설명한다. 이에 대해 연구자들은 trade를 무역으로, exchange를
교역으로 번역하고, 교역을 무역의 하위개념으로 풀이하기도 한다.

또한 교역과 무역을 동일한 개념으로 보고 대외교역을 (원거리) 국제교역
으로 풀이하거나, 대외 경제교류만을 무역으로 일컫기도 한다. 아울러 Karl
Polanyi의 trade를 물질적 재화의 흐름에만 한정된 '유통'이란 개념으로
풀이하고, 호혜성(reciprocity)과 교환(exchange)을 교역의 범주에서 이해하여

교역을 대내 교역과 대외 교역으로 구분하기도 한다. 나아가 근대 이후의 순 경제적인 교역활동만을 무역으로 규정하고, 기왕에 조공무역으로 일컫던 것을 국가교역으로 보아야 한다는 견해가 제기되기도 한다.[1]

한편 8세기 일본과 신라간의 외교관계에 있어서 양국은 외교형식에 대한 논쟁이 끊이지 않았고, 그러한 과정에서 일본과 신라간의 교역을 어떻게 규정할 것인가 하는 문제가 쟁점으로 떠올랐다. 장보고와 관련하여서는 그의 대외교역을 사무역으로 규정하여 왔다.

제15회 한국고대사학회 하계세미나에서 교역 관련 용어 문제가 부상된 것은 그 동안 축적된 연구성과에도 불구하고 논자마다 사용하는 교역 관련 용어의 개념에 차이가 있기 때문이었다. 동 세미나의 토론에서는, 먼저 국가형성기의 이론을 과연 삼국, 통일신라 시대의 역사상에 적용할 수 있는가 하는 문제가 제기되었다. 또한 기왕의 조공무역이란 조공(朝貢)이라는 정치적 용어와 혼합된 것으로서 경제사 용어로서는 적합하지 않은 것으로 지적되었지만, 교역과 무역, 유통의 개념에 대한 뚜렷한 결론을 내리지 못하였다.

특히 토론자 가운데는, 필자가 교역이라는 용어를 사용한 것을 지적하고 교역보다는 무역이라는 용어가 더 적절하다는 의견을 제시하기도 하였다. 아마도 필자의 저서 『한국 고대의 동아시아 교역사』(2011, 주류성)의 표제와 관련된 지적일 것으로 생각한다. 필자는 동 저서에서 현대의 '무역'이란 개념과 구별하기 위하여 '교역'사라는 용어를 취한 것이었다. 그럼에도 불구하고 당시에 필자는 그 개념을 명확히 정의하지 않았고, 또한 최근에 교역 관련 개념에 대한 문제가 쟁점이 되고 있는 만큼, 이에 대한 필자의 견해를 제시하지 않을 수 없게 되었다.

일반적으로 말한다면 교섭은 정치적 현안에 따른 국가간의 협의과정을,

---

1 박준형, 2013. 7. 19, 「고조선-삼국시대 교역사 연구의 검토」, 『한국고대 교역사 연구의 과제』(제15회 한국고대사학회 하계세미나 발표자료집), 2~5쪽.

교류는 정치·문화적 관계라고 할 수 있는 인적·물적·정신적 내왕을 포괄하는 개념이다. 그리고 유통은 교역 또는 무역에 수반한 물품의 전달체계와 서비스업까지를 포함한 개념이다. 또한 교역이란 좁게는 직접적인 물물교환을 뜻하며, 넓게는 물품의 교환 및 매매를 포함하는 개념으로서 무역과 동의어로 사용되고 있다. 상품교환으로서의 교역이 사회적 규모나 사회적 재생산으로 확대되기 위해서는, 화폐경제의 성립, 나아가서는 자본주의적 상품생산이 확립되어야 한다. 특히 오늘날의 무역은 단순히 특정 상품을 효용가치가 적은 곳에서 효용가치가 높은 곳으로 옮김으로써 재화의 효용 및 경제가치를 높힐 뿐만 아니라 모든 재화의 생산요소, 즉 원료·서비스·운송·여객·노동 및 자본의 이동까지도 포괄하는 개념이다. 이처럼 오늘날 사용하는 교역 또는 무역의 개념은 한국 고대사 자료에 나타나는 교빙(交聘)·조공, 교역·교관·매물·회역 등의 용례와는 차이가 있다.

한국 고대의 교역사 연구는, 교역 물품들을 언제, 누가, 어디에서, 어떻게 만들고, 그것이 어떠한 과정을 거쳐 누구에 의해, 어떻게 매매되어 누구에게 소용되었는가를 밝히는 것을 목적으로 한다. 이러한 과정은 수공업 생산으로부터 교역, 유통의 과정을 포괄하는 것으로서, 단순한 물품의 거래 뿐만 아니라, 기술, 사상적 전이까지 포괄한다. 이에 교역의 개념을 살피기 위해서는, 물품의 생산으로부터 교역의 주체와 장소, 이러한 과정을 담당하는 관서 등을 살핀 이후에, 그 유형을 나누고 정의해야 한다고 본다.

이 글은 이러한 관점에서 한국 고대의 대외 교역에 주목하여 그 성립·전개과정을 살피고자 한다. 나아가 그동안 논의된 공·사무역의 개념과 관련하여 각종 사서에 나타나는 교빙(交聘), 조공(朝貢), 교역(交易), 교관(交關), 매물(賣物), 회역(廻易), 궁시(宮市), 관시(官市), 관시(關市), 호시(互市), 시박(市舶), 박역(博易) 등의 갈래와 개념을 살피고자 한다.

1. 대외 교역의 전개와 변화의 기점

한국 고대사에 있어서 국가간의 교류는 고조선부터 있었다고 할 수 있는데, 당시에는 이를 교빙(交聘)이라 일컬었다. 삼국시대 초기의 국가 상호간의 관계 또한 수빙(修聘), 보빙(報聘)이라 일컬었거니와, 신라가 마한과 동옥저, 왜인(倭人)과 교류한 것을 교빙이라 하였다. 중국과의 관계에 있어서도 진흥왕대에는 진(陳)나라에 사신을 보내어 방물을 바쳤다고 하지만, 진의 사신이 신라에 오는 것을 내빙(來聘)이라 하였다. 따라서 당시에 교빙, 내빙, 수빙, 보빙, 헌방물(獻方物) 등은 동일한 의미로 사용되었으며, 이는 동아시아 전통적으로 국가간 사신을 주고 받는 의례적 관계 곧 빙례를 지칭한다.

빙례란 제후간에 사신을 보내어 안부를 묻는 의례를 일컫는데, 여기에는 예물을 주고 받는 것을 수반한다. 『삼국사기』에 보이는 교빙 관계 기사에서 예물의 이름은 드러나지 않으나, 동옥저가 신라 박혁거세에게 사신을 보내어 양마(良馬) 20필을 바쳤다는 것으로 보아, 국가간 빙례에는 방물(方物) 또는 토물(土物)로 일컬어지는 각국의 특산물을 주고 받았던 것으로 여겨진다.

이러한 빙례의 형식은 4세기부터 7세기 초엽에 걸치는 시기에 후대의 조공관계의 양상으로 바뀌기 시작하였다. 고구려의 경우 문자왕 13년(504) 북위에 조공하면서 비로소 상공(常貢)이란 표현이 나타나지만, 아무래도 항속적이고 책봉에 의한 의례적 조공 형식이 나타나기 시작한 것은 당나라 초(618)부터 신라의 삼국 통일(676)까지의 시기라고 할 수 있다. 특히 신라는 당나라에 군대를 청하는 정치적 교섭 과정에서 당나라의 제도·문물을 채용하였다. 이 때에는 후대의 징구(徵求)와 정례적인 사신 파견 등과 같은 형태는 없었지만, 사신을 접대하는 빈례의 과정에 조공하고 회사하는 경제적 내용을 포함하는 형식을 갖추기 시작하였다.

7세기 중엽부터 9세기에 이르는 동북아시아의 국제관계는 국가간 역학관계와 함께 사신의 내왕, 문물의 전수를 수반하였다. 당나라와 신라의 외교관계는 나당전쟁 이후 한때 단절되었으나, 성덕왕 12년(713)에 이전의 관계를 회복하였다. 신라는 당나라에 사신을 보내는 목적 곧 조공, 신년 하정, 고애, 사은 등에 따라 '표문(表文)'과 '공물(貢物)'을 갖추고 사행에 임하였다. 이에 대해 당나라는 신라의 입당사에게 관직과 물품을 하사하고 왕을 책봉하는 조서와 함께 국왕 이하 왕족에게 물품을 회사하였다. 이는 외교 사절단에 대한 빈례의 과정에서 폐백을 주고 받거나 사신단의 노고에 대해 치하하는 정도였다.

이러한 과정에 이루어진 물품의 수수과정을 지금까지는 공무역 또는 조공무역이라 일컬어 왔다. 그러나 이는 동아시아 전통적으로 국가간 사신을 주고 받는 빙례가 의례화된 것이라 보아야 할 것이다. 이른바 공무역이라 일컬을 수 있는 경제적 조공, 회사의 관계가 항례적인 의례 절차 안에 정착된 것은 아무래도 명·청대에 이르러서야 가능하였기 때문이다.[2] 다만 나당전쟁 이후 신라와 당의 평화적 관계가 장기간 지속됨으로써 당나라의 각종 문물과 제도가 신라에 전래될 뿐더러, 양국 왕실의 수요에 충당하기 위하여 수수된 물품의 양이 확대된 점만은 인정해도 좋을 듯하다.

7세기 중엽을 지나면서 동아시아 사신의 내왕에 따라 일어난 주요한 변화 가운데 하나는, 동아시아 각국에서 파견된 사신단의 규모가 급격히 증가하였다는 점이다. 당나라의 신라·일본에의 사행 인원은 7세기 중엽에 600여 명에 이르는 대규모로 증가하였다. 곧 당나라는 665년 유덕고(劉德高) 등 254명을 일본에 보낸 데 이어, 669년에는 곽무종(郭務悰) 등 600명을 일본에 사신으로 보내었고, 개원 21년(733) 발해를 치기 위해 군대를 청하는 사행단 604명을 신라에 보내기도 하였다.

---

2 전해종, 1970, 『한중관계사연구』, 일조각, 6·22·51~53·77~111쪽.

신라가 당나라에 보낸 사행인의 수효는 보이지 않으나, 일본에 보낸 사행의 경우 674년에는 김승원(金承元) 등 중객(中客) 이상이 27명, 714년 김원정(金元靜) 등 20여 인, 723년 김정숙(金貞宿) 등 15인이었던 것이, 738년에는 김상순(金想純) 등 147인, 742년에는 김흠영(金欽英) 등 187인, 그리고 752년에는 김태렴 등 700여 인을 파견한 것으로 전한다.

735년 이후 일본에 파견한 신라 사신단의 성격에 대하여 대부분의 일본 학자들은 대보율령(大寶律令)(701) 이후 일본의 대신라관(對新羅觀) 이른바 '부용국(付庸國)·번국관(蕃國觀)'의 시각에서 『일본서기』나 『속일본기』의 기록을 바탕으로 조공사로서 이해하여 왔다. 이에 일본측의 활발한 대신라접근책에 주목하여 신라의 통일을 완수한 높은 국가의식과 유교·불교 문화를 섭취하고자 하는 일본귀족층의 문화운동으로 풀이하기도 한다. 반면에 우리 학계에서는 신라사신 스스로가 번국사(藩國使), 조공사로 자처하는 등 일본측 자료의 중화적 이념으로 포장된 역사상의 굴절 등을 제거하는 등 엄밀한 사료비판을 통하여 역사상을 재구성해야 한다고 본다. 또한 신라와 일본의 외교관계를 신라의 정치상황을 중심으로 검토하기도 한다.

필자로서는 7세기 후반 신라가 선진문물 전수의 주요한 통로로서 기능하였던만큼, 신라는 일본에 대하여 교린에 기초한 외교정책을 고수하였다는 관점이다. 특히 701년 일본의 대보율령 이후 양국간의 외교형식의 문제로 인한 갈등이 나타나기 시작하였다. 그후 성덕왕 33년(734) 김상정(金相貞)의 왕성국(王城國) 발언 사건 이후 연력 18년(799) 5월 일본의 견신라사(遣新羅使)가 정지될 때까지 일본측 사서에 보이는 '신라 사신'을 정상적인 외교사절로 보기 어려운 것으로 이해한다. 왜냐하면 이들 '신라 사신'은 국서를 지니지 않고 국왕의 의사를 구두로써 전달하는 등 전통적인 외교형식을 전혀 갖추지 않았다. 또한 김태렴(金泰廉)의 경우 그가 가져간 물품을 '개인 자격으로 준비한 신라의 물품'만을 보낸 것이라 하였고, 김삼현(金三玄)은 스스로가 '공조사(貢調使)'가 아님을 천명하였으며, 승화 9년(842) 등원조신위(藤原朝臣衛)는 그의 청원문에서 일본 관료들이 성무천황(724~749) 때부터 '신라사신'을 신라의 공식 외교 사절로 인정하지 않았음을 밝혔기 때문이다. 더욱이 734년 이후 연력 18년(799) "견신라사 정지" 조치까지(제2기)의 일본에 전한 신라 토모(土毛)는 그 이전 시기인 7세기 후반부터 734년 왕성국 발언 이전까지(제1기)의 신라 '공조(貢調)' 물품과 크게 차이가 있었다. 곧 1기의 물품이 신라 궁중수공업제품이었던 데 대하여, 제2기의 물품은 귀족이나 일반 수공업장에서 제작된 것이었다는 점에서, 2기의 교역을 진골귀족이 주도하는 사무역으로 규정할 수 있지 않을까 생각하였다.[3]

따라서 애장왕 4년(803) 일본과의 '교빙결호(交聘結好)' 기사는 정관 중 당나라 사신 고표인(高表仁)을 송사(送使)하던 그러한 정신을 이어 신라와 일본간에 태정관과 집사성이 상호 첩(牒)을 주고 받으며 협조관계를 맺은 것으로 풀이할 수 있다. 이에 애장왕 4년의 일본과의 결호를 교빙이라 일컬은 것은 동아시아 전통적인 빙례의 그것을 이은 것으로 이해할 수 있으며, 이러한 점은 중국과 신라의 빈례에 따른 외교관계와는 차이가 있는 것이었다.

아무튼 이 무렵 신라에 파견된 일본 사신들의 규모도 전 시기에 비하여 크게 증가하였다. 이는 성덕왕 2년(703) 신라에 파견된 일본국사가 204명이었다는 데서 짐작할 수 있다. 아마도 당나라에 파견한 신라 사신단의 규모 또한 일본에 파견한 사신단이나 당나라가 신라에 파견한 사신단의 규모에 버금가지 않았을까 여겨진다.

이와 같이 7세기 중엽을 지나면서 동아시아 각국의 사신단 규모가 커지면서 사행에 수반한 교역이 성행하였으리라 여겨진다. 이러한 배경은 성덕왕의 조문사절로 신라에 사신으로 파견된 귀숭경(歸崇敬)의 사례에서 살필 수 있다. 곧 대력 3년(768) 경덕왕의 조문 사절로 신라에 파견된 귀숭경을 '당나라에서 신라에 사신으로 파견된 자들이 해동에 이르러 구하는 바

---

3 박남수, 2007, 「통일신라의 대일교역과 애장왕대 '交聘結好'」, 『사학연구』 88 참조.

가 많아, 많은 비단을 가지고 가 신라의 물품을 무역하여 이익을 취하였으나, 귀숭경은 일체 그렇지 아니하였다'고 칭송한 데서, 사행에 수반한 교역이 매우 성행하였음을 알 수 있다. 이러한 사례는 발해 사신이 일본에 파견되어 사적으로 교역한 데서도 살필 수 있다. 천장 3년(826) 3월 무진 초하루에 등원조신서사(藤原朝臣緖嗣)는 발해사신을 상인의 무리와 같다고 여기면서 그 폐해를 지적하였다. 이들 사례는 7세기 중엽 이후 동아시아 사회에서 사행에 수반한 교역이 일반화되었음을 보여준다.

사신단을 매개로 이루어진 교역은 9세기 후반까지 지속되었다. 정관 14년(872) 5월 발해사신이 내장료(內藏寮)를 비롯하여 경사인(京師人), 시전인(市廛人)들과 서로 교역하였다는 것이나, 원경 6년(882) 11월 28일 가하국(加賀國)으로 하여금 발해객을 잘 접대하되 발해객이 가져온 물품의 회역을 금지하는 관부(官符)를 내리는 등의 조치는 그러한 사정을 잘 보여준다. 이와 같이 7세기 중엽 이후 동아시아 각국의 사신단의 규모가 커진 것은 사신단의 사적 교역이 성행한 데 따른 것이라 할 수 있다.

성덕왕 33년(734) 김상정의 왕성국 발언 사건 이후로부터 신라와 일본 양국 사이의 외교관계가 경색되고 마침내 연력 18년(799) 5월에는 일본의 견신라사(遣新羅使) 파견이 정지되었다. 그럼에도 불구하고 이 기간 동안 '신라사신'의 교역이 성행할 수 있었던 것은, 그들이 일본측에 의해 반각되더라도 가지고 간 물건을 교역하여 많은 이익을 남길 수 있던 때문이었다. 이들이 교역한 물품은 752년 김태렴이 가져간 신라물품 신청서인「매신라물해」에서도 잘 드러나지만, 일본조정이 신라 교관물을 구입하도록 일본 조정대신들에게 대재부면(大宰府綿)을 지급하였다는 데서 그에 대한 일본 관료층의 수요를 짐작할 수 있다. 곧 신호경운 2년(768) 10월 갑자조에는 일본조정이 신라 교관물을 구입하도록 일본 조정대신들에게 7만 둔[약

15톤]⁴의 대재부면을 지급하였다. 필자는 838년에 제정된 대재부관내지자교역법大宰府管內地子交易法에 따라 면 1둔을 직도直稻 8속束으로 계산하여, 7만 둔의 대재부면을 '쌀 26,133.3석'에 해당함을 밝힌 바 있다.⁵ 이와 같은 규모의 대가가 '신라 사신'들에게는 엄청난 유혹이었으리라는 것은 상상하기 어렵지 않다. 이들 '신라사신'은 김태렴이 가져간 물품이 '사적으로 마련한 것'이라는 점에서, 신라 귀족들이 주도한 것이라 여겨진다.

8세기 신라 귀족들의 교역은 9세기 초엽부터 신라 해상들이 활발하게 일본과 당나라를 오고 가며 교역함으로써 새로운 양상으로 변화하였다. 헌덕왕 2년(810) 무렵 신라의 상인들이 빈번히 일본 구주(九州)지방에 표착한 것이나, 9세기 초 일본의 구법승 원인(圓仁)이 중국 양주에서 만났던 신라 상인 왕청(王請)과 왕종(王宗)이 일본과의 교역을 통하여 큰 부자가 되었다는 것 등은, 당시 신라 해상들의 활발한 교역양상을 보여준다. 이처럼 일본과의 교역에서 귀족들을 대신하여 민간 해상들의 활동이 두드러진 것은, 연력 18년(799) 5월 일본의 "견신라사 정지" 조치 이후 신라-일본간의 관계가 중단되고, 애장왕 4년(803) 양국간에 교빙관계를 체결한 데 따른 것이라고 믿어진다. 이 때부터 민간 교역상들은 이전의 진골 귀족들의 교역을 대신하였거니와, 8세기 전반 당-신라-일본을 오가며 교역한 장보고의 활동은 이와 같은 배경에서 가능한 것이었다.

민간 해상들의 교역이 활발해짐에 따라 당나라의 해적이 서남해안에 출몰하였고, 흥덕왕은 즉위 3년(828) 장보고를 청해대사에 임명하여 교역로를 위협하는 당나라 해적을 소탕하노록 하였다. 장보고가 지닌 청해대사의 직함 가운데 대사는 본래 당나라의 절도사를 절도대사 · 진수대사 · 관찰

---

4 이기동, 1985, 「장보고와 그의 해상왕국」, 완도군 문화원 편, 『장보고의 신연구』: 1997, 『신라사회사연구』, 일조각, 219쪽.

5 박남수, 2006, 「8~9세기 한 · 중 · 일 교역과 장보고의 경제적 기반」, 『대외문물교류연구』 4, 해상왕장보고연구회, 165~166쪽.

대사 등으로 일컫는 직함이었고, 신라에 있어서 조공사 등 사신단의 우두머리를 지칭하였다. 이로써 '장보고 세력의 반독자적인 성격'을 반영하는 것이라는 지적이 있었지만, 사실 장보고의 대사라는 칭호는, 당 현종이 성덕왕에게 영해군대사(寧海軍大使)를, 그리고 김충신에게 영해군부사(寧海軍副使)의 관작을 내려 발해를 토벌하게 한 데서 비롯한다. 청해와 영해는 모두 바다를 깨끗이 하거나 편안하게 한다는 의미이다. 따라서 당 현종이 성덕왕에게 내린 관작인 대사를 흥덕왕이 장보고에게 내린 것은, 서남 해안의 해적을 소탕하라는 의미로서 새길 수 있을 것이다.

이에 장보고는 해적을 소탕하고, 독자적인 교역망(대재부 → 양주 → 강회지역 → 등주 → 강화 → 당성진 → 회진 → 흑산도 → 청해진 → 청주(강주) → 대마도 → 일기도 → 대재부)을 구축하였다. 장보고는 신라-당-일본을 하나의 교역체계하에 편제함으로써 기왕에 집사성이 관장하던 교역 관련 업무를 위임받았다. 흥덕왕릉비편(836)에 '무역지인(貿易之人)'이나 '창고충일사(倉庫充溢史)', '인호부요(人戶富饒)' 등을 특기한 것은, 흥덕왕의 적극적 의지로써 장보고로 대표되는 대외 교역의 융성함과 그로 인한 국고의 충실, 백성들의 풍족함을 드러내는 것으로 이해할 수 있다. 따라서 장보고를 청해진 대사로 임명한 것은 해적 소탕의 임무 뿐만 아니라 기존의 사신들에 의한 교역을 포괄하며, 민간 상인들의 교역을 관리 조정함으로써 효과적인 동아시아 교역 정책을 수행하고자 한 것이라 할 수 있다. 이는 기존 진골귀족 중심의 교역체계에서 일종 청해대사 장보고에 의한 '사무역 관리시스템'으로의 전환이라고 할 수 있다.

장보고의 사무역 관리시스템은 장보고의 피살 이후 붕괴되어 신라-당, 신라-일본, 당-일본의 교역으로 단편화되었지만, 서남해안의 군소 상인에 의해 승계되었다. 원인(圓仁)이 당나라로부터 일본으로 되돌아갈 때 신라 상선을 이용했다는 것이나 일본측 사료에 보이는 신라 상선들에 관한 기사, 그리고 대중 7년(853) 일본 천태종 승려인 원진(圓珍)이 당나라에 들어

갈 때에 신라인 해상 김(金)양휘·왕초의 상선을 이용하였다는 것, 신라승 대통(大通)이 경문왕 6년(866) 귀국할 때에 회역사 진량(陳良)의 선편을 이용하였다는 사실 등은, 서남해안 지방의 군소 해상들의 활동이 장보고의 몰락을 계기로 하여 오히려 활기를 띠고 있었던 상황을 보여준다.[6]

9세기 중엽 이후 당나라 내지에서의 교역은 강남도를 중심으로 운영되었다. 여기에는 재당신라상인과 서남해안의 신라 상인들도 당나라 강남도 일대를 중심으로 활동하였던 것으로 보인다. 이는 당시에 당나라 강남도가 당 조정의 정책적 지원을 받아 동서 교류의 교차점으로 기능한 때문이었다. 당시에 당나라는 동북 지방으로부터 서남지방의 흠주(欽州)에 이르기까지 연해의 주군에 시박(市舶)과 유사한 것을 두었으나, 당나라 조정이 번상蕃商들을 회유하고 필요한 물품을 확보하기 위하여 광주와 천주에 제거시박사(提擧市舶司)를 설치하였다. 따라서 천주와 광주는 당연히 서역과 동남아시아 지역에서 몰려온 번상들 뿐만 아니라 당상과 신라·발해 상인들의 집결지였다. 이에 강남도 일원의 신라 상인들은『제도로 및 제왕국지』와『제번지』에서 일컫은 다양한 신라물품을 비롯하여 향약(香藥) 등 남방의 물품까지도 유통하였다. 재당신라상인이 당에서 유통한 물품을 그들의 선박으로 일본에 운송하여 교역함으로써 당물(唐物)이라 일컫게 되었으나, 그 물품 가운데는 신라물도 혼재해 있었던 것이다.

2. 교역 관련 명칭의 갈래와 개념

지금까지의 연구에서는 국가간 사신을 파견하여 교빙하거나 조공하는 것을 공무역 또는 국가간의 교역으로 간주하여 왔다. 교빙이나 수빙, 보빙, 조공 등을 통하여 방물을 바치고 회사품을 내리는 행위를 교역의 일종으

---

6 이기동, 1997,「나말려초 남중국 여러 나라와의 교섭」,『역사학보』155, 4~12쪽.

로 이해한 것이다. 교빙이나 수빙, 보빙은 모두 빙례를 일컫는다. 『의례』 빙례편 제소(題疏)의 「정목록(鄭目錄)」에는 "빙례란 제후가 서로 오랫동안 무사한 데에 대하여 서로 경상(卿相)의 신하를 사신으로 보내어 안부를 묻는 것인데, 소빙(小聘)은 대부(大夫)를 사신으로 보내어 한다"고 하였다. 여기에서 무사하다는 것은 회맹과 같은 것이 없다는 것인데, 임금이 죽어 아들이 그 위를 승계할 경우 대국은 조알(朝)하고, 소국은 빙례(聘)를 베품으로써 천자를 높힌다고 한다. 빙례에 있어서 해마다 하는 것을 소빙이라 하고, 3년에 1회씩 하는 것을 대빙이라 한다.

중국의 천자는 빙례를 통하여 공·후·백·자·남의 명등(命等)과 작호의 위계를 분명히 하고, 춘·하·추·동 사시(四時)에 빙례를 베풀면서 이에 참여한 각 빈객들의 규홀이나 면복, 구슬치레, 수레 뿐만 아니라 종묘에 올리는 폐백과 초향, 음식 등을 규정하였다. 『주례』의 체계에서는 사방의 사자가 대객인 경우 행인이 인도자로서 접대하고, 소객의 경우 폐백을 받고 그 온 사유를 들었다. 여기에서 사이 제국인 번객의 사신은 소객으로서, 각국의 휘장을 정해진 법식에 따라 정절로 사용하여 도성으로 들어가는 신표로 삼았다. 행인이 도성까지의 의례를 관장하는 것이라면, 사의는 위의와 사령, 읍양의 법식에 따라 사신을 접대하고 인도하여 종묘에 폐백과 술, 음식을 드리고 국왕에게 고하는 의식, 그리고 명을 받는 절차를 관장하였다. 여기에는 대부로 하여금 폐백을 사신에게 내리는 절차가 포함되었다. 이러한 접객의 과정에 사신의 소식을 전하는 행부(行夫), 정절로써 길을 통하여 사방에 이르게 하는 환인(環人), 사이의 국사를 관장하여 국왕의 명을 전하는 상서(象胥), 그리고 사방 빈객의 희생과 제사에 음식을 올리는 일을 관장하는 장객(掌客) 등이 각각의 직임을 맡았다.

본래 『주례』에서는 중국 내의 공·후·백·자·남 등을 영접하는 의례를 대빈의 의례로 삼아 대행인이 관장하였다. 이러한 것을 주변의 사이(四夷)로 확대하면서, 사이의 국왕을 소빈으로, 사이의 국왕이 보낸 사신을 소객으로 삼아 대빈의 자와 남에 상응하는 의례로써 소행인이 관장하였다. 여기에서 중국 주변국의 경우 중국 자·남에 상응하는 의례를 갖추긴 하였으나, 그와 달리 조공의 정해진 연한이 없고, 전왕이 죽거나 왕위를 이어 즉위한 경우 한 번 가는 정도였다. 또한 중국 내의 공·후·백·자·남이 제사를 위한 폐백을 공물로 드린 것과 달리, 자국의 귀한 보물 곧 특산물을 예물(贄)로 삼는 정도였다. 우리나라 삼국 초기에 양마 등 특산물을 예물로 삼은 것은 이러한 빙례에 따른 것이라 할 것이다. 빙례는 수·당대에 이르러 빙례를 빈례로서 인식하였는데, 이는 빈례가 『주례』의 빙례에 기반을 두고 발전한 의례임을 반영한다.

당나라의 빈례는 사이(四夷)의 군장(君長)과 그 사신을 접대하기 위한 것으로 요약된다. 『대당개원례』에는 홍로시로부터의 의례만이 수록되어 있으나, 번국사신이 당나라에 도착하면 도착지의 소관 주(州) 혹은 도독부를 통하여 중앙 정부로부터 입국 허가를 받아야 했다. 이들 견당사들은 첩문으로써 소관 현 또는 진에 도착한 사실을 알리면, 현·진은 주 혹은 도독부에 보고하고 다시 중앙에 알린 다음 입국을 허가하는 칙지에 따라, 식량과 숙박지를 제공받고 일정한 인원만이 관할 관청의 호송 겸 안내인의 안내로 조공물과 함께 장안으로 향하였다. 이 때에 사신들에게는 해당 국가의 대소에 따른 정절이 내려져 각 관문을 통과하는 신표로 삼았다.

신라·일본의 견당사는 대체로 등주·양주·소주에 도착하여 장안 동쪽 장락역(長樂驛)에 이르면, 당제는 칙사를 보내어 이들을 영접하였다. 견당사들은 홍로객관이나 예빈원 등의 관관(官館)에 머물렀는데, 이로부터 황제가 사신을 보내어 맞이하고, 사신을 불러들여 보거나 연회를 베풀었다. 여기에서 사신이 국경을 들어서면서 가지고 간 예물(공물)은 그 종류와 수량을 검열받아 홍로시(鴻臚寺)에 보고되면, 홍로시에서는 그 가격을 산정하고 회사품의 물량을 정하여 태부시가 증여하는 방식으로 이루어졌다. 예물은 주로 상대국 국왕과 왕실, 대신 등에 주어졌으며, 사임을 수행한 사

신에게도 등급에 따라 일정 물품이 주어졌다.[7]

빈례가 주례에 바탕한 것이고, 빈례의 과정에서 당나라 천자가 객관에 머무른 사신에게 폐백을 내리고, 사신이 천자 봉견일에 표문과 함께 폐백(幣)를 올리며, 황제가 베푼 연회에서 태부(太府)가 의복(衣物)을 순차에 따라 내리는 등, 철저히 외교 의례에 따른 절차 안에서 양국간 물품이 수수된 점을 주목할 수 있다. 이 때에 수수된 물품은 각국의 특산물 뿐만 아니라 왕실의 궁중수공업장에서 만든 것이었다. 그러한 과정에서 새로운 문물이 전래되기도 하였다.

빙례나 빈례 과정에서 주고 받은 물품은 해당국의 특산물이나 새로운 문물, 그리고 궁중수공업장에서 만든 물품이었고, 물품 수수의 주체는 항상 국왕 또는 왕실이었다. 그러므로 최소한 고대 사회에 있어서 빙례와 빈례의 과정에 주고 받은 조공품과 회사품, 그리고 문물의 전수는 경제적 이익을 추구하는 교역의 성격이라기보다는 양국 왕실간 교류에 따른 위계의 설정과 위세품의 성격을 띤 예물로 보아야 하지 않을까 한다.

한편 빙례나 조공 외에 사료상에 보이는 교역 관련 명칭으로는 무역(貿易), 교역(交易), 교관(交關), 회역(廻易), 시역(市易) 등을 들 수 있다. 동아시아에서의 무역이란 개념은 『사기(史記)』의 '물건으로써 서로 무역한다(以物相貿易)'에서 비롯한 것이지만, 「흥덕왕릉비편」(826)에서도 '무역하는 사람(貿易之人)'이 등장한다. 「일본 평성궁(平城宮) 출토 발해사 목간」(727)에는 발해사와 함께 '교역사(?)를 보내…(遣交易○)', '교역(交易)' 등의 용례가 보인다. 또한 대력 3년(768) 경덕왕의 조문 사절로 신라에 파견된 귀숭경을 평가하면서 당나라 사신단이 '화물을 무역하였다(貿易貨物)' 하고, 일본 청화천황 정관 14년(872) 5월 20일에는 일본 왕실 재정을 담당하는 내장료가 발해 사신과 '화물을 회역하였다(廻易貨物)' 하였으며, 원경 7년(883) 5월 8일에는

---

7 권덕영, 1997, 「입당과 귀환절차」, 『고대한중외교사』, 일조각, 170~187쪽.

일본의 내장료가 발해사신과 교관(交關)하였다고 하였다.

먼저 교역과 무역에 대하여는 『선화봉사 고려도경』 제3권, 성읍, 무역조에서 '시장에서 자기가 가지고 있는 물건으로 교역한다'고 하여, 동일한 의미로 사용하였다. 「흥덕왕릉비편」(826)의 '무역하는 사람(貿易之人)'의 무역이 오늘날의 무역(trade)을 지칭하는지는 분명하지 않으나, 발해사의 경우 일본과의 교역을 '교역, 회역, 교관'으로 일컬었던 것은 분명하다.

회역과 교관은 장보고 당시에 사용된 용어이기도 한다. 『입당구법순례행기』에는 개성 4년(839) 6월 27일에 장대사 교관선 2척이 적산포에 도착하여 그의 대당매물사(大唐賣物使) 최병마사가 법화원에 있는 원인(圓仁)을 위로하였다고 한다. 또한 같은 해 8월 13일에는 청산포구(靑山浦口)에 발해 교관선이 정박하였다는 사실을 전한다. 『속일본후기』 승화 9년(842) 봄 정월조에는 장보고가 일본에 파견한 회역사(廻易使) 이충(李忠)·양원(揚圓) 등이 등장하는데, 일본에 파견한 교관선의 지휘자를 회역사라 일컬었다. 이 회역사는 「월광사 원랑선사탑비」(890)에 '함통 7년 (경문왕 6년, 866)에 회역사 진량(陳良)을 따라서 [원랑선사 대통이 중국으로부터] 신라에 돌아왔다'고 한 데서도 살필 수 있다.

장보고의 대당매물사의 매물(賣物)은 물건을 팔았다는 의미이므로, 대당매물사는 오늘날 수출을 관장하는 직함으로 이해할 수 있다. 회역사는 대체로 신라 또는 발해가 일본이나 중국과의 교역을 일컬은 것이므로, 일종 물물교환 형식으로 사신들이 교역한 것을 지칭하는 의미가 아닐까 한다. 이에 대해 교관(交關)은 '관(關)' 곧 국경을 넘나들며 교역한다는 의미로서, 오늘날 국가간의 국제 교역을 지칭한다고 할 수 있다. 시역은 시장에서 이루어진 교역을 일컬은 것으로서, 동아시아 각국이 국가 관리하의 시전을 중심으로 교역하였던 만큼 교역이나 무역, 시역 등은 시전에서 이루어진 물품의 거래를 지칭하는 동일한 의미로 새겨도 좋을 것이다.

한편 사료상에는 교역장의 성격에 따라 궁시(宮市), 관시(官市), 관시(關

市) 등의 용례가 보인다. 이들 명칭은 중국과 일본측 사료에 나타나는데, 궁시는 궁중에 소용된 물품을 구매하기 위하여 설치된 시전을, 관시(官市)는 관청에 소용되는 물품을 구매하기 위한 시전을 지칭한다.

당나라의 경우 궁시와 관시는 궁중 또는 관청에 소용되는 물품 구입을 빙자한 관료들의 폐해를 지칭한 이름으로 등장하는데, 이들은 공문첩이나 황제의 칙명으로써 시전에서 물품을 구매하는 것이 원칙이었다. 특히 외국 사신들이 당나라에 오는 경우에는 사신들의 객관 안에 관사를 베풀어 행포(行鋪)를 설치하고 상품을 진열하여 교역하기도 하였다. 일본의 경우 사신이 도착하면 평성궁(平城宮) 건례문(建禮門) 앞에 천막을 세워 당물(唐物)을 벌여놓고 내장료관인(內藏寮官人)과 내시(內侍)들이 교역을 한 궁시(官市), 그리고 대재부에서 사신들의 물품을 교역한 관시(官市) 등을 베풀었다. 관시를 관장하였던 대재부에는 신라와의 왕래를 위하여 신라 통역관을 두거나, 일본 조정에서 교역물품의 매입을 위한 면(綿)을 재배하고 비단을 다루는 능사(綾師)를 설치하거나 관리들의 교체시기 등을 조정하는 등 특별한 조치들을 취하기도 하였다.

사실 『당률소의』 위금율(衛禁律)에는 사신들과 사적으로 교역할 수 없을 뿐더러 사신들과 말을 해서도 아니되며 주현의 관인들이 일 없이 서로 만나도 안된다고 규정하고 있다. 이는 사신을 통하여 국가의 기밀 유출 등을 통제하기 위한 것이었다.[8]

사신들에 대한 규제에도 불구하고 7세기 후반 동아시아 각국에는 사신들의 사적인 교역이 성행하였다. 일본의 『유취삼대격(類聚三代格)』 권 19, 금제사조에는 연력 21년(802) 적국(狄國) 사신의 토산물을 사사로이 교역하는 것을 금하는 조항이 전한다. 이는 왕신·제가들이 다투어 사신들의 좋은

8　石見淸裕, 1997, 「唐代外國貿易·在留外國人をめぐる諸問題」, 『魏晉南北朝隋唐時代史の基本問題』, 汲古書院, 72쪽.

물품만을 구매함으로써 이를 필요로 하는 관청에 오히려 나쁜 물품만을 진상하는 폐단을 막기 위한 것이었다. 이로써 볼 때에 최소한 일본에 있어서는 사신들이 가져온 물품 가운데 우선적으로 관청에서 필요로 하는 물품을 교역하고 나서, 나머지 물품을 귀족들이 교역하도록 하였음을 알 수 있다. 이는, 정관 14년(872) 5월에 발해사신이 빈례에서 대충피(大虫皮)와 표피(豹皮), 웅피(熊皮), 밀(蜜) 등을 신물(信物)로서 올린 데 대해 관등과 녹, 조복(朝服) 등을 하사받고, 이와는 별도로 내장료(內藏寮)와 물품을 회역하였을 뿐만 아니라 경사인(京師人), 시전인(市廛人)들과 서로 교역할 수 있도록 허락받은 데서도 살필 수 있다.

사신들의 회역이 융성하였던 것은, 천장 3년(826) 3월 무진 초하루에 등원조신서사(藤原朝臣緖嗣)가 발해사신을 상인들 무리와 같아 폐해가 많다고 지적하거나, 원경 6년(882) 11월 28일 가하국(加賀國)으로 하여금 발해객을 잘 접대하되 발해객이 가져온 물품의 회역(廻易)을 금지하는 관부(官符)를 내린 데서도 살필 수 있다. 이들 발해 사신의 교역은 빈례의 과정에서 수수되는 공물 내지 폐백의 수수와는 별개의 것으로서, 처음에는 정해진 관례로서 왕실의 재정을 담당하는 내장료와 교역하였지만, 특별히 경사인이나 시전인과의 교역이 허락되면서부터 매우 활성되었던 것으로 여겨진다. 더 이상의 자료를 확인하지 못하였으나 일본의 사례로 미루어 볼 때에, 당나라나 신라에서도 사신이 내왕할 때에 왕명에 따라 특정 장소에 궁시나 관시를 베풀지 않았을까 생각한다.

한편 관시(關市)는 국경 요해처의 관문에 관리를 두고 개설한 시전을 지칭한다. 이에 대하여는 별도의 관시령을 두어 관리하였다. 현재 당나라 관시령의 잔편만이 전하지만, 이에 따르면 국경 연변에서 여러 번국의 상인들과 상호 시역하였다고 한다. 이를 호시(互市)라고도 일컫지만, 엄밀한 의미에서 호시란 '제번들과 상호 교역한다'는 동사에 다름 아니다. 관시에서 번인들과 시역(市易) 또는 흥역(興易)한다는 의미라고 할 것이다.

이들 국경의 관시에는 호관사(互官司)를 두어 물품을 검교하고, 비단류나 얼룩소꼬리[氂牛尾], 진주, 금·은·철 등 교역 금지 물품을 규제하는 한편으로 물가를 정하여 교역하게 하였다. 이 때에 시장의 사면에 구덩이를 파고 울타리를 둘러 문을 지키게 하는데, 교역하는 날 묘시에는 상인들로 하여금 물건값을 정하여 교역하게 하였다. 교역에 참여한 상인들에게는 별도의 관시세(關市稅)를 거두었는데, 관시세는 북제 때에 시행된 이후로 당대까지도 지속되었다. 당나라 관시령에 따르면 제시(諸市)의 사(肆)에서는 표(標)를 세워 행명(行名)을 내걸고 한 달에 세 번식 가격을 매겨 보고하고, 궁시(弓矢)나 장도(長刀), 여러 기물(器物)에는 공인의 성명과 제작 연월을 명기하여 팔도록 하였다고 한다.

당나라가 공적인 외교 이외에는 국경의 출입을 엄금하는 상황에서도, 수공 원년(685) 상호(商胡) 곧 소그드인 상인을 대상으로 하여 관시에서의 호시(互市)를 넘어 당 내지에서의 교역을 정식으로 인가하기도 하였다.[9] 이로써 당나라 관(關) 이서(已西) 제국의 흥판(興販) 왕래가 그치지 않았으나 천보 2년(743)에 이를 일체 금단하였다. 이들 소그드인 상인들의 내왕 당시에 당나라는 흥호(興胡)를 당 내지의 행객(行客)[본관을 떠난 客·客戶]과 마찬가지로 기우주현(寄寓州縣)에 세전(稅錢)을 납부하는 존재로서 처우하고 그들의 입경과 이동을 관사가 발급하는 과소(過所)로써 보증하였다.[10] 다만 이들이 당나라에 들어온 이후로는 원칙적으로 귀국이 허락되지 않았다. 이들 소그드인의 교역이나 당 내지에서의 상황은 일면 9세기 신라방이나 신라소의 신라인들을 연상케 한다.

관시와 유사한 형태로서 당나라 강남도 일대에 등장한 것이 시박(市舶)과 박역(博易)이다. 곧 시박은 남해 무역으로 상징되는 당나라 강남도의 천

---

9 荒川正晴, 1997,「唐帝國とソクト人の交易活動」,『동양사연구』56-3, 174쪽.

10 荒川正晴, 1999,「ソクト人の移住聚落と東方交易活動」,『岩波講座 世界歷史』
    15-商人と市場-, 83~92·96~99쪽.

주, 광주, 명주 등지의 무역항에 시박사(市舶司)를 두어 교역을 하는 것을 지칭하는데, 개원 2년(714) '영남시박사(嶺南市舶司)'에 기원한다. 제거시박사는 매년 10월에 번상들에게 교역의 장을 베풀었으므로, 번상들은 여름에 도착하여 상세(商稅)를 내고 제거사(提擧司)의 보호하에 명향(名香)·서상(犀象)·금은 등을 가져와 능(綾)·면(綿)·나(羅)·포(布)나 지(紙)·필(筆)·미(米)·포(布) 등과 교역하였다. 또한 내륙에도 옹주(邕州) 횡산채(橫山寨)·영평채(永平寨)와 흠주(欽州)에 박역장(博易場)을 설치하여 번상들과 교역하게 하였다.

이들 시박항과 박역장에서 이루어진 교역은, 번상들과 당나라 상인간의 교역이라는 점, 그리고 해당 관사의 검교와 관리하에 교역되었다는 점, 관시세 내지 상세를 낸다는 점에서 모두 동일한 성격의 국경 교역이라 할 수 있다. 관시가 북쪽 내륙의 국경지역에서 번상들과 이루어진 교역이라면, 시박은 주로 남쪽 해상 교통 요지의 무역항에서의 교역을, 박역은 서남 내륙의 국경 지역 교통 요지에 별도의 교역장을 두어 교역하는 것을 지칭함을 알 수 있다.

요컨대 기왕에 공무역으로 구분하여 왔던 조공은 고대 동아시아 사회에서는 교역의 유형으로 분류하기 어려운 점이 있다. 곧 수·당대에 빙례를 빈례로서 인식하였는데, 이는 빈례가 『주례』의 빙례에 기반을 두고 발전한 의례임을 보여준다. 따라서 빙례나 빈례에서 이루어진 폐백의 수수는 양국 왕실간 교류에 따른 위계의 설정과 예물 수수의 성격으로 여겨진다. 다만 이 때에 사신들이 조공물품으로 가져간 물품을 관시(官市)에서 매각하는 것은 공적인 사행에 수빈한 것이었던 만큼, 사행에 필요한 비용이나 파견국 관사의 비용에 충당되는 공적인 성격의 교역이라 할 수 있을 것이다. 또한 신라에 파견된 당사 귀숭경이나 일본에 파견된 김태렴이 사적으로 교역할 물품을 마련하였다는 데서, 사신단들이 사적으로 물품을 준비하여 교역하였던 것으로서 이러한 경우 사교역의 범주에 분류할 수 있으리라 여겨진다.

빈례와 조공 이외에 사서상에 나타난 무역과 교역이라는 용어는 일정 지역에서 물품을 거래하는 행위를 지칭한다. 따라서 교역·무역·회역은 시전에서의 거래를 지칭하는 바, 오늘날 trade를 뜻하는 대외 교역(무역)과는 구분된다. 그러므로 교역(무역)은 대내 교역(무역)과 대외 교역(무역)으로 구분할 수 있다.

대외 교역(무역)은 고대 동아시아 사회에서는 '교관(交關)'이라 일컬었다. 따라서 장보고가 사용한 교관선은 국경을 넘나들며 교역하는 오늘날의 무역선을 지칭하며, 대당매물사는 당나라에 물품의 수출을 관장하는 직임을, 그리고 회역사는 신라 또는 발해가 일본이나 중국과의 교역을 일컬은 것으로서 일종 물물을 교환 내지 거래하는 형식의 교역을 지칭하는 것이 아닌가 한다.

한편 사서에 보이는 궁시(宮市), 관시(官市), 관시(關市)는 시전을 설치한 장소 또는 물품 수요처에 따라 일컬은 명칭이다. 궁시(宮市)는 궁중에 소용되는 물품을 구매하기 위하여 궁궐 내지 궁문 밖에 설치한 것이며, 관시(官市)는 관용에 필요한 물품을 공급하기 위하여 시전에 별도의 교역처를 베푼 것이다. 관시(關市)는 국경 지대에 설치한 시전을 일컫는다. 외국 사신단의 교역은 주로 궁시와 관시(官市)에서 이루어졌으며, 이들 사신단이 당해국의 관사와 교역하고 남은 물품에 한정하여 일반 민간 상인과 교역할 수 있었던 것으로 보인다. 말하자면 관시에서 사신단을 통하여 관무역이 행해지는 한편으로 사신단과 민간 상인과의 교역 곧 사무역이 이루어졌다고 할 수 있다.

관시(關市)는 일시 폐지되기도 하였는데, 기왕에는 이를 호시(互市)라고도 일컬었다. 그러나 호시는 국경지역에 베풀어진 관시(關市)에서 당나라 상인과 번국 상인들이 '서로 교역한다'는 동사적 의미이므로, 이를 교역의 한 형태로 분류할 수는 없다. 따라서 종래에 호시라 지칭하였던 것은 관시로서 규정되어야 할 것이다.

한편 8세기 전반에 당나라 강남도 지역에 시박(市舶)의 항구와 박역장(博易場)이 등장하였다. 이는 강남도의 교역항에 시박사를 두거나 강남지역 서북 내륙지역에 관리를 배치하여 시전을 베푼 것이다. 여기에 베푼 시전은 관시(官市)라고도 할 수 있는데, 이들 교역항이 외국 선박들이 정박하는 일종 관문의 성격을 띠며, 내륙의 박역장 또한 번국과의 국경지대 교통 요로에 설치하였다는 점에서 관시(關市)의 일종이라고도 할 수 있다. 이들 교역항과 국경지대의 관시(關市)에서는 주로 당나라 민간상인과 서역 및 신라·발해 등 번국 상인들의 교역이 활발하였거니와, 민간 상인간에 이루어진 교역 곧 본격적인 사무역은 관시(關市)로부터 비롯하였다고 할 수 있다.

맺음말

한국 고대사에 있어서 교역의 전개과정과 그 변화의 기점, 그리고 동아시아 고대의 사료상에 나타난 교역과 무역, 교관과 회역 등 물품 거래를 뜻하는 의미 외에 빙례와 조공, 궁시와 관시, 관시와 시박, 박역 등의 용례를 살폈다. 지금까지 살핀 내용을 정리하면 다음과 같다.

먼저 한국 고대에 있어서 중국을 포함한 주변 여러 나라와의 정치적 교섭 과정에서 빙례를 행하였다. 4세기 무렵부터 나타나기 시작한 조공은, 7세기 중엽 신라가 당나라에 군대를 청하면서 후대의 조공 형식을 갖추기 시작하였다. 이로써 종래의 빙례는 빈례로 발전하였는데, 삼국은 일본에 대하여는 종래의 빙례의 형식인 교빙관계를 유지히였다. 그러나 빙례이든 빈례이든간에 의례의 안에서 왕실간에 예물을 주고 받았다는 데서, 후대의 공무역 또는 조공무역으로 보기보다는 오히려 양국 왕실간 교류에 따른 위계의 설정과 위세품의 성격을 띤 예물의 수수로 보아야 할 듯하다. 공무역으로서의 조공무역은 광범위한 물산의 징구와 정례적인 사신의 파견 등의 체계를 전제로 하거니와, 이른바 공무역이라 일컬을 수 있는 경제적 조공, 회사의 관계가 항례적인 의례 절차 안에 정착된 것은 아무래도 명·청대에 이르러서야 가능하였다고 보기 때문이다.

그러나 사신의 내왕에 따라 왕명이나 황제의 칙명에 따라 특정 장소에 궁시나 관시를 베풀어 사신단의 물품을 교역하거나 사행에 필요한 물품을 구입하도록 하였다. 또한 사신들이 가져온 물품 가운데 우선적으로 관청에서 필요로 하는 물품을 교역하고 나서, 나머지 물품을 귀족들이나 민간인들이 교역하도록 하였다. 전자의 경우 일종 관무역이라 할 수 있으며, 후자의 경우 사무역의 범주에 들 수 있는 것이었다.

7세기 후반 동아시아 각국에는 사신들의 사행이 빈번해지면서 사신단에 의한 사적인 교역이 성행하였다. 이는 결국 사신단이 급격이 증가하는 요인이 되었거니와, 이에 수반하여 민간상인들에 의한 사교역이 성행하는 요인으로 작용하였다. 곧 사신단이 내왕하는 과정에서 민간 상인들이 동행함으로써 민간인들의 사교역이 점증하게 되지 않았을까 한다. 8~9세기 무렵 신라 귀족들과 민간 상인들의 활약은 이러한 배경에서 이해할 수 있다.

또한 당나라 북쪽 국경지역에는 소그드인들의 잦은 출입과 동북방 이민족과의 교역을 위한 관시(關市)가 등장함으로써 바야흐로 민간상인에 의한 사무역이 본격화되었다. 당나라 북쪽 국경지역의 관시는 일시 폐지되기도 하였으나 8세기 전반부터 강남도의 거점 교역항에 동서 교역을 위한 교역장 곧 시박항과 강남 내륙 서북쪽의 박역장에 관시(官市)가 베풀어짐으로써 새로운 유형의 관시(關市)가 등장하였다. 이는 사신단에 의한 제한적인 사무역과는 유형을 달리하는 것으로서, 9세기 전반에 활동한 민간상인이나 장보고의 교역은 그러한 배경에서 가능한 것이었다.

그러므로 고대 동아시아 각국에서의 교역은 크게 관무역과 사무역으로 구분할 수 있고, 관무역은 빙례나 빈례에 수반하여 사신단이 당해국의 관사와 필요 물품을 교역하는 것을 지칭하며, 관무역 이외의 잉여물품을 민간 상인과 교역하는 사무역도 함께 행해졌다고 할 수 있다. 그러나 민간상인에 의하여 본격적으로 사무역이 활성화된 것은 소그드인들과 당나라 국경 이민족이 당나라 북쪽 국경 지역에서 이루어진 관시(關市)로부터라고 할 수 있으며, 이러한 관시는 8~9세기 무렵 강남도 일대에 시박항과 박역장에 시전을 베풀어 동서교역이 활발해지면서 새로운 형태로 변화하였지만, 그 성격에 있어서는 동일한 것이었다.

교빙·교관의 사적 전개

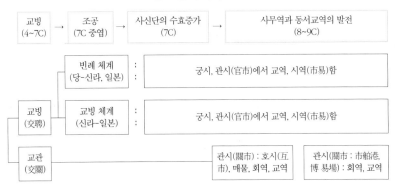

사신단에 의하여 이루어진 관무역의 경우 입국시에 이미 물건을 검열하고, 당해국 관사에서 먼저 구매할 물품을 정하여 이에 상응하는 대가를 지불하는 한편으로 민간 상인과의 교역이 허락되곤 하였다. 여기에서 사신단은 궁시나 관시의 교역에서 면세 등의 혜택을 누렸을 것으로 추정되지만, 관무역 외에 사적 교역의 경우 민간 상인이 상세를 지불하였다고 여겨진다. 이에 대하여 관시(關市)에서는 교역 물품의 검교가 이루어진 다음에 시진을 관장하는 관리가 이들 물품에 대한 가격을 매기고, 민간상인들이 관시세 내지 상세를 납부한 이후에야 교역에 임할 수 있었다. 관시의 개설은 당해국에게는 새로운 재원을 마련한다는 관점에서 만족스러운 것이었으므로 장려하는 측면이 없지 않았던 바, 8~9세기 각국의 관시(關市)를 중심으로 한 교관(交關)은 오늘날 trade라 일컬을 수 있는 대외교역 또는 대외무역이라고 할 수 있을 것이다.

빈례·교린의 과정과 교역의 유형

〈참고문헌〉

『三國史記』, 『高麗史』, 『朝鮮王朝實錄』, 『宣和奉使高麗圖經』, 『海東繹史』, 『山林經濟』, 『湛軒書』, 『東醫寶鑑』, 『經世遺表』, 『萬機要覽』, 『三國志』, 『魏書』, 『資治通鑑』, 『册府元龜』, 『本草綱目』, 『嶺外代答』, 『杜陽雜編』, 『日本書紀』, 『日本後紀』, 『續日本後紀』, 『日本三代實錄』, 『類聚國史』, 『日本紀略』, 『入唐求法巡禮行記』

藤原忠平 撰, 1931, 『校訂 延喜式』, 大岡山書店
竹內理三 편, 1947, 『平安遺文』 1
竹內理三 편, 1957, 『平安遺文』 8·9, 東京堂
蘇鶚, 『杜陽雜編』 上(王雲五 主編, 1966, 『叢書集成簡編』, 商務印書館)
馮承鈞, 1967, 『諸蕃志校注』, 臺灣商務印書館
上田正昭, 1968, 『日本古代國家論究』, 塙書房
全海宗, 1970 『韓中關係史硏究』, 一潮閣.
竹內理三 校訂·解說, 1977, 『翰苑』, 太宰府天滿宮文化硏究所
楊武泉校注, 1999, 『嶺外代答校注』, 中華書局
楊博文 校釋, 2008, 『諸蕃志校釋』, 中華書局

朝鮮總督府 編, 1919, 『朝鮮金石總覽』 上
黃壽永 編, 1976, 『韓國金石遺文』, 一志社,
李基白 편, 1987, 『韓國上代古文書資料集成』, 一志社
한국고대사회연구소 편, 1992, 『역주 한국고대금석문』 3
崔根泳·崔源植·金英美·朴南守·權悳永·田美姬 編譯, 1994, 『日本六國史 韓國關係記事：譯註』, 가락국사적개발연구원.

和田軍一, 1924, 「淳仁朝における新羅征討計劃について」, 『史學雜誌』 35-10

今西龍, 1933, 『新羅史研究』, 近澤書店

金庠基, 1960, 「羅末 地方群雄의 對中通交」, 『黃義敦先生古稀紀念 史學論叢』, 東國大

藤間生大, 1966 『東アジア世界の形成』, 春秋社.

梁柱東, 1965, 「增訂 古歌研究」, 一潮閣

上田正昭, 1968, 『日本古代國家論究』, 塙書房

李龍範, 1969, 「三國史記에 보이는 이슬람 商人의 무역품」, 『李弘稙博士回甲紀念 韓國史學論叢』, 新丘文化社

石母田正, 1973, 『日本古代國家論』 I, 岩波書店

洪淳昶 共編, 1974, 『韓日古代文化交涉史研究』, 乙酉文化社

石上英一, 1974, 「古代における日本の税制と新羅の税制」, 『古代朝鮮と日本』, 龍溪書舍.

東野治之, 1974, 「鳥毛立女屏風下貼文書の研究 −買新羅物解の基礎的考察」, 『史林』 57-6

武田幸男, 1975, 「新羅興德王代の色服・車騎・器用・屋舍制 −とくに唐制との關連を中心にして−」, 『榎一雄博士還曆紀念 東洋史論叢』, 山川出版社

森克己, 1975, 『續日宋貿易の研究』, 國書刊行會

森克己・田中健夫 編, 1975, 『海外交涉史の視點 1』, 日本書籍

東野治之, 1977, 『正倉院文書と木簡の研究』, 塙書房

內藤雋輔, 1977, 『朝鮮史研究』, 東洋史研究會

酒寄雅志, 1977, 「8世紀における日本の外交と東のアジア情勢−渤海との關係を中心として」, 『國史學』 103

李永澤, 1979, 「張保皐海洋勢力에 關한 考察」, 『韓國海洋大學論文集』 14.

孫兌鉉・李永澤, 1981, 「遣使航運時代에 關한 研究」, 『韓國海洋大學論文集』 16

濱田耕策, 1983, 「新羅の中・下代の內政と對日外交−外交形式と交易をめぐって」, 『學習院史學』 21

古畑徹, 1983, 「7世紀末から8世紀初にかけての新羅・唐關係」, 『朝鮮學報』 107

칼 폴라니 지음・박현수 옮김, 1983, 『人間의 經濟』, 풀빛

李基東, 1984,『新羅骨品制社會와 花郎徒』, 一潮閣

濱田耕策, 1983,「新羅の中·下代の內政と對日外交−外交形式と交易をめぐって」,『學習院史學』21

국사편찬위원회 편, 1984,『한국사』3

鈴木靖民, 1985,『古代對外關係史の研究』, 吉川弘文館.

국사편찬위원회·완도군 편, 1985,『張保皐의 新研究』, 완도문화원

金在瑾, 1985,「張寶皐 時代의 貿易船과 그 航路」,『張寶皐의 新研究』, 莞島文化院

閔吉子, 1987,「白疊布, 白氎布 考」,『敎育論叢』7, 국민대 교육연구소

石井正敏, 1987『日本前近代の國家と對外關係』, 吉川弘文館.

新川登龜男, 1988,「日羅間の調(産物)の意味」,『日本歷史』481

李龍範, 1989,『韓滿交流史研究』, 同和出版公社

保科富士男, 1989,「고대 일본의 대외관계에 있어서 贈進物의 명칭」,『백산학보』25 ; 2002,『張保皐關係研究論文選集 : 中國篇·日本篇』, 해상왕장보고기념사업회

鄭良謨, 1989,「槪說 高麗靑瓷」,『高麗靑瓷名品特別展』, 국립중앙박물관

李基東, 1990,「신라흥덕왕대의 정치와 개혁」,『國史館論叢』21

渡辺誠, 1991,「瓦と木棉」,『歷史と民俗』8, 平凡社

무함마드 깐수(정수일), 1992,『新羅·西域交流史』, 단국대출판부

東野治之, 1992,『遣唐使と正倉院』, 岩波書店

龜井明德, 1992,「唐代陶磁貿易の展開と商人」,『アジアなかの日本史 Ⅲ : 海上の道』, 東京大出版會

吉岡完祐, 1992,「高麗靑瓷의 출현」,『張保皐大使 海洋經營史』, 장보고대사해양경영사 연구회

林士民, 1993-1,「唐, 吳越時期浙東與朝鮮半島通商貿易和文化交流之研究」,『渤海史研究』

김문경, 1995,「7~9세기 신라인 해외무역활동」,『韓國服飾』13

李基東, 1997,「羅末麗初 南中國 여러 나라와의 交涉」,『歷史學報』155

金東旭, 1991,「三國史記 色服條의 新研究」,『三國史記 志의 新研究』, 신라문화선양회

金恩淑, 1991, 「8세기의 新羅와 日本의 關係」, 『國史館論叢』 29

장보고대사 해양경영사 연구회 편, 1992, 『張保皐大使 海洋經營史』, 이진

무함마드 깐수(정수일), 1992, 『新羅·西域交流史』, 단국대출판부

韓圭哲, 1994, 『渤海의 對外關係史』, 신서원

李炳魯, 1995 「9世紀초기의 '環지나海무역권'의 고찰」 『日本學誌』 15

박남수, 1996, 『신라수공업사』, 신서원

손보기 편, 1996, 『장보고와 청해진』, 혜안

李炳魯, 1996, 「8세기의 羅·日관계사-中華사상과 교역을 중심으로-」, 『日本學年報』 4

이병로, 1996, 「고대일본열도의 '신라상인'에 대한 고찰」, 『日本學』 15

윤재운, 1996, 「9세기 후반 신라의 사무역에 관한 일고찰」, 『史叢』 45

李基東, 1997, 『新羅社會史研究』, 一潮閣

李成市, 1997, 『東アジア王權と交易』, 靑木書店

권덕영, 1997, 『고대한중외교사』, 일조각

李基東, 1997, 「羅末麗初 南中國 여러나라와의 交涉」, 『歷史學報』 155

윤선태, 1997, 「752년 신라의 대일교역과 바이시라기모쯔케(買新羅物解)」, 『역사와 현실』 24

全基雄, 1997, 「나말여초의 對日關係史 研究」, 『韓國民族文化』 9

李成市, 1997, 『東アジア王權と交易』, 靑木書店

金恩淑, 1998, 「일본과의 관계」, 『한국사』 9 : 통일신라, 국사편찬위원회

田村圓澄, 1999, 『古代日本の國家と佛敎』, 吉川弘文館

김두철, 1999, 『韓國의 馬具』, 한국마사회 마사박물관

尹明喆, 2000, 「新羅 下代의 海洋活動研究」, 『國史館論叢』 91

이현숙, 2000 「신라 애장왕대 당 의학서 『廣利方』의 도입과 그 의의」 1·2, 『東洋古典研究』 13·14

石井正敏, 2001, 『日本渤海關係史の研究』, 吉川弘文館

酒寄雅志, 2001, 『渤海と古代の日本』, 校倉書局

姜鳳龍, 2001, 「8~9세기 동북아 바닷길의 확대와 貿易體制의 변동」, 『歷史敎育』 77

濱田耕策, 2002, 『新羅國使の研究』, 吉川弘文館

박석순, 2002,『일본고대국가의 왕권과 외교』, 경인문화사

尹載云, 2002,「南北國時代 貿易의 性格」,『南北國時代 貿易研究』, 高麗大 博士學位論文

朴昔順, 2002,「일본 율령국가의 왕권과 대 신라외교-8세기 사절 방환 사례 를 중심으로-」,『한국고대사연구』25

趙二玉, 2002,「8세기 중엽 渤海와 日本의 關係」,『한국고대사연구』25

박선희, 2002,『한국고대복식』, 지식산업사

李喜寬, 2002,「韓國 初期靑磁生産體制의 成立과 展開」,『대외문물교류연구』

이현숙, 2002,「신라 중대 醫療官僚의 역할과 지위변화」,『史學研究』68

永正美嘉, 2003,「新羅의 對日鄕藥貿易」, 서울대 석사학위논문

權悳永, 2003,「在唐 新羅인의 對日本 貿易活動」,『한국고대사연구』31

永正美嘉, 2003,「新羅의 對日香藥貿易」, 서울대학교 국사학과 석사학위청 구논문

延敏洙, 2003,「統一期 新羅와 日本關係 : 公的 交流를 중심으로」(『강좌 한 국고대사』4 - 고대국가의 대외관계-, 한국고대사회연구소)

金昌錫, 2004,「8세기 신라 일본간 외교관계의 추이-752년 교역의 성격 검 토를 중심으로-」,『대외문물교류연구』

김창석, 2004,『삼국과 통일신라의 유통체계 연구』, 일조각

한일관계사연구논집 편찬위원회 편, 2005,『왜구·위사문제와 한일관계』

永正美嘉, 2005,「新羅의 對日香藥貿易」,『한국사론』51, 서울대

朴南守, 2006,「8~9세기 한·중·일 교역과 장보고의 경제적 기반」,『대외문 물교류연구』4, 해상왕장보고연구회

국사편찬위원회 편, 2006,『연희, 신명과 축원의 한마당』

金昌錫, 2006,「8~10세기 이슬림 제종족의 신라 來往과 ㄱ 배경」,『한국고 대사연구』44

朴南守, 2007,「통일신라의 대일교역과 애장왕대 '交聘結好'」,『사학연구』88

金善淑, 2007,『新羅 中代 對日外交史研究』, 한국학중앙연구원 박사학위청 구논문

전덕재, 2008,「고대 일본의 高麗樂에 대한 기초 연구」,『동북아역사논총』20

김지은, 2010,『통일신라의 대일교역품 연구』, 동국대 박사학위 청구논문

박남수, 2011,『한국고대의 동아시아 교역사』, 주류성
박남수, 2011,「신라의 의생활과 직물생산」,『한국고대사연구』64
심연옥 외, 2011,「부여 능산리사지 출토 백제 면직물연구」,『문화재』44-3
이기동 외, 2012,『8세기 동아시아의 역사상』, 동북아역사재단
박남수, 2012,「新羅 聖德王代 '上宰' 金順貞과 對日交涉」,『신라사학보』25

한국고진번역원(http://www.itkc.or.kr) 사이트
국사편찬위원회 한국사데이터베이스(http://db.history.go.kr) 사이트

박남수

동국대 사학과를 나오고 같은 학교 대학원에서 「신라수공업사 연구」로 박사학위를 취득하였다. 그후 한국 고대 교역사와 정치사, 사상사를 연구하였다.

현재 국사편찬위원회 편사연구관으로 재직하며, 주요 저서로 「신라수공업사」(1996), 「한국 고대의 동아시아 교역사」(2011), 「신라 골품제 사회와 화랑도」(2013) 등이 있고, 다수의 한국 고대사 논문이 있다.

한국 고대, 목면과 향료의 바닷길

인 쇄	2016년 2월 23일 초판 인쇄
발 행	2016년 2월 29일 초판 발행

글 쓴 이	박남수
발 행 인	한정희
발 행 처	경인문화사
등록번호	제10-18호(1973년 11월 8일)
주 소	파주시 회동길 445-1 경인빌딩 B동 4층
대표전화	031-955-9300 · 팩 스 031-955-9310
홈페이지	http://kyungin.mkstudy.com
이 메 일	kyunginp@chol.com

ISBN 978-89-499-1189-2 93910
값 19,000원